開拓社叢書 21

英語の関係節

河野継代 [著]

開拓社

は　し　が　き

　英語の文章を読んでいると，関係節の先行詞が何であるのかふと考えてしまうことがよくある．名詞句から冠詞を除いた部分ととれる場合もあれば，冠詞を含めた名詞句全体と解釈できる場合もあるし，また名詞以外の要素と解したほうがよいと思われる場合さえある．このような先行詞の異なる関係節の実例に幾度も出会ったことが，本書を執筆する一つの動機づけとなった．

　興味をもち始めてから関連論文を読みあさるうちに，関係節についてはこれまでに解明された部分もかなりあるが，しかし基本的なところでよく分かっていない部分も相当程度あることが分かった．本書ではそのあまりよく分かっていない部分について考察し，筆者なりの考えをまとめたつもりである．

　本書を執筆するにあたり心がけたことがいくつかある．一つは，生成文法における関係節研究において現在何が問題となるのか，あるいは今何を問題とすべきか，を明確に示そうと努めたことである．問題の所在が明らかでなければ研究の方向性は失われてしまうと考えたからである．本書で取り上げた問題は，理論上の立場とは比較的無関係に避けて通ることのできないものがほとんどである．問題の所在を明確にした上で，それに対する筆者なりの考え方を示したつもりである．

　いま一つは，ある特定の理論に基づかなければならない分析は極力避け，理論的にはなるべく中立的な立場からの説明をするように心がけた．言語分析において理論的に中立的立場をとるということは本来ありえぬことであるが，しかし生成文法研究に携わる多くの研究者がここまでの仮説ならば受け入れられるとする一定の範囲が想定でき，その範囲をなるべく逸脱せぬように努めたということである．

　また，本書では，理論的研究に目を配りながらも，実証的研究のほうにも力を入れたつもりである．言語を科学として研究するからには，その研究対

象である言語知識を反映している言語事実を材料として当面研究せざるを得ず，言語事実を開拓せずに研究を進めるのは得策とは言えないからである．

しかし，開拓された言語事実はそのままでは単なる言語事実の指摘に過ぎない．事実の指摘の段階から説明の段階まで一歩進めるためには，理論の助けがどうしても必要となる．言語事実の開拓とともに事実を説明できるような理論構築も同時に進めていかねばならない．本書では，実証的研究によって得られた言語事実をなるべく自然な形で説明できるような関係節の理論を示したつもりであるが，それがどの程度成功しているのかは読者の判断にお任せするしかない．

さらに，用例についても細心の注意を払ったつもりである．説明の都合上必要となる他論文への言及や自然な言語文脈では通常得られない否定的証拠（非文法的な例）等を除き，本書で挙げた用例はすべて自然な言語文脈で実際に用いられたものである．また，紙幅の許す限りなるべく多くの例を挙げるよう努めた．本書の主張には必ずしも同意されない読者におかれても，せめて資料として今後の関係節研究に少しでも役立つようにとの願いからである．また，反例についても包み隠さず挙げておいた．同じく今後の研究に役立つようにとの思いからである．

本書ができ上るまでに多くの方々に御指導いただきまたお世話になった．すべての方々に心から感謝の意を表する次第である．梶田優先生には，東京教育大学学部時代，東京学芸大学大学院時代，そして社会人となって今日に至るまで常に親身になって御指導いただいており，先生に出会うことがなければ今日の私はまずなかったであろう．学部時代，大学院時代に授業に出させていただいた太田朗先生，故宇賀治正朋先生，故中尾俊夫先生，池谷彰先生，中村捷先生，大津由紀雄先生には各御専門分野の御指導をいただき，その後も機会ある毎に温かく励ましていただいている．以前職場で同僚であった故緒方勲先生，大岩順子先生にはいろいろな形で支えていただいた．故村田勇三郎先生には研究会等で折りに触れ励ましの言葉を頂いた．浅野一郎氏，今西典子氏にも大変お世話になった．現職場の同僚の先生方，長原幸雄氏，児馬修氏（現，立正大学），八木孝夫氏，鈴木猛氏，阿戸昌彦氏，Joshua Paul Dale 氏にはいろいろな意味でお世話になった．長原幸雄氏には文献収集等

においてもお世話になった．学友である牛江一裕氏，中澤和夫氏，大室剛志氏，中澤紀子氏，石居康男氏，佐々木一隆氏との議論は大変有意義であった．これらすべての方々に重ねて厚く御礼申し上げたい．

　出版事情の厳しい折，本書の出版を薦めていただいた開拓社の皆様には心から感謝申し上げたい．川田賢氏には，出版のあらゆる段階で大変お世話になった．ここに記して厚く感謝申し上げる．

　最後に，仕事に理解を示してくれた妻，子供達，筆者の我侭を許し見守ってくれた今は亡き両親に感謝したい．

2012 年 3 月 12 日

河野　継代

目　次

はしがき

第 1 章　序　論 …………………………………………………………… 1

第 2 章　関係節の諸問題 ………………………………………………… 9
 2.1.　関係節の統語構造：NP 先行詞説と N′ 先行詞説 ……………… 9
 2.2.　関係節の意味・機能：修飾部説と述部説 ……………………… 12
 2.3.　関係節の情報構造：前提と断定 ………………………………… 14
 2.4.　関係節の関係詞：変項説と代名詞説 …………………………… 17
 2.5.　制限的関係節と非制限的関係節 ………………………………… 18

第 3 章　非制限的な制限的関係節 ……………………………………… 21
 3.1.　関係節と独立の命題 ……………………………………………… 21
 3.2.　then を含む制限節 ………………………………………………… 23
 3.3.　in turn を含む制限節 ……………………………………………… 27
 3.4.　however を含む制限節 …………………………………………… 30
 3.5.　理論修正の必要性 ………………………………………………… 34

第 4 章　関係節の統語構造と意味機能 ………………………………… 37
 4.1.　関係節の意味機能 ………………………………………………… 37
  4.1.1.　修飾部説 …………………………………………………… 37
  4.1.2.　同一指標の意味 …………………………………………… 39
  4.1.3.　限定修飾と先行詞 ………………………………………… 42
   4.1.3.1.　派生名詞 …………………………………………… 42
   4.1.3.2.　先行詞の統語範疇 ………………………………… 43

vii

4.1.3.3.　抽象名詞 …………………………………………… 45
　　　4.1.3.4.　固有名詞 …………………………………………… 49
　4.2.　関係節の統語構造と修飾部説 ……………………………… 51
　　4.2.1.　N′先行詞制限節とNP先行詞制限節 ………………… 52
　　4.2.2.　二つの統語構造と修飾部説 …………………………… 54
　　　4.2.2.1.　類先行詞制限節と個体先行詞制限節 ……………… 54
　　　4.2.2.2.　下位類形成機能と属性叙述機能 …………………… 55
　　　4.2.2.3.　網羅性の条件 ………………………………………… 57
　4.3.　「制限的な制限節」と「非制限的な制限節」の説明 ……… 59
　　4.3.1.　統語的・意味機能的説明 ………………………………… 59
　　4.3.2.　論理学上の説明 …………………………………………… 62
　4.4.　先行詞と定性 …………………………………………………… 65
　4.5.　関係節の諸問題と本書の分析 ………………………………… 67
　　4.5.1.　NP先行詞説とN′先行詞説 ……………………………… 67
　　4.5.2.　修飾部説と述部説 ………………………………………… 67
　　4.5.3.　前提と断定 ………………………………………………… 69
　　4.5.4.　変項説と代名詞説 ………………………………………… 70
　　4.5.5.　制限節と非制限節 ………………………………………… 71

第5章　検証と分析の精密化 ……………………………………… 75

　5.1.　制限節と非制限節の生起順序 ………………………………… 75
　　5.1.1.　Jackendoff (1977a, 1977b) の主張 ……………………… 75
　　5.1.2.　本書の予測 ………………………………………………… 76
　　5.1.3.　検証 ………………………………………………………… 78
　5.2.　外置 ……………………………………………………………… 81
　　5.2.1.　先行詞の定性と外置の諸要因 …………………………… 81
　　5.2.2.　本書の分析 ………………………………………………… 85
　　　5.2.2.1.　統語的要因 ……………………………………………… 85
　　　5.2.2.2.　意味的要因 ……………………………………………… 90
　　　5.2.2.3.　一見の例外 ……………………………………………… 91
　5.3.　先行詞の決定 …………………………………………………… 94
　　5.3.1.　強名詞句の場合 …………………………………………… 94
　　5.3.2.　先行詞の自動的決定 ……………………………………… 95
　　　5.3.2.1.　単純名詞句の機能： 分類機能的名詞句と非分類機能的名詞句 … 95
　　　5.3.2.2.　単純名詞句の機能と制限節の機能 …………………… 97

- 5.4. 名詞句の分類機能とその証拠 …………………………………… 99
  - 5.4.1. 定名詞句の特定性と外置 …………………………………… 99
  - 5.4.2. 強名詞句・弱名詞句からの外置 …………………………… 101
  - 5.4.3. 形容詞・分詞の後位用法 …………………………………… 102
  - 5.4.4. 分類機能のその他の証拠 …………………………………… 109
    - 5.4.4.1. 永続的述語の主語 ……………………………………… 109
    - 5.4.4.2. as/though Preposing の主語 …………………………… 111
    - 5.4.4.3. 遊離数量詞の先行詞 …………………………………… 112
    - 5.4.4.4. there 構文の「主語」 ………………………………… 113
- 5.5. スタイル離接 …………………………………………………… 114
  - 5.5.1. frankly …………………………………………………… 114
  - 5.5.2. 一見の例外 ………………………………………………… 116
  - 5.5.3. incidentally ……………………………………………… 118
- 5.6. 遂行動詞の遂行的用法 ………………………………………… 120
  - 5.6.1. 一般的な遂行動詞 ………………………………………… 120
  - 5.6.2. 一見の例外 ………………………………………………… 122
  - 5.6.3. daresay の場合 …………………………………………… 123
- 5.7. 擬似関係節 ……………………………………………………… 125
  - 5.7.1. 従来の分析とその問題点 ………………………………… 125
  - 5.7.2. 本書の分析 ………………………………………………… 132
  - 5.7.3. 摘出と言語運用的要因 …………………………………… 140
- 5.8. 等位接続された先行詞と分離先行詞 ………………………… 143
  - 5.8.1. 等位接続された先行詞 …………………………………… 143
  - 5.8.2. 分離先行詞 ………………………………………………… 145
    - 5.8.2.1. 仏語の場合 ……………………………………………… 145
    - 5.8.2.2. 英語の場合 ……………………………………………… 146
- 5.9. 関係詞の形態と独立の命題 …………………………………… 148
- 5.10. 関係詞と部分表現 …………………………………………… 151
  - 5.10.1. 言語事実 ………………………………………………… 151
  - 5.10.2. 言語事実の説明 ………………………………………… 156
- 5.11. 遊離数量詞 …………………………………………………… 160
  - 5.11.1. 言語事実 ………………………………………………… 160
  - 5.11.2. 言語事実の説明 ………………………………………… 168
  - 5.11.3. 一見の反例 ……………………………………………… 173
- 5.12. 照応的代名詞としての関係詞とその先行詞 ……………… 183
- 5.13. 従来の証拠と本書の分析 …………………………………… 190
  - 5.13.1. N′先行詞説とその証拠（McCawley の証拠）………… 190

5.13.2.　含意 …………………………………………… 196
　　　5.13.3.　再構築 ………………………………………… 198
　　　5.13.4.　制限節の繰り上げ(摘出)分析（promotion analysis）………… 199

第6章　範囲指定の関係節 ……………………………………… 209
　6.1.　範囲指定の関係節とは …………………………………… 209
　6.2.　範囲指定の関係節の証拠 ………………………………… 212
　　6.2.1.　先行詞 ………………………………………………… 212
　　6.2.2.　関係詞 ………………………………………………… 214
　　6.2.3.　内部構造 ……………………………………………… 215
　　6.2.4.　分布 …………………………………………………… 215
　　　6.2.4.1.　制限節との生起順序 ……………………………… 216
　　　6.2.4.2.　補部との生起順序 ………………………………… 219
　　　　6.2.4.2.1.　補部の前置詞句との生起順序 ………………… 220
　　　　6.2.4.2.2.　補部の to 不定詞との生起順序 ……………… 224
　　　　6.2.4.2.3.　補部の関係節との生起順序 …………………… 225
　　　6.2.4.3.　同格節との生起順序 ……………………………… 233
　6.3.　範囲指定の関係節の「先行詞」…………………………… 234
　6.4.　名詞句外の範囲指定の関係節 …………………………… 237
　　6.4.1.　イディオム説 ………………………………………… 237
　　6.4.2.　副詞節の証拠 ………………………………………… 240
　　6.4.3.　副詞節の性質と関係節の性質 ……………………… 243
　6.5.　範囲指定の関係節の派生 ………………………………… 252
　6.6.　派生プロセスの精密化 …………………………………… 253
　6.7.　言語習得の原理とその説明 ……………………………… 261
　6.8.　範囲指定の関係節と強束縛 ……………………………… 264

第7章　本分析の理論的意味合い ……………………………… 267

補足データリスト ………………………………………………… 273

参考文献 …………………………………………………………… 283

索　引 ……………………………………………………………… 295

英語の関係節

第 1 章

序　　論

　伝統文法の時代より今日の生成文法に至るまで研究の対象となった構造・構文は数多いが，その中でも関係節は最も研究された構造の一つであるといっても過言ではないだろう．関係節が研究対象として注目を集めてきたのは，それが言語の無限の生成能力と直接的に関っており，また通言語的にみてもこの構造をもたない自然言語はおそらくないと思われるほど基本的で中核的な表現形であるからであろう．

　英語の関係節についても，おびただしい数の研究が様々な角度からなされており，これまでに解明された事柄もまた数多い．例えば，制限的関係節と考えられてきた構造は実は一枚岩ではなく，いくつかの下位類に細分化する必要があることが最近明らかになりつつある．純粋な制限的関係節とは別にAmount Relative（Carlson（1973c）参照），補部の関係節（長原（1990）参照）等を認める必要があるという主張がそれである．具体的な分析の詳細はさておき，これら関係節はそれぞれ純粋な制限的関係節とは異なる特徴をもつことは間違いなく，細分化研究によって解明された事実は生成文法研究において得られた重要な知見の一つであるといえる（もっとも，細分化に関してはもうこれで終わりという段階ではなく今後さらにこの線に沿った研究が必要となることはいうまでもない）．

　これはほんの一例で，生成文法研究においてはこの種の新たな知見は枚挙にいとまがないほど蓄積されてきていることは周知の通りである．しかし，

その反面まだ解明されていない問題も数多く残されていることは否定できない．最大の問題は関係節の統語構造と意味・機能に関してである．関係節の統語構造については諸説提案されているが，残念ながらいまだ定説はないというのが現状である．意味・機能についても同様で，諸説のどれをとっても関係節の実態を説明するまでには至っていない．このように，関係節については解明された知見も数多いが，実は，まだよく分かっていない部分も相当あり，しかもかなり基本的なところで問題が残されていることが分かる．

　本書は，従来の研究によってもたらされた知見を紹介，解説するというよりは，むしろあまりよく分かっていない領域のほうを中心に考察を加えていき，筆者なりの考え方を示すことを目的とする．特に関係節の統語構造と意味・機能を中心として関係節の細分化について論じることにより，関係節の全体像の輪郭に少しでも迫りたい．

　第2章で，関係節の諸問題について扱う．生成文法理論に基づく関係節研究において現在何が問題となるのか，あるいは何を問題とすべきかについて論じる．関係節の統語構造と意味・機能についての従来の諸説を検討し問題の所在を明らかにする．諸説の具体的な問題点については第2章で詳述することとし，ここでは諸説の背後に見られる暗黙の仮説（tacit assumption）について一言触れておきたい．

　言語を研究する場合には，どの研究者もそれぞれ一定の暗黙の仮説に従って作業を進めている．具体的な言語現象についての分析・仮説は明文化され，明示的な形で示されることが多いので検証の対象となりやすいが，暗黙の仮説は，普通，研究者が文字どおり暗黙裏に了解していることが多く，明示的な形で述べられることは少ないため，暗黙の仮説自体が検証の対象となることは少ない．しかし，暗黙の仮説は，研究の基盤となる最も基本的な仮説であるから，その基本的な仮説自体に誤りがあるとすればその後の研究に与える影響は少なくない．誤った基本的仮説に基づいて立てられた具体的な分析・仮説が言語の実態を正しく捉えることができるとはとても考えられないからである．[1]

---

[1] 生成文法理論，とりわけチョムスキーの言語理論，における最も基本的な仮説群を検討・吟味したものに梶田（1986）がある．

第1章 序論

関係節の場合はどうであろうか．これまでになされてきた研究に暗黙仮説上の誤りはなかったのであろうか．従来の研究の多くは，関係節の正しい構造は，少なくとも中核部に関しては，一つ，そして一つしかないという仮説（以下，単一構造（仮）説）を前提として作業を進めてきたと思われる．例えば，McCawley (1988) を具体例として考えてみてもよい．McCawley は制限的関係節を含む名詞句は次のような構造をしており，関係節の先行詞は N′ であると主張する．

(1)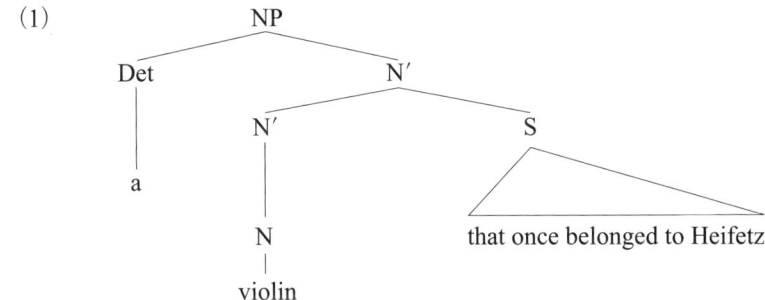

この説に従えば，次例における関係節の先行詞は violin であり，a violin ではない．

(2) Tom has a violin that once belonged to Heifetz, and Jane has one too. (McCawley (1988: 420))
（トムはかつてファイフェッツが所有していたバイオリンを持っており，ジェーンもまた持っている）

しかし，McCawley は somebody, nobody, who などを先行詞とする関係節に対しては特にページをさき，次のような構造を与える可能性を真剣に検討している．

(3)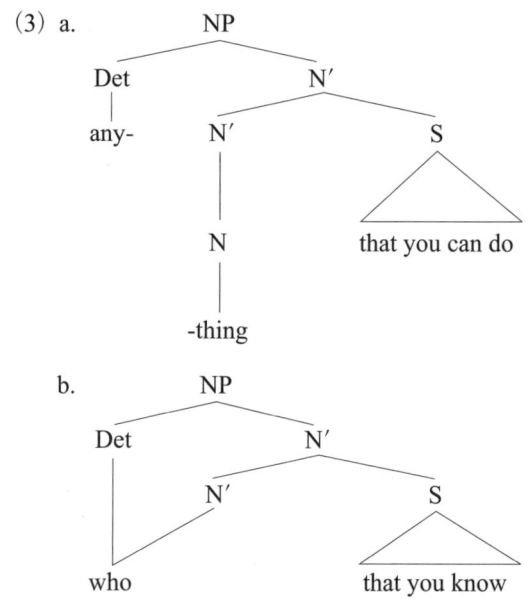

　McCawleyが少し無理しても，このような構造を与えようとするのは，彼が関係節の構造は一つしかないという単一構造仮説を暗黙裏に前提としているからであろう．somebody, who等は単独でNPをなす語彙項目なので，普通に考えればNPを先行詞とする制限的関係節も認めざるを得なくなる．しかし，N′先行詞構造のほかにNP先行詞の構造を認めることは暗黙の仮説によりできない．そこで，多少無理してもN′先行詞の構造にあわせるような可能性を真剣に模索せざるを得なかった，ということであろう．[2]

　このように，従来の研究では，関係節の少なくとも中核部に関しては正しい構造は一つしかないという単一構造説を暗黙裏に前提としていることが多い．しかし，この前提自体が誤りであったという可能性は本当にないのであろうか．

---

　[2] McCawley (1992) は疑問詞を先行詞とする制限節はNP先行詞の構造を持つことを示唆している．しかし，この種の構造は通常の統語論の規則によって生成されるのではなく，Morgan (1972) の意味での "patch" により生成されるとしている．このことからも，彼は，少なくとも通常の制限節構造としては，二つ以上の異なる統語構造を認めていないことが分かる．

第3章から第5章では，この前提自体を否定する立場に立って英語の関係節の統語構造と意味・機能について考察していく．英語の関係節の言語事実を正しく捉えるためには，そのような前提自体を否定せざるを得なくなるということを示したい．

英語の関係節は，種々の統語的，意味・機能的，音韻的特徴により，制限的関係節（cf. (4)）と非制限的関係節（cf. (5)）とに大別される．

(4) a. This is the book (that) I bought at the sale.
                                    (Quirk et al. (1985: 1248))
  b. Someone who admires Jespersen should write a book about him.
                                    (McCawley (1988: 418))
    （イエスペルセンを賞賛する人は彼に関する本を書いたほうがよい）
(5) a. Mary Smith, who is in the corner, wants to meet you.
                                    (Quirk et al. (1985: 1239))
  b. John is afraid of snakes, which I'm sure Mary is too.
                                    (McCawley (1988: 421))
    （ジョンは蛇を怖がっており，メアリーもきっとそうだ）

本書では，制限的関係節を中心に考察するが，制限的関係節との比較検討等において非制限的関係節についても触れるところが多々ある．

制限的関係節はさらに，すでに挙げたような先行詞が関係節とは独立に顕在しているもの（cf. (4)）と，次例のような独立した先行詞，主要部（head）をもたないものとに分かれ，後者は独立関係節（free relative）と呼ばれるが，本書では独立関係節については触れない．

(6) a. This is what I can't understand.   (Quirk et al. (1985: 1247))
  b. I took offense at what John said.   (McCawley (1988: 417))
    （ジョンが言ったことに腹を立てた）
(7) a. She'll do whatever you say.   (Quirk et al. (1985: 1247))
  b. I'll buy whatever/whichever books Tom asks me to buy.
                                    (McCawley (1988: 457))

すでに少し触れたが，第3章から第5章で示す分析には従来の分析には見られない特徴がある．英語の制限的関係節の統語構造は一つではなく，実は二つあるという主張がそれである（以下，複数構造(仮)説）．ここでいう構造とは関係節自体の構造ではなく，関係節が何を先行詞とし，それと結合してどのようなまとまりをなすか，という意味での構造である．先行詞を除いた関係節自体の構造と意味・機能はそれぞれ基本的には一つしかない．しかし，基本的には一つの構造と一つの意味・機能しかもたない関係節が，種類の異なる要素を先行詞として，相異なる統語構造を形成することにより，両者の間に決定的な相違が生じる．この相違により，関係節に関してこれまで指摘されてきた数多くの統語的，意味・機能的属性が統一的に説明できることを示す．この立場に従えば，相反する主張を含む従来の諸説が互いに矛盾することなく成立することが可能となり，第2章で指摘する諸問題が解消できる．

本書の分析によれば，制限的関係節の先行詞として二つの相異なる要素を設定することになり，この点で従来の分析とは根本的に異なる．他の条件が同一であるならば，一つの先行詞を設定する分析のほうが二つの先行詞を設定する分析よりも理論上望ましいことは言うまでもない．しかし，他の条件が同一でないならば事情は異なる．本書では他の条件が同一でないことを論じる．制限的関係節の言語事実が二つの相異なる先行詞を要求していることを示す．

第3章から第5章で考察の対象とする制限的関係節はいずれも先行詞が，大きさの違いはあるにしろ，名詞的表現である点では変わりはない．この意味で，これら関係節は「純粋な」制限的関係節であるといえる．しかし，制限的関係節が常に名詞的表現を先行詞としているとは限らない．

第6章では，英語の制限的関係節のなかには，純粋な制限的関係節とは考えられない関係節があることを論じる．従来の細分化研究によっては指摘されることのなかった新種の関係節が英語には存在することを示す．次例における '(that) I know of' を代表とする関係節がそれである．

(8) a.　No tinned tomato soup I know of actually has tomatoes in it.

(*The Times* <<940102>>)³

(缶詰のトマトスープに実際にトマトが入っていることは，私が知る限りありません)

b. "This is the best way I know of to celebrate Christmas," said Terry Koken.　　　　　　　　(*Los Angeles Times* <<951226>>)

(「私が知る限り，クリスマスを祝う最高の方法はこれだ」とテリー・コーケンは言った)

c. He doesn't have any enemies in Baltimore that I know of.
(*Los Angeles Times* <<950226>>)

(私が知る限り，彼にはボルティモアに敵などおりません)

　この種の関係節は純粋な制限的関係節とは異なる統語的特徴をもつ．先行詞，内部構造，分布が純粋な制限的関係節とはかなり異なり，「範囲指定の関係節」とも呼ぶべき性格の関係節であることを論じる．

　第7章では，本書の分析がもつ理論的意味合いについて考察する．ミニマリスト・プログラムが基盤とする原理と媒介変数の理論と動的文法理論に触れながら，本分析がどのような理論的意味をもつのかを示す．

---

³ 出典の後ろの << >> で囲まれた6桁の数字は，最初の2桁から順にそれぞれ年，月，日を表す．例えば，*The Times* <<940102>> は，1994年1月2日付けの The Times 紙という意味である．

第 2 章

関係節の諸問題

　関係節の構造と意味機能についてはこれまでに様々な分析がなされてきた．そのなかには，一見矛盾すると思われる主張や共存し得ないと思われる主張が含まれていることさえある．ここでは従来の分析のどこが問題となるのか，またどこを問題とすべきかを簡潔に述べることにする．そうすることにより，本書で考察の対象とする問題点を明確化しておくことができるからである．

2.1. 関係節の統語構造： NP 先行詞説と N′ 先行詞説

　関係節が先行詞名詞句のどの部分と結合しどのような構成素をなすかについては，これまで様々な提案がなされてきた（cf. 梶田 (1968), Stockwell, Schachter and Partee (1973), Jackendoff (1977b), McCawley (1981, 1988, 1998)）．しかし，現在では，少なくとも表層構造に関しては，次の二つの構造のどちらかを採用している場合が多い．

(1)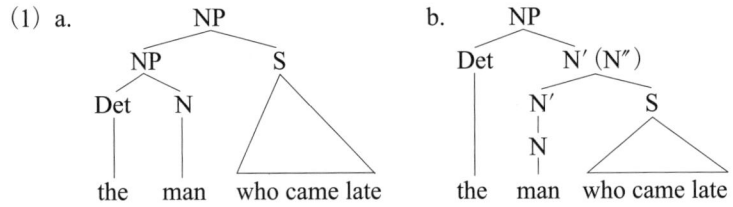

構造 (1a) では，関係節 S は NP 全体を先行詞とし，それと結合してより大きな NP を形成しているのに対し，構造 (1b) では，関係節 S は N′ のみを先行詞とし，それと結合して N′ (または N″) という構成素を形成している．以下，前者の構造を採る説を NP 先行詞説，後者の構造を採る説を N′ 先行詞説とそれぞれ呼ぶことにする．NP 先行詞説を採用しているのは Ross (1967), McCloskey (1979) 等であり，N′ 先行詞説を採用しているのは Jackendoff (1977b), McCawley (1981, 1988, 1998) 等である．両説にはそれらを支持する議論がそれぞれ展開されている．

例えば，次例を考えてみよう．

(2) a. the car and the truck that collided
  b. the boy and the girl who met in Vienna

(Jackendoff (1977b: 190))

これら名詞句は等位構造縮約によって派生することはできない（*the car that collided and the truck that collided, *the boy who met in Vienna and the girl who met in Vienna）．N′ 先行詞説では，枝を交差しない限り，これら名詞句に句構造を付与することはできない．しかし，NP 先行詞説では，等位接続された二つの NP 全体を支配するより大きな NP を先行詞とすることができ，句構造表示に関して問題は生じない．したがって，この種の名詞句の存在は，NP 先行詞説を支持する証拠となりえる (cf. Vergnaud (1974), Andrews (1975))．

しかし，他方では，N′ 先行詞説を支持する証拠も指摘されている．一例として，不定代名詞 one の振る舞いを考えてみてもよい (cf. McCawley (1981, 1988, 1998))．

第 2 章　関係節の諸問題

(3) 　The theory of light that Newton proposed that everyone laughed at was more accurate than the one that met with instant acceptance.
　　　　　　　　　　　　　　　　　　　　　　　(McCawley (1988: 368))
(ニュートンが提案し皆が嘲笑した光の理論は，彼が提案しすぐに受け入れられた光の理論よりも正確であった)

不定代名詞 one は，N′ を受けることができ，したがって下線で示された先行詞は N′ という構成素をなしていると考えられている．

　このように，両説にはそれらを支持する議論がそれぞれ示されており，どちらが正しい分析であるかはにわかには決定できず，現在でも未解決の問題として残されている．

　論理的な可能性としては，(i) NP 先行詞説と N′ 先行詞説はどちらも誤りである，(ii) NP 先行詞説と N′ 先行詞説のどちらか一方が正しく，他方は誤りである，(iii) NP 先行詞説と N′ 先行詞説はどちらも（部分的に）正しい，の三つが考えられる．従来の分析では (i) と (ii) の可能性は真剣に検討され追求されてきたが，(iii) の可能性についてはほとんど完全に無視されてきた．例えば，McCawley (1988) は N′ 先行詞説を提唱し，普通に考えれば NP しか先行詞として取りようのない例に対して，なんとかして N′ 先行詞の構造を与えようと努力している（第 1 章参照）．また，同様なことは X-bar 理論を提唱する Jackendoff (1977b: 193-194) にも当てはまる．X-bar 理論にあわない NP 先行詞説ではなく X-bar 理論を遵守する N′ 先行詞説を支持する Jackendoff は，(2) のような例を目の当たりにして，等位接続の理論と X-bar 理論のどちらか一方を諦めざるをえないと主張し，最終的に等位接続の理論のほうを修正すべきであるという結論に達している．

　このように，McCawley (1988) や Jackendoff (1977b) は (iii) の可能性を完全に無視しているが，彼らが (iii) の可能性を考慮すらしなかったのにはわけがある．従来の多くの生成文法理論では，ある構文・構造の正しい統語構造は一つ，そして一つしかないという単一構造仮説を前提としている．この仮説を前提とするならば，(iii) の可能性は最初から有り得ぬこととして排除される．N′ 先行詞説を提唱する McCawley (1988) や Jackendoff

(1977b) が NP 先行詞の構造を認めようとしなかったのは，彼らがこの仮説を前提として研究を進めていたという事情があったからであろう．この仮説を前提としている以上，N′先行詞以外の構造は，NP 先行詞構造に限らず，最初から有り得ぬものとして排除されているのである．N′先行詞説を採った時点で，N′先行詞以外の構造を認めることは問題の仮説によりできないのである．McCawley (1988) や Jackendoff (1977b) が (iii) の可能性を考慮すらしなかった理由はここにある．

　しかし，(iii) の可能性を最初から有り得ぬものとして排除してしまって本当によいのであろうか．生成文法が経験科学の一分野である以上，(iii) の可能性をあらかじめ有り得ぬものとして排除することは許されない．本書では，従来の分析とは異なり，(iii) の可能性をあらかじめ有り得ぬものとして排除することはしない．(iii) の可能性を認めて，(iii) の妥当性を検討する段階まで話を戻した上で議論を進めていくことにする．

　他の条件が同一であるならば，一つの構文・構造には一つの統語構造しかないとする仮説のほうが，そうでない仮説よりも望ましいことはいうまでもない．というのは，一つの構文に一つの統語構造しか認めない仮説のほうがそうでない仮説よりも反証可能性 (falsifiability) が高く，そして，経験科学では一般に，事実と矛盾しない限り，反証可能性の高い仮説ほど高く評価されるからである (cf. 梶田 (1976, 1977-81))．McCawley (1988) や Jackendoff (1977b) が，暗黙裏に前者の仮説にしたがって研究を進めてきたのはこのような事情による．しかし，いくら反証可能性が高い仮説であっても事実によって実際に反証されてしまっては具合が悪い．反証可能性は多少低くても事実によって反証されない仮説を追求しなければならない．

　本書では，上記三つの可能性のうち (ii) の仮説では言語事実を正しく捉えることはできず，(iii) の仮説を採用しなければならないということを示したい．

2.2. 関係節の意味・機能： 修飾部説と述部説

　前節では関係節の統語構造を問題とし，先行詞の「大きさ」を検討した

が，本節では関係節の意味・機能について考えてみよう．

　伝統文法の時代より関係節は先行詞の表す指示（reference）を限定修飾するといわれてきている．つまり，先行詞と関係節とは被修飾部と修飾部の関係にあるといわれてきている．この考えに従えば，関係節は先行詞に対して修飾部として機能していることになる（以下，修飾部説）．

　しかし，最近の生成文法研究ではこれとは異なる見解もみられる．Williams（1980）は，先行詞と関係節との関係は叙述（predication）関係であると主張する．つまり，先行詞を「主語」とし関係節を「述語」とする主述関係であるとしている．Chomsky（1982）も，関係節と主要部（head）の関係は叙述関係であることを示唆しており，関係節は主要部を叙述する開放文（open sentence）であると述べている．Chomsky（1986），Chomsky（1995）でも同趣旨の発言をしており，関係節は変項（variable）の位置を伴う開放文であり，述部（predicate）として機能するという．これらの発言を文字どおり受け取れば，関係節は先行詞を「主語」とする「述部」として機能していることになる（以下，述部説）．

　このように，関係節には修飾部説と述部説があることが分かるが，ここで注意すべきは，修飾部説と述部説では全く異なる主張をしているということである．Jespersen（1924）は，「被修飾部－修飾部」「主語－述語」の関係をそれぞれ Junction, Nexus と呼び，両者を明確に区別している．例えば，'a barking dog' と 'the dog barks' では前者はあくまでも「犬」を最終的に表しているのに対し，後者は命題（Jespersen の表現では 'complete sentence'）を表しており，「犬」を表しているのではない．この例からもすでに明らかなように，「被修飾部－修飾部」と「主語－述語」は基本的に異なる関係であり，したがって，関係節に関する修飾部説と述部説も互いに相いれない主張であることが分かる．修飾部説と述部説は現在でもその雌雄の決着はついておらず，問題点の一つとして考察の対象としなければならない．

　現代の生成文法において，このような明らかに相反する主張がなされること自体一見「奇妙に」思われるかもしれない．論理的には，(i) 修飾部説と述部説はどちらも誤りである，(ii) 修飾部説と述部説のどちらか一方が正しく他方は誤りである，(iii) 修飾部説と述部説はどちらも（部分的に）正しい，

の三つの可能性が考えられる．本書では (iii) の可能性が正しいことを後で示す．明らかに相反する主張である修飾部説と述部説が，ある見方をすれば共存し得る主張となることを論じたい．「奇妙」であると一見思われたのは (ii) の仮説を前提としているからであり，(iii) の仮説を受け入れれば「奇妙」が奇妙ではなくなり，むしろ極めて「自然」となることを示したい．

2.3. 関係節の情報構造： 前提と断定

次に，情報構造の視点から関係節を考えてみよう．

定冠詞で始まる名詞句を先行詞とする関係節（以下，定先行詞関係節）は前提であるのに対し，不定冠詞で始まる名詞句を先行詞とする関係節（以下，不定先行詞関係節）は断定となりえると一般にいわれている．この種の指摘はすでに 1970 年代に何人かの学者によってなされており，最近では福地 (1995)，女鹿 (2002) 等によっても論じられている．

例えば，Thompson (1971) は，a(n) と the の区別について，聴者が関係節の内容を知っていると話者が考えていれば the が使われ，そうでなければ a(n) が使われると述べている．また，Zwicky (1971: 75, n. 2) によれば，定先行詞関係節は断定的ではなく，不定先行詞関係節も多くの場合断定的ではないが，次例においては明らかに断定の解釈があるという．

(1) A friend of mine who is good at chess will be staying with me for a week.
（チェスが得意な友人が私のところに一週間滞在する予定です）

この文の話者が Harry であった場合，次の文はその十分な報告となるという．

(2) Harry said that the guy who will be staying with him is good at chess.
（ハリーのところに滞在予定の男はチェスが得意だと，ハリーは言った）

(2) の "is good at chess" は (1) では関係節内にあったことに注意しなけれ

ばならない.

　また，Hale (1975: 309) は，関係節には背景的な情報を提供するものと，背景的な情報を単に与えるのではなく断定をするものがあるという.

(3) a. I suddenly came face to face with the bear that had attacked me viciously.
（私を激しく襲った熊と突然鉢合わせすることとなった）

b. I suddenly came face to face with a bear that attacked me viciously.
（私は熊と突然鉢合わせすることになったが，その熊は激しく私に襲いかかってきた）

Hale は，関係節の機能は聴者に先行詞の指示を分らせるのに必要かつ十分であると話者が考える背景的な情報を与えることであるといい，この機能をもたない関係節として (3b) を挙げている．(3b) では，(3a) とは異なり，不定冠詞が用いられていることに注意しなければならない.

　Hooper and Thompson (1973) は，定先行詞関係節は前提であるが，不定先行詞関係節は断定であると主張し，それを示す四つの証拠を挙げている.[1] 定先行詞関係節では主語助動詞倒置のような根変形（root transformation）

---

[1] Hooper and Thompson (1973) は次例におけるような前置詞句置換（PP Substitution）の現象も定先行詞関係節と不定先行詞関係節を区別する証拠となり得ると主張している.

(i) a. *The rotunda in which stands a statue of Washington will be repainted.
b. Between the lobby and the vault is a hallway in which stands an armed guard.

しかし，筆者が集めた資料には先行詞が定である場合にもこの現象が生じている例がみられるので，これは両関係節を区別する決定的な証拠とは必ずしもならないであろう.

(ii) a. Orkney looked vaguely at the sideboard upon which stood a bottle of gin, a bottle of scotch, an assortment of mixers and several glasses [sic].
(Dick Francis, *Proof*, p. 137)
b. His face was as white as the damask deeply lace-edged cloth spread over the refectory table on which stood the golden chalice from which all had drunk and drained. (LOB, P01 21)
c. Al-Iraq called upon Muslims worldwide to declare war in order to liberate the land 'upon which stand the two holy mosques (Mecca and Medina) from captivity and occupation'. (Cobuild CD)

の適用は不可能であるが，不定先行詞関係節では可能である．

(4) a. *The car that only rarely did I drive is in excellent condition.
(Hooper and Thompson (1973: 489))
b. I saw a dress which under no circumstances would I have bought. (Hooper and Thompson (1973: 490))
（どんな状況でも購入することはないようなドレスを見た）

定先行詞関係節では主節と従節（関係節）の関係を逆にすると同義ではなくなるのに対し，不定先行詞関係節ではほぼ同義である．

(5) a. I know the girl who speaks Basque.
b. The girl I know speaks Basque.
(Hooper and Thompson (1973: 491))
(6) a. I know a girl who speaks Basque.
b. A girl I know speaks Basque.
(Hooper and Thompson (1973: 490))

(5) とは異なり，(6) の文がほぼ同義であるということは，統語上は従節である不定先行詞関係節が意味上は従節ではなく，主節と同程度の断定を表していることを示している．不定先行詞関係節の場合は，主節の否定辞が関係節の内容を否定する解釈が可能である．

(7) I didn't meet a girl who speaks Basque.
(Hooper and Thompson (1973: 491))
（バスク語を話す少女には出会わなかった）

(7) には否定辞が関係節内を否定する解釈が有り得るといい，これは関係節が断定を表していることの証拠となるという．

これらのことから，一般的には，定先行詞関係節は前提であり，不定先行詞関係節は断定となり得ると考えてよい．しかし，ここで問題が生じる．定先行詞関係節は前提であり，不定先行詞関係節は断定となりえるという指摘は，単なる言語事実の指摘にすぎず，なぜ事実がそうなっているのかという

問いは残されたままである．逆の事態が生じないのは一体なぜなのか．つまり，定先行詞関係節が断定であり，不定先行詞関係節が前提であるような事態が生じないのはなぜなのか．真に妥当な関係節の分析であるならばこの問いに答えなければならない．従来の関係節研究ではこの問いに十分満足のいく形で答えた分析は筆者の知る限りない．本書では，この問いに答えられるような分析を後で示したいと思う．

2.4. 関係節の関係詞： 変項説と代名詞説

次に関係詞自体の性質について考えてみよう．

Chomsky (1976) は，関係詞を論理学でいう変項 (variable) の一種とみなしている（変項説）．というのは，関係詞は，論理形式（以下，LF）において，限量詞 (quantifier) に束縛された変項や疑問文における変項と同様な振る舞いをするからである．まず，限量詞によって束縛された変項からみてみよう．次例では，he は someone を先行詞とすることはできない．

(1) The woman he loved betrayed someone.

つまり，対応する LF において変項 x は he の先行詞となることはできない．

(2) for some x, [the woman he loved betrayed x]

同様なことが次例のような疑問文にもいえる．対応する LF において，変項 x は he の先行詞となることはできない．

(3) Who did the woman he loved betray?
(4) for which person x, [the woman he loved betrayed x]

関係節の関係詞についても同様なことが当てはまり，LF において，変項 x は he の先行詞となることはできない．

(5) The man who the woman he loved betrayed is despondent.
(6) the man x such that [the woman he loved betrayed x] is despondent

Chomsky は,「変項はその左にある代名詞の先行詞になることはできない」という原理によって上記 3 種類の事実を統一的に説明できるという. このように, 関係詞は LF において他の変項と同一の振る舞いをするのであるから変項の一種と考えてよいと Chomsky はいう.

同様な主張は Jackendoff (1977b) にもみられる. Jackendoff (1977b) によれば, 非制限的関係節の関係詞は人称代名詞や指示代名詞と同じく照応的代名詞 (anaphoric pronoun) であるのに対し, 制限的関係節の関係詞は変項であるという. つまり, 非制限的関係節の関係詞に関しては代名詞説を, 制限的関係節の関係詞については Chomsky と同じく変項説を採っている.

このように, 従来の生成文法研究では, 制限的関係節の関係詞は変項の一種であると考えられてきた. しかし, 変項説は本当に全面的に正しいのであろうか. この問いも従来の生成文法研究では真剣に取り上げられ論じられたことはほとんどなかった. 本書では, 変項説は部分的にしか正しくないということを後で示す. 制限的関係節の実例をみていくと関係詞を変項と解釈したのでは都合が悪い場合がいくつもあることを示したい.

2.5. 制限的関係節と非制限的関係節

伝統文法の時代より今日の生成文法に至るまで, 英語の関係節は制限的関係節と非制限的関係節との二つに大別されてきた.[2] 両者にはそれらを区別

---

[2] これとは異なる分類法については, Grosu and Landman (1998) を参照されたい. また, Quirk et al. (1985) は, 制限的関係節と非制限的関係節の区別は重要であることを認めた上で, 両者の区別は二分法によるものというよりは段階的であるとみなす可能性を示唆しており, その可能性を示す例として, 次例のようなテレスコープト関係節 (telescoped relative) を挙げている.

 (i) All this I gave up for *the mother who needed me*. (Quirk et al. (1985: 1257))

(i) の関係節は (ii) の意味を入れ子式にはめ込んで表現した関係節であり,「制限的 vs. 非制限的」の二分法では分類しきれないものであるので, テレスコープト関係節という名称で呼ばれている.

 (ii) All this I gave up for *a person who needed me*, ie *my mother*.

(Quirk et al. (1985: 1257))

しなければならない基本的な相違が統語的にも意味機能的にも数多くみられるからである。例えば、非制限的関係節は固有名詞を先行詞とすることができるが、制限的関係節は通常できない。

(1) a. Paris, which I love, is a beautiful city.
  b. *Paris which I love is a beautiful city.

(Marshall (1975: 6))

また、関係詞の違いを挙げてもよい。制限的関係節ではwh形に加えてthatやゼロ形も可能であるが、非制限的関係節ではwh形は許されるが、thatやゼロ形は許されない。[3]

(2) a. The person who/that/Ø John asked Ø for help thinks John is an idiot.
  (ジョンが助けを求めた人物はジョンがまぬけだと思っている)
  b. Mary, who/??that/*Ø John asked Ø for help, thinks John is an idiot.

(McCawley (1998: 445))

この種の相違は伝統文法の時代より文字どおり枚挙にいとまがないほどこれまでに論じられてきており、制限的関係節と非制限的関係節を基本的に区別する根拠は十分すぎるほど示されてきたといえる。[4]

---

[3] Bache and Jacobsen (1980) には非制限的関係節の関係詞としてthatが用いられた例が2例挙げている。
  (i) a. Among the Hambro industrial customers are makers of furniture and infant food, and the Kenwood company, making domestic equipment, that is named after its boss and founder, Kenneth Maynard Wood.
    b. She made me swear on the family bible, that my aunt's poodle chewed up, that I wouldn't buy French medicines ...
しかし、この種の用法はどちらかと言えば例外的であり通常はwh形を用いなければならない (Hawkins (1978), Huddleston (1984), Hudson (1990), Huddleston and Pullum (2002), Loock (2010) 等を参照)。

[4] 最近ではFabb (1990), Borsley (1997), Bianchi (1999) 等を参照されたい。

しかし，これは少し視点を変えるとかなりおかしな事態であると考えられなくもない．基本的な相違がそれほどみられる二つの構造であるならば，それらをなぜ「関係節」として一つにまとめる必要があるのであろうか．本当に基本的に異なるものであるならば，それらを一つにまとめる必要はなく，二つの互いに全く異なる構造として扱えばよい．制限的関係節と非制限的関係節を「関係節」として一つにまとめるからには，それらを一つにまとめる理由を示さなければならない．両者の相違点が指摘されればされるほど，逆に両者を一つにまとめる根拠を示す必要性は高くなる．しかし，これまでの研究では，両者の相違点ばかりが強調され，両者を一つにまとめる理由は必ずしも十分な形で示されてきたとはいえない．両者の基本的な類似点とは何なのか，両者を一つに結びつける接点とは何なのかを論じることは，両者の相違点を論じるのと少なくとも同じぐらい意義があるといえる．本書では，制限的関係節と非制限的関係節との類似点・接点を従来よりは少し分かりやすい形で論じたいと思う．

第 3 章

非制限的な制限的関係節

　制限的関係節は従来その制限的性質によって非制限的関係節と区別されてきた．しかし，英語の制限的関係節の実例を見ていくと，制限的性質だけでは説明できないような現象がしばしば見られる．ここではそのような現象のいくつかを見ていく．

3.1. 関係節と独立の命題

　制限的関係節は先行詞の意味を限定する機能をもつのに対し，非制限的関係節にはそのような限定修飾機能はないと一般にいわれている．次例を見てみよう．

(1) a. The soldiers that were brave ran forward.
　　　（勇敢な兵士たちは突進した）
　b. The soldiers, who were brave, ran forward.
　　　（兵士たちは勇敢だったので突進した）

(Jespersen (1924: 112))

(1a) の制限的関係節は兵士のなかから勇敢な兵士のみを抽出する限定的機能を果たしているのに対し，(1b) の非制限的関係節はそうではなく，問題の兵士はすべて勇敢であるということを述べている．このように，両関係節

は意味機能的に全く異なる属性をもつといえる．

　両者の違いを命題という概念を使って捉え直せば次のようなことがいえよう．制限節は先行詞の意味を限定修飾するのであるから先行詞との結びつきが強く，そこで述べられている内容は主節の表す命題内容の一部として完全に組み込まれる．一方，非制限節の場合は事情が異なり，先行詞との結びつきは制限節ほど強くないために，主節命題の一部として完全に組み込まれるとは限らず，主節とは独立の命題を表すことも可能である．非制限節が主節とは独立の命題を表している端的な例として，Jespersen (1924, 1927, 1933) の意味での継続関係節（continuative (relative) clause）を挙げることができる．

　(2)　He had seen my aunt give this person money outside the garden rails in the moonlight, who then slunk away and was seen no more (Dickens): who=and he.

(Jespersen (1933: 357))

　　　（彼は，月明かりの下垣根の外で私の叔母がその人にお金を渡すのを目撃した．その人はそれからこそこそ逃げ去り，姿を消した）

　(3)　He gave the letter to the clerk, who then copied it.

(Jespersen (1924: 113))

　　　（彼は事務員に手紙を渡した．すると事務員はそれを複写した）

これらの例における非制限節は，Jespersen の書き換え（who=and he）からも分かるように，主節と等位接続詞 and によって結びつけられるような関係にあり，主節と対等の命題内容を表していると考えられる．

　このように，非制限節は主節とは独立の命題を表すことが可能であるのに対し，制限節は主節とは独立の命題を表すことができない，と考えて一見よさそうに思われるが，しかし，制限節の実例を観察していくと事実はそれほど単純でないことが分かる．

3.2. then を含む制限節

　副詞としての then には様々な用法があるが，その中にはある種の順序関係（時間的，空間的，etc.）を表す「それから，次には」という意味を表す用法がある．この意味での then は先行文脈で述べられた命題的内容を受けて，それとは独立の命題的内容を述べる時に使われるのが普通である．例えば，次例では，and で等位接続された二つの独立した命題内容の時間的生起順序を指定する表現として then が用いられている．

(1) a. "I bought the ticket and then forgot about it until Sunday," she said. 　　　　　(*Los Angeles Times* <<940104>>)
（「チケットを買ったがその後日曜までそのことは忘れていた」と彼女は言った）

　　b. "He kissed me and then asked me if I wanted kids. That was the beginning," says Basinger. 　(*Los Angeles Times* <<940102>>)
（「彼は私にキスしてから子供が欲しいかと聞いた．それが始まりだった」とバシンジャーは語る）

　逆にいえば，then が用いられていれば，そこで述べられている内容は先行文脈が表す命題内容とは独立の命題内容を表しているといえる．すなわち，then が用いられていれば，そこで述べられている内容は先行文脈の命題内容の一部として組み込まれることは通常ないということである．このことは前節でみた継続関係節の例の中に，ここで問題としている then が生起していることからも分かる．すでに述べたように，継続関係節は主節と等位接続詞 and で結ばれたような関係にあり，主節の命題内容の一部として組み込まれることはない．そうであるからこそ，継続関係節において then の生起が許されるのである．

　このように，ここで問題としている then は，二つの互いに独立した命題内容を対象とし，それらの相対的順序関係を表す言語表現であると考えてよい．そうであるならば，この種の then は，制限節には生起できないことが予測される．というのは，制限節は限定修飾句であるので，そこで述べられ

ている内容は主節命題の一部として完全に組み込まれ，主節とは独立の命題内容を表すことはできないと通常考えられているからである．事実はどうであろうか．

多くの制限節ではここで問題としている then は生起できないが，しかし生起している例もみられる．まず，次の例から考えてみよう．

(2) ...; specifically, (2b) is not the kind of question that a child might mistakenly utter and that a parent might then correct.

(Baker (1978: 206 地の文))

(具体的に言うと，(2b) は子供が間違えて言ってしまい後で親が直すようなたぐいの問いではない)

ここでは that で導かれた制限節内に then が生起している．しかし，ここでの then の生起は上で見てきた then の用法と矛盾せず，生起すべきところに then が生起している例といえる．というのは，これらの例では，that で導かれた二つの制限節が and で等位接続されており，第二等位項内の then は第一等位項の制限節で述べられている内容を受けた用法であるからである．

このように，二つ(以上)の制限節が等位接続されている場合には，各等位項がそれぞれ対等の内容を表しえるので，第二等位項以降の制限節内に then が生起するのはきわめて自然であるといえる．

では，制限節が等位接続されていない場合，すなわち制限節が単独で生じている場合，はどうであろうか．この場合は，上例とは異なり等位接続された関係節はないのであるから，制限節内に then が生じるためには，そこで述べられている内容が主節と対等の関係にある内容でなくてはならない．しかし，すでに述べたように，制限節の内容は，主節命題の一部として完全に組み込まれ，主節とは独立の命題的内容を表すことは通常できないと考えられている．そうであるならば，単独で生起した制限節には then は生じないはずである．しかし実際には単独制限節内に then が生起している例がある．

(3) This narrative establishes a date that then acts as the anchor for the interpretation of the tenses used. (Hornstein (1990: 11 地の文))

第 3 章　非制限的な制限的関係節

(この話は日時を確定する．そしてその確定した日時が，その後，使われた時制の解釈のためのアンカーとして機能する)

　ここでの関係節は that で導かれていることから分かるように，明らかに制限的関係節である．にもかかわらず，その節内に問題の then が生じている．解釈上からも，date と that の間に切れ目が感じられ，that 以下の制限節の内容は，date までの主節が表す命題内容と対等の関係にある命題的内容を表していると思われる．

　形式上は制限的である関係節が，意味機能上は非制限的な関係節と同じ役割を果たしているといってよい．その意味で，この種の関係節は「非制限的な制限的関係節」であるといえる．

　then の生起している制限節の例はもちろんこれだけではない．次例をみてみよう．

(4) a. Many of the rescued passengers were first taken to the island by helicopters that then returned to continue the search.

(*The Times* <<940929>>)

(救出された乗客の多くはヘリコプターによってまず島に搬送され，その後ヘリコプターは現場にもどって捜索を続けた)

　b. ...; once inside, the gene forced the cells to produce a toxic protein that then shut off the tumor cells' ability to reproduce and spread.　　　　　(*Time* <<930705>>)

(遺伝子が注入されると，細胞は有毒蛋白質を作らざるを得なくなり，その後その有毒蛋白質によってガン細胞は増殖することができなくなってしまった)

　c. ..., he [=the 12-year-old pygmy chimpanzee—T. K.] makes his desires known either by pointing to symbols printed on a laminated board or by punching the symbols on a special keyboard that then generates the words in English.

(*Time* <<930322>>)

(チンパンジーが自分の意思を伝える手段としては，薄板状のボード

に印刷された記号を指すか，あるいはキーボード上の記号を押すとそれが英単語として表示されるような特別なキーボードを使うかのどちらかである）

　これらの例における関係詞はすべて that であるので，関係節は少なくとも統語的には制限的関係節であると考えて差し支えない．しかし，意味機能的には，(3) と同様に，that の直前に大きな切れ目が感じられ，that 節の内容が主節命題の一部として完全に組み込まれているとは解釈しにくい．むしろ，主節命題とは別個の独立した命題を表していると解釈するのが普通であろう．

　ここで次のように反論する向きがあるかもしれない．これら関係節は，意味機能上のみならず統語上も非制限節を意図していたのであるが，誤って wh 関係詞ではなく that を用いてしまったのではないか．しかし，この種の反論は真の反論とはおそらくならないであろう．もし仮に，統語的にも非制限節を意図していたという主張が正しいとすれば，上記例において that 節がコンマによって区切られていたとしても不思議ではない．というのは，非制限節は書き言葉ではコンマによって区切られるほうが普通であるからである．しかし，上例には that 節がコンマによって区切られている例は一例もない．これらの例の異なる筆者達が全く偶然にも全員一致してコンマを書き落としてしまったとはとても考えられない．そうであるならば，反論どころか逆に，上記例の that 節は統語的に制限的関係節であるという独立の証拠がコンマの有無という形式上の観点からも得られたことになる．

　このように，制限的関係節には，二つの大きな下位類があることが分かる．一つは，先行詞を限定修飾し，そこで述べられている内容が主節命題の一部として完全に組み込まれてしまう，「制限的な制限節」であり（例えば，3.1節(1a)），いま一つは，主節命題に必ずしも完全に組み込まれるというわけではなく，主節命題とは別個の独立した命題的内容も表し得る，「非制限的な制限節」である．

　ここでは，「非制限的な制限節」の存在を示す証拠として then の振る舞いを挙げたが，証拠はこれに限られるわけではない．

3.3. in turn を含む制限節

in turn には，先行文脈で述べられた命題内容を受けて，それとは別個の独立の命題内容を述べる際に用いる「それがまた」といった意味の用法がある．この意味の in turn は，二つ(以上)の互いに独立した命題が等位関係にあるような構造で用いられるのが普通である．

(1) Bill reproached Mary, and she in turn reproached Tom.

この意味の in turn は，前節でみた then と同様に，基本的には先行文脈の命題内容を受けてそれとは独立の命題内容を述べる時に用いる表現形であると考えてよい．逆にいえば，この意味の in turn が生起していれば，そこで述べられている内容は先行文脈の命題とは独立の命題を表していると考えられる．

非制限節は独立の命題を表し得るので，この種の in turn が生起することが予測できる．そして，実際この種の in turn は非制限節に頻繁に起こる．

(2) a. In one weather-related accident, a car hit a tree, which in turn knocked down some power lines and temporarily closed Donlon Road near Somis.　　　　　(*Los Angeles Times* <<950110>>)
(天候に関連したある事故では，車が木にぶつかり，ぶつかった木によって電線が切断され，ソミス近くのドンロン街道は一時的に通行不能となった)

b. The strength of the surface winds along the Equator controls the amount and temperature of the water that rises to the surface, which in turn determines the distribution of sea surface temperatures.　　　　　(*Los Angeles Times* <<950125>>)
(赤道沿いの海風の力によって海面に上昇する海水の量と温度が左右され，そして上昇した海水によって海面温度の分布が決まる)

では，制限節の場合はどうであろうか．多くの研究者達が提唱する制限節の限定修飾部説が全面的に正しいとすれば，制限節には in turn は生起でき

ないはずである．しかし，予測に反して in turn が生起している実例が数多くみられる．

(3) a. ...: that is, on the basis of descriptive generalisations, we formulate theoretical principles which in turn lead us to call into question the empirical adequacy of earlier descriptive generalisations. (Radford (1988: 264 地の文))
(つまり，記述的一般化に基づいて理論的原理を述べて，そしてその理論的原理によって今度はもとの記述的一般化の経験的妥当性を問うことになる)

b. Thus, a structure in which a Past is embedded under a Future which is in turn embedded under two more Pasts is perfectly well formed. (Hornstein (1990: 94 地の文))
(したがって，Past が Future の下に埋め込まれ，そしてその Future がさらにもう二つの Past の下に埋め込まれている構造は，完全に適格である)

(4) a. Hence *the* has scope over a quantifier which in turn has scope over that same *the*, which is inconsistent.
(Martin (1972: 41 地の文))
(したがって，the が数量詞より広いスコープを持ち，そしてその数量詞がまたその元の the よりも広いスコープを持つことになり，矛盾が生じる)

b. Sentences (119b-120b) indicate that *wh*-phrases can occur in derived nominals which in turn can occur in appositive relative clauses. (Fetta (1974: 148 地の文))
(wh 句が派生名詞表現内に生じることができ，そしてその派生名詞表現がさらに非制限的関係節内に生じることができる，ということを文 (119b-120b) は示している)

c. (119a-120a) show that *wh*-phrases can occur in derived nominals which in turn cannot occur in restrictive relative

clauses.　　　　　　　　　　　　　　(Fetta (1974: 148 地の文))
(wh 句が派生名詞表現内に生じることができ，そしてその派生名詞表現がさらに制限的関係節内に生じるようなことは許されない，ということを文 (119a-120a) は示している)

上例では，wh 形の関係詞が用いられているが，that を用いた例ももちろんある.

(5) a. ...; his left hand rests on a lever that activates a vacuum pump that in turn operates both the gas and brake controls.
　　　　　　　　　　　　　　　　　　　　　　　　(*Time* <<910218>>)
(彼の左手はレバーの上に置かれており，そのレバーによって真空ポンプが作動し，そして作動した真空ポンプによってアクセルとブレーキ装置の両方が作動する)

b. The convention, which has met only twice, in 1968 and 1986, elects a 12-man army executive that in turn elects the main strategy body, the army council.　　(*The Times* <<931217>>)
(代表会議は，今までに 1968 年と 1986 年のわずか二回しか開催されていないが，12 名構成の軍事執行部を選出し，その執行部によってさらに主要国家戦略組織である軍事評議会が選出される)

これらの例における関係節は，that が使用されていることから分かるように，統語上は明らかに制限節である．また，コンマが that の直前にないことからも，そのように考えて差し支えない．しかし，解釈上は，制限節の内容は主節の命題内容の一部として必ずしも完全に組み込まれているとはいえない．制限節内の in turn は主節の命題を受けた用法であり，その意味で制限節の内容は主節命題とは独立の命題的内容を表していると解釈できる．

　ここで，(3) のペアを使って，いま少し「非制限的な制限節」の性質について考察しておこう．まず (3b) の例からみてみよう．この文では，in turn を含む問題の制限節は，解釈上，制限的でありながら同時に非制限的であると感じられる．もう少し詳しく言えば，制限節を含む文全体から見れば，制

限節は明らかに制限的な解釈の枠の中に収まる．しかし，同時に，制限節の部分のみに注目して見ると，明らかに非制限的な解釈が浮かび上がる．このように，(3b) の制限節は全体から見ると制限的，部分だけ見ると非制限的という二面性を同時に持ち併せているといえる．このような視点からこれまでに挙げた「非制限的な制限節」の例を見直すと，どの例についてもこの種の二面性がみられる．この点にまず注目しなければならない．

さらに，「制限的性質」と「非制限的性質」が同時に見られるという点ではどの例も共通しているが，しかし，両性質の強さの割合という点では，個々の例はそれぞれ微妙に異なっていることに注意しなければならない．例えば，(3b) は「非制限的な制限節」のなかでは制限的な性質を比較的強くもっている例である．対照的に，(3a) は非制限的な性質のほうが比較的色濃く出ている例である．その証拠に，(3a) では問題の制限節の前にコンマを挿入しても原文の意味をそれほど大きく損ねたとは感じられないのに対し，(3b) にコンマを挿入すると明らかに原文の意図する解釈は伝わらなくなる．(3a) の制限節の解釈は非制限節の解釈と実質上ほとんど相違はない．このように，「非制限的な制限節」といっても，それは一枚岩ではなく，そのなかには問題の二つの性質に関して様々な程度をもったものがあるということである．そして，それらが連続的につながることによって，「非制限的な制限節」という一つの下位類を形成しているのである．

このように，制限節には，in turn が生起可能な，主節とは独立の命題内容を表し得る「非制限的な制限節」があるといえる．「非制限的な制限節」の存在を示す証拠をもう一つだけ見ておこう．

3.4. however を含む制限節

「しかしながら」という意味の however は，普通，先行文脈で述べられた命題的内容を逆接的に受けて，それとは独立の命題的内容を述べる際に使われる．

　(1)　He is young. However, he is rich.

逆に言えば，however が用いられていれば，普通，そこで述べられている内

容は先行文脈で述べられた命題内容の一部として組み込まれることはなく，それとは独立の命題的内容を表していると考えて差し支えない．

非制限節は独立の命題を表し得るので however が生起可能であるのに対し，制限節は修飾部説に従えば，主節命題の一部として組み込まれてしまうので，however の生起は許されないはずである．そして，実際，言語事実に関して，従来そのように言われてきている．

(2) a. American universities are huge athletic institutions, where, however, some academic activities are retained for the physically weak.
(アメリカの大学は巨大な競技施設であるが，身体能力が低い人には学究的活動が用意されている)

b. *American universities are the only athletic institutions where, however, some academic activities are retained for the physically weak

(Kajita (1968: 76))

しかし，制限節には however が全く生起できないかというとそうでもない．制限節のなかには，however が生起している例がみられる．

(3) a. In fact, the author has provided Harry, and the reader, with not one but two last revelations—quite unexpected surprises which, however, flow convincingly from the whole context of the book.
(*Los Angeles Times* <<950822>>)
(実際，著者はハリーと読者に最後に一つではなく二つの意外な新事実を示しており，それは全く予期せぬ驚くべき事実ではあるが，その本の全体の話の流れからするとなるほどと思わせるものである)

b. There has, it must be said, always been a difference of opinion on the matter which, however, divides more on professional than scientific grounds. (*The Times* <<930601>>)
(その件については以前からずっと意見の相違があったと言わざるを

得ないが，しかし，それは科学的根拠によるというよりは職業上の理由によるものである）

これらの例では，関係詞として wh 形が用いられている．

　人によっては，これらの例は制限節ではなくコンマが落ちた非制限節にすぎないのではないかと反論する向きもあろう．そのような反論は，ある意味でもっともであると思われる．というのは，本書の主張する「非制限的な制限節」とは，何度も述べているように，解釈上は非制限的に解釈しうる関係節であるからである．そして，then や in turn と比べると，however は「非制限的な制限節」のなかでも比較的非制限的な性質の強いものに生じやすい傾向があるからである．辞書によっては，ここで問題としている however を接続詞として掲載しているものもあるほどで，これは今述べた however の傾向と符合する．however は独立の命題を要求する力がかなり強いということであろう．非制限的な性質の強い「非制限的な制限節」の解釈は，非制限節の解釈と実質上それほどちがいはないということである．そうであるならば，上記のような予想される反論は，見方を変えれば，本書の主張を支持するものと解釈できなくもない．

　しかし，そのためには，however が生起している関係節で明らかに制限節である例を示さなければならない．この種の例は，however のもつ上記の傾向のためにそれほど多くはないが，実際にみられる．

(4)　Dr McKeown adds that the idea of the stress management workshop is to show people that stress is a normal part of a healthy life which can, however, get out of control.　　　(*The Times* <<930429>>)
（ストレス対処ワークショップの目的は，ストレスは健康生活の正常な一部ではあるがコントロールしにくいということを人々に示すことである，とマッキオン博士は付け加えた）

　この例については少し解説が必要であろう．which 関係節の先行詞は，文脈上直前の名詞句ではなく stress であると思われる．そうであるならば，which 節を非制限節と考えることはできない．非制限節は通常先行詞と隣接

した位置に生起するが，上例では隣接していない．[1] また，非制限節は普通外置できないとされており（cf. Ziv (1973), Emonds (1979), Rochemont and Culicover (1990)）．また，仮に非制限節の外置を認めたとしても，上例は外置の起こる典型的な条件を満たしているとはいえない（長原 (1990) 参照）．というのは，上例は提示文でもなく，先行詞が数量詞付き名詞句でもなく，また，述部が動詞だけからなる環境でもないからである．したがって，上例は非制限節が基底生成された例とみなすこともできないし，また，非制限節が外置された例と考えることもできない．残る可能性は制限節の可能性しかない．制限節が表層の位置にそのまま基底生成されたと考えるのが無難であろう．なお，制限節が先行詞と離れた位置にそのまま基底生成されなければならない例は，周知のごとく，すでにいくつも指摘されており，上例をこの種の生成方法によって生成したとしても特に問題が生じることはない．

(5) a. A man entered the room and a woman went out who were quite similar.　　　　　　　　　　　　　(Perlmutter and Ross (1970: 350))
（男がひとり部屋に入り，女がひとり部屋を出て行ったが，ふたりはとても似ていた）

b. Tom bought a can-opener and Alice bought a dictionary that were once owned by Leonard Bloomfield.
(McCawley (1982: 100))
（トムは缶切りを買い，アリスは辞書を買ったが，それらはかつてレナード・ブルームフィールドが持っていたものだ）

このように，however の振る舞いによっても「制限的な制限節」（例えば，(2b)）とは明らかに性質の異なる制限節があることが分かる．

---

[1] しかし，先行詞と隣接していない場合には非制限節は全く生起できないかというとそうでもない．Cinque (1982) は隣接していない例として次例を挙げている．

(i) If John had been invited, for whom, I am sure, all of you have the greatest respect, ...
(Cinque (1982: 279))

しかし，この例は長原 (1990) の主張する外置の典型的条件（述部が動詞だけからなる環境）を満たしており，非制限節が外置した例とも考えられる．

以上，then, in turn, however を証拠として英語には「非制限的な制限節」とも呼ぶべき関係節があることを論じた．この種の非制限的な制限節の存在はかなり奇妙で驚くべき事実であるといえる．というのは，これまで多くの研究者たちが提唱し信奉してきた制限節の修飾部説によっては説明できないか，あるいは説明しにくい事実であるからである．制限節は先行詞を限定修飾するという修飾部説に従えば，とても有り得そうもない事態が，現実には生じているということである．

　最後に，「非制限的な制限節」にみられる共通の統語的特徴について一言触れておかねばならない．これまでに挙げた「非制限的な制限節」をみるとすべて文末にあり，しかも不思議なことにその先行詞はすべて不定（indefinite）であることに気がつく．筆者の手元にある「非制限的な制限節」の例のなかには先行詞が定的であるものもなくはないが，その数は極めて少なく，圧倒的大多数が不定名詞句を先行詞としている．先行詞が不定である場合には「非制限的な制限節」が生じやすい事情がなにかあるといえる．その事情が何であるのかは後で詳細に論じる．

　ここで注意すべきは，不定先行詞の場合には「非制限的な制限節」が生じやすいということであり，先行詞が不定である場合には制限節は常に主節とは独立の命題を表すと主張しているのではないということである．不定先行詞につく制限節には独立の命題を表しているものもあればそうでないものもある．重要なのは，制限節は通常先行詞が不定である場合に，そしてほぼその場合に限って，「非制限的な制限節」となり，主節とは独立の命題を表し得るということである（cf. 河野 (2000a), Kono (2003)）．

3.5. 理論修正の必要性

　ここまで，従来一つにまとめられてきた制限的関係節が，実は一枚岩ではなく二つの下位類からなるということを論じてきた．一つは，主節の命題内容に完全に組み込まれてしまう「制限的な制限節」であり，いま一つは，主節の命題内容に必ずしも完全に組み込まれるわけではなく，主節とは独立したそれ自体の命題をも表し得る「非制限的な制限節」である．しかし，制限

的関係節に二種類の異なる関係節があるという主張自体は，仮にその主張が正しいとしても，単なる言語事実の指摘にすぎない．重要なのは，「言語事実がなぜそうなっているのか」という問いに答えることである．

しかし，この問いに答えることはそれほど容易なことではない．というのは，この問いに答えるためには，二種類の関係節がどちらも基本的には制限節であるという共通点を捉えながらも，他方では，それら二つの関係節の「制限性」の程度の相違も同時に説明しなければならないからである．さらに，「非制限的な制限節」のもつ「制限性」と「非制限性」という二面性もまた同時に説明しなければならない．つまり，「制限的」という大枠の中で，「制限性」の程度の相違のみならず「非制限的な制限節」にみられる「制限性」と「非制限性」をも同時に説明しなければならないのであるから，これはそう簡単にはできそうもない．これを従来の理論的枠組みの中で行うことはおそらくできないか，仮にできたとしてもその場限りのことをかなり言わざるを得ないであろう．これを行うためには従来の理論的枠組みを大幅に修正する必要があろう．これまでの多くの理論が前提としてきた最も基本的な仮説の一部に修正を加えざるを得ないと思われる．

従来の生成文法の多くの理論は，ある構文・構造の正しい統語構造は一つ，そして一つしかないという単一構造仮説を暗黙裏に前提としている．例えば，関係節を例にとっていえば，制限節の先行詞はNPであると主張する研究者はすべての制限節について先行詞はNPであるということを前提としていることが多く，また，N′が先行詞であるとする学者はすべての制限節について先行詞はN′であるということを前提としていることが多い．[2] あるいはまた，制限節の先行詞はNPであるのかN′であるのかといった二者択一式の議論が真剣になされていることも例に挙げてよかろう（例えば，Jackendoff (1977b)）．このように，従来の生成文法の理論はそのほとんどが正しい統語構造は一つしかないという仮説を前提として研究を進めてきた．

---

[2] Weisler (1980) は例外的で，ゼロ形の関係詞に導かれた制限節をそうでない制限節と区別し，前者はS後者はS′であると主張し，前者の先行詞はN′であるのに対し後者の先行詞はN″(=NP)であると主張している．Sag (1997) もWeisler (1980) を受け同様な立場を採っている．

しかし，上記の問い，「言語事実がなぜそうなっているのか」，に答えるためには問題の仮説を修正して，「制限節の正しい統語構造は一つとは限らない」という複数構造仮説を採用せざるを得ない.³

以下，本書では今修正した仮説を前提として問題の問いに答えられるような分析を追求していく．理論の修正が妥当なものであるか否かは，その理論を基にしてたてられた分析がどの程度問題の問いに答えられているのかによって決まる．理論の修正が無駄とならないような分析を以下示したいと思う．

---

³ ここで注意すべき点が二つある．一つは，ここで問題としているのは，いわゆる「二重構造」(double structure) のようなものではないということ．いま一つは，制限節を例としていえば，これまでの細分化研究によって解明された変種（Amount relative 等）をすべて除外した core 中の core の部分をここでは問題としているということ．以上二点誤解のないように一言触れておく．

第 4 章

関係節の統語構造と意味機能

　本章では第 2 章で紹介した従来の諸説とは基本的に異なる分析を示す．第 3 章で示した言語事実のみならず関係節に関するより広範な言語事実を考察の対象としながら，それらをなるべく自然な形で説明できるような分析を追求していきたい．

4.1. 関係節の意味機能

4.1.1. 修飾部説

　第 3 章での考察が正しければ，制限節の修飾部説では制限節の全体を説明することは難しい．制限節には，修飾部説の予測どおりに振る舞う制限節,「制限的な制限節」，ばかりでなく，修飾部説ではとても予測のつかない振る舞いを示す制限節,「非制限的な制限節」，もあるからである．
　にもかかわらず，本書では制限節の意味機能に関して基本的には修飾部説を採用することにする（2.2 節参照）．

　　(1) (I) 制限節は先行詞を被修飾部とする修飾部であり，(II) 先行詞の
　　　　意味（指示）を限定する．

(I) は制限節は，「非制限的な制限節」も含めてすべて，先行詞である主要部に対して修飾部として機能するということを述べたものであり，(II) は修

飾部一般のもつ二つの機能のうち制限節は限定機能のほうをもつということを述べたものである.

後者については少し解説が必要かもしれない. 修飾部は一般に限定機能をもつものと非限定機能をもつものとに分れる. 例えば, 名詞を修飾する形容詞を考えてみてもよい.

(2) a.　old people
　　b.　old Mr. Brown

(2a) の形容詞 old は人々のなかから高齢という属性（property）をもつ人物のみを抽出する機能を果たしているのに対し, (2b) の old は後続する名詞が固有名詞であることから分かるように, そのような機能を果たしていない. 前者は限定修飾機能, 後者は非限定修飾機能と呼ばれている. 非限定修飾機能は (2b) のように後続する名詞が固有名詞である場合に限られるわけではない. 例えば, 次例では, 斜字体の形容詞 hungry, rich はそれぞれ労働者, 雇用者の全体について述べたものとも, それらの一部のみについて述べたものともとれ, 多義的（ambiguous）である.

(3)　The *hungry* workers attacked the houses of their *rich* employers.
(Leech and Svartvik (1975: 62))

このように, 修飾部は一般に, 限定的なものと非限定的なものとに分かれる. (II) は修飾部としての制限節が前者に属し限定修飾機能をもつということを述べたものである. 制限節の修飾部説をあえて上記のように分けて述べたのは, (I) と (II) が部分的に独立した主張であるからである. (I) は採用しても (II) は採用しないという場合が有り得る. 非制限節がそれにあたる. 伝法文法の時代より非制限節は修飾部ではあるが限定修飾機能はないと考えられてきたことはいまさら言うまでもないであろう.

(1) で述べられた修飾部説の内容を現代の生成文法理論の表記法を使っていま少し具体的に考えてみよう. そうすることによって, 制限節の意味機能をもう少し分かりやすく厳密な形で捉えることができる.

4.1.2. 同一指標の意味

生成文法では，関係節構造を同一指標（coindex）を使って表す表記法が一般に採用されている．

(1)　[$_{NP}$ [先行詞]$_i$ [$_{S'}$ [関係詞]$_i$ [$_S$ ... [痕跡]$_i$ ...　]]]

　(1) では，同一指標によって三つの関係が表されている．一つは，関係詞と痕跡との同一指標によって表されている関係で，いま一つは，先行詞と関係詞との間の同一指標によって表されている関係で，三つ目は先行詞と痕跡との間にみられる同一指標の関係である．最後の関係は関係詞を介して間接的に成立する関係である．Safir (1986) の用語を借用して言えば，第一の関係は「X 束縛」，第二第三の関係はそれぞれ「R 束縛」である．第一の X 束縛の関係は他の構文（例えば WH 疑問文）でもみられる関係であるが，この関係と第二の R 束縛の関係が同時に成立し，したがって，第三の R 束縛の関係も同時に成立するところが制限節の一つの大きな特徴である．ここでは同一指標によって表示されている第一と第二の関係が，修飾部説との関連でどのような意味をもつのかを考察する．第三の関係についてはここでは扱わないが，後での議論においてこの関係は大変重要な意義を持つことになる (4.3.2 節参照)．

　第一の関係と第二の関係は原理的には独立しており，両者を区別して考えることができる．前者は関係節内部の関係であり，関係節自体の性質を決定する．後者は関係節と先行詞との関係であり，両者間の性質を決定する．

　まず，第一の関係，関係詞と痕跡との同一指標によって表されている関係，からみてみよう．関係詞は WH 移動によって節内の位置から節頭の位置へ移動し，元の位置に痕跡を残す．この移動により自動的に関係詞と痕跡に同一指標が賦与される．LF ではこの同一指標は束縛の関係として解釈される．すなわち，WH 関係詞は痕跡を A-bar 束縛する演算子（operator）とみなされ，A-bar 束縛された痕跡は変項（variable）として解釈される．したがって，制限節は全体として変項を含む開放文（open sentence）とみなされる (cf. Chomsky (1976, 1982, 1995))．

　ところで，開放文は述語論理学では P(x) と表示される（P は属性（property）

を表し，xは変項（variable）で任意の個体を表す）．P(x)が表す意味は，「xはPである」という命題函数（propositional function）であり，その内包（intension）は，「Pであるという属性」（property of being P）そのものであると考えられる．そうであるならば，制限節は最終的に「Pであるという属性」を表していることになる．このように，制限節内の関係詞と痕跡とのあいだの同一指標は，すなわち，X束縛は，最終的に「制限節は属性（property）を表す」ということを表していると解釈できる．[1]

次に，第二の関係，先行詞と関係詞との間の同一指標によって表されている関係，について考えてみよう．この関係が表している意味は，第一の関係とは異なり，極めて単純明快で，関係節が主節内要素のどれを先行詞としているのかを表している．つまり，修飾部としての関係節が何を被修飾部としているのかを表している．論理学的に言えば，命題函数P(x)の変項xの取り得る値が先行詞と定められていることを表している．

いま上で考察した二つの関係が表す意味を使って修飾部説を述べ直すことにより，制限節の意味機能を次のようにまとめることができる．

(2) 制限節の意味機能：
修飾部である制限節は属性（property）を表し，被修飾部である先行詞の表す意味（指示）をその属性によって限定する．

制限節の意味機能をこのように解釈することはそれほど不自然なことではない．というのは，制限節の意味機能が，形容詞が名詞を限定修飾する場合の意味機能と基本的には同一であることが捉えられるからである．形容詞は一般に属性（property）を表す．限定用法の形容詞はそれが表す属性によって名詞の表す意味（指示）を限定する．この形容詞の意味機能と(2)で述べられた制限節の意味機能とは完全にパラレルである．このことは，(2)の「制限節」，「先行詞」をそれぞれ「限定的形容詞」，「名詞」と置き換えれば限定

---

[1] Gamut (1991)によれば命題函数は述語（predicate）として解釈できるという．そうであるならば，制限節の属性としての解釈は誤りではないことになる．というのは，属性は述語として機能し得るからである．

用法の形容詞の意味機能となることからも分かる．このように，制限節は属性を表すと解すれば，制限節と限定的形容詞との意味機能上の共通点を直接的に捉えることができる．

　少し具体例を使って考えてみよう．まず，前節の (2a), old people, をみてみよう．修飾部である形容詞 old は「高齢な」という属性を表す．そして，この属性によって被修飾部である名詞 people の意味を限定する．同様なことが制限節にもいえる．

　　(3) a.　people who are old
　　　　b.　women who John kissed

who 以下の制限節はそれぞれ「高齢である」，「ジョンがキスした」という属性を表す．そして，制限節はこの属性によって被修飾部である先行詞 people, women の意味をそれぞれ限定する．このように，制限節の意味機能は限定的形容詞の意味機能と基本的に同じであり，制限節は，限定的形容詞がそうであるように，属性を表していると考えてよい．

　伝統文法の時代より制限節は「形容詞的」用法であるという主張がなされてきたが，その「形容詞的」が意図する実質的な意味の一部は，制限節が形容詞と同じく属性を表すということであろう．そして，最近の生成文法研究における同一指標による表示（X 束縛）も，それが表す実質は，上で示したように，開放文としての制限節が形容詞と同じく属性を表すということである．

　ここで一つ注意しておかなければならないことがある．制限節が属性を表すと解釈するためには，関係節内に残された関係詞の痕跡は変項でなければならないということである．痕跡が変項でないとするならば，例えば代名詞であるとすれば，制限節は命題函数ではなくなり属性を表すことはできない．2.4 節で論じた関係詞（より厳密に言えばその痕跡）の変項説対代名詞説に関していえば，本書は基本的に変項説を採用したことになる．しかし，変項が常に変項として解釈されるとは限らない．変項はある条件さえ整えば変項でありながらかつ代名詞としても機能する．この点については後で詳述する．

　本書では，2.2 節で論じた二つの説のうち，制限節はすべて限定修飾部で

あるとする修飾部説を採用するが,しかし,修飾部説では前章で観察した言語事実を説明することはできない.修飾部説を採りながらかつ前章の言語事実を説明するためには,意味機能だけでなく統語構造にも目を向ける必要がある.しかし,その前に修飾部説によって説明されるべき言語事実について少し触れておきたい.

4.1.3. 限定修飾と先行詞

制限節の修飾部説によって説明されるべき言語事実についてここでみておこう.

4.1.3.1. 派生名詞

派生名詞(derived nominal)には制限節による修飾を許すものと許さないものがある.

(1) a. *the destruction of the city that you observed
    b. the destruction that you observed

(Jackendoff (1977b: 196))

(1a)の destruction は破壊という過程そのものを表す過程名詞(process nominal)であるのに対し,(1b)の destruction は過程の結果を表す結果名詞(result nominal)である.過程名詞と結果名詞ではなぜこのような相違がみられるのであろうか.

修飾部説によれば制限節はそれが表す属性によって先行詞の表す意味を限定修飾する.限定修飾が限定修飾の機能をはたすためにはその限定修飾が当てはまるものとそうでないものがなくてはならない.限定修飾が当てはまらないものがない場合には限定修飾は限定修飾の機能を果たし得ない.限定修飾が当てはまるものと当てはまらないものがあるためには,先行詞が表す概念は少なくとの二つのものから成るものでなければならない.先行詞が表す概念が二つ(以上)のものから成るとは考えられない場合には限定修飾は限定修飾の機能を果たすことはできない.

過程の結果が表す概念は複数のものから成ると考えることが可能である

が，しかし，過程そのものは一般に一つのものを表すと考えられる．このことは，過程の結果を表す結果名詞は複数形になれるのに対し，過程そのものを表す過程名詞は複数形になれないという事実からもうかがわれる．

(2) a. The assignments were long. (result)
    b. *The assignments of the problems took a long time. (process)

   (Grimshaw (1990: 54))

また，取りうる限定詞（determiner）に相違がみられるという事実を証拠として挙げてもよかろう．

(3) a. They studied the/an/one/that assignment. (result)
    b. They observed the/*an/*one/*that assignment of the problem.

    (process)

    (Grimshaw (1990: 54))

このように，過程の結果は複数のものから成ると考えることが可能であるが，過程そのものは複数のものから成るとは考えられない．そうであるならば，前者は限定修飾を許すが，後者は許さないことになり，(1)の事実が説明される．

4.1.3.2. 先行詞の統語範疇

前節の説明が正しければ，制限節の先行詞となりうるものを正しく予測することができる．ある要素が限定修飾されるためには，それが少なくとも二つのものから成ると考えられるものでなければならない．すなわち，限定修飾を受けるものと受けないものとの二つである．そうでなければ，限定修飾は限定修飾の機能を果たせない．

統語的に言えば，よく知られているように，制限節の先行詞と成り得る範疇は通常，名詞(句)だけである．形容詞句，動詞句，前置詞句，節などは普通制限節の先行詞とはなれない．[2] しかし，この事実は従来の分析では必ず

---

[2] しかし，後で論じるように，本書の分析に従えば，制限的関係節の先行詞は NP に限定されるわけではなく，NP 以外の範疇も可能であることを予測する．そして，実際，NP 以

しも十分な形で説明されてきたとはいえない．例えば，Jackendoff（1977b）はこの事実を説明しようと試みてはいるが必ずしも成功しているとはいえない．Jackendoff（1977b: 195）は，制限節の先行詞となれるのは Art‴ の直後の N″ であると（結果的に）主張し，そして Art‴ を支配する統語範疇は NP しかないという．したがって，制限節の先行詞としては NP しか許されないという．しかし，この説明では十分とはいえない．というのは，Jackendoff は，Art‴ の直後の N″ しか制限節の先行詞となれないと主張しているが，それはそもそもなぜなのか，という疑問が未解決のまま残るからである．Art‴ の直後の N″ しか制限節の先行詞となれないという主張は，制限節の先行詞となれるのは NP だけであると主張しているのと実質的に同じであり，単に言語事実を繰り返し述べているにすぎない．Art‴ 直後の N″ 以外の環境ではなぜ制限節は生起できないのかの説明がない限り，真の説明とはならず，規定（stipulation）にすぎない．

　本書の分析によればもう少し自然な形でこれを説明することが可能である．名詞句が表す概念は，既述のように，（前節のような若干の例外を除き）通常二つ以上のものからなる場合が多い．しかし，形容詞句，動詞句，前置詞句，節（文）などが表す概念は通常二つ以上のものからなるとは考えられない．例えば，形容詞句や動詞句が表す「状態」や「行為」は，名詞句が表す「事物」（entity）とは異なり，通常二つ以上のものからなるとは考えられない．例えば，'John came.' 'Mary came.' と二つの文を使った場合には，came という一つの動詞が二回使われているが，しかし，意味概念的にはこれら二つの came が表す「来た」という行為自体はどちらの場合も同一でただ一つのものである．このように，「状態」や「行為」は意味的には二つ（以上）のものからなるとはみなされず，ただ一つの同一のものであるとみなされる．そうであるならば，名詞句以外の統語範疇には制限節は通常生起できないことが帰結として導ける．というのは，何度も述べているように，限定修飾句は制限節も含めて一般に，その機能上，二つ以上のものからなるとみなされるものしか修飾の対象とできないからである．

外の範疇を統語的先行詞とする制限的関係節が実在することを後で示す．詳細は5.12節を参照されたい．

一方，非制限節は既述のように修飾部ではあるが限定機能はない．したがって，上述の説明が正しければ，非制限節の場合には，制限節とは異なり，先行詞は名詞句に限定される必要はないはずである．そして，実際，よく知られているように非制限節は名詞句以外の統語範疇も自由に先行詞とすることができる．

(1) a. John likes your idea, which is crazy. （NP）
(ジョンはあなたの考えが気に入っているが，それは途方もない考えだ)
b. Bill came late, which bothered Susan. （S）
(ビルは遅刻してきたが，それがスーザンを困らせた)
c. Bill is drunk all the time, which is probably how you'd like to be. （AP）
(ビルはしょっちゅう酔っぱらっているが，あなたもそうありたいところだろう)
d. Bill went into the tree, which is where I'd like to go too. （PP）
(ビルは木の中に入ったが，そこは私も入りたい場所だ)

(Jackendoff (1977b: 175))

4.1.3.3. 抽象名詞

名詞(句)が表す概念は通常二つ以上のものからなる場合が多いと上で述べたが，抽象名詞の場合はどうであろうか．抽象名詞は，具象名詞とは異なり，動詞句や形容詞句がそうであるように，一つのものからなる概念を表していると考えられる．そうであるならば，抽象名詞は非制限節の先行詞となることはできても，制限節の先行詞となることはできないはずである．

(1) a. Ed never possessed honesty, which is the basis of a meaningful relationship.
(エドには誠実さが欠けていた．誠実さは有意義な関係の基盤である)
b. *Ed never possessed honesty which is the basis of a meaningful relationship.

(Fetta (1974: 3))

しかし，不思議なことに，抽象名詞に冠詞がつくと文法性の判断は逆転する．

(2) a. *Ed never possessed the honesty, which is the basis of a meaningful relationship.
  b. Ed never possessed the honesty which is the basis of a meaningful relationship.
  (有意義な関係の基盤である誠実さが，エドには欠けていた)

(Fetta (1974: 4))

このような例はここでの主張の反例であるかのように一見思われるかもしれない．というのは，the はあるにしても依然として先行詞の主要部は抽象名詞であるからである．しかし，よく考えればこの種の例は必ずしも反例とはならない．

　抽象名詞は抽象的ではあるが事物 (entity) を表す．形容詞句や動詞句等が表す概念はそもそも二つ以上のものから成り得るとは最初から考えられないものであるが，抽象名詞も含めて名詞が表す事物 (entity) という概念は二つ以上のものから成り得ると原理的には考えられるものである．事物 (entity) という概念は本来そういう性質のものである．抽象名詞は，本来二つ以上のものから成り得ると原理的には考えられる概念を表すのであるから，環境さえ整えば二つ以上のものを表し得る．しかし，動詞句や形容詞句等は，本来二つ以上のものから成り得るとは考えられない概念を表すのであるから，いくら環境を整えても二つ以上のものを表すことはできない．両者はこの点で異なる．

　抽象名詞が二つ以上のものを表し得る環境とは限定修飾を受ける環境である．普通一つのものを表すと考えられる抽象名詞が限定修飾を受けることにより，その限定修飾を受けるものとそうでないものとの少なくとも二つに分れる．つまり，限定修飾された抽象名詞は二つのものからなる概念とみなされる．

　ところで，名詞が表す概念が二つ以上のものからなると考えられる場合には，その名詞は可算名詞として一般に扱われる．これにはもちろんよく知られた若干の例外はあるがおおむねそう考えてよい．制限節によって限定修飾

された抽象名詞はその限定の結果二つのものからなるものとみなされ，可算名詞として扱われる．可算名詞は一般に単数形ではそのまま生起できず，冠詞のような限定詞（determiner）を必要とする．したがって，制限節によって限定修飾された抽象名詞には，限定詞をつけなければならず，the のついた (2b) は文法的となるが the のつかない (1b) は非文法的となる．

　(1a) と (2a) の相違は次のように説明される．非制限節には限定機能はないので，先行詞である honesty の表す概念は二つのものからなるとはみなされず，honesty は依然として不可算名詞とみなされる．不可算名詞はそれが受けるべき適切な先行詞が文脈上ない限り the を用いることはできない．したがって，the のつかない (1a) は許されるが，the のついた (2a) は許されない．ここでの説明によれば，(1a) と (2a) の相違は基本的には非制限節とは無関係の理由によって説明されるべきものである．非制限節の有無とは無関係に，限定修飾されない抽象名詞には一般に冠詞をつけることはできないことに注意されたい．次例を参照されたい．

(3) a. He greeted me with warmth.
　　b. *He greeted me with a warmth.
　　c. *He greeted me with the warmth.

(Perlmutter (1970: 247 n. 16))

　なお，制限節によって限定修飾された抽象名詞には必ず定冠詞 the を使わなければならないということはない．可算名詞であるから関係節の内容によっては当然不定冠詞 a(n) を用いることもできる．

(4) a. He greeted me with the/*a warmth that was expected.
　　　（彼は期待どおり温かく私を迎えてくれた）
　　b. He greeted me with a/*the warmth that was puzzling.
　　　（彼は私がまごつくくらい温かく迎えてくれた）

(Perlmutter (1970: 247 n. 16))

ここで重要なのは，抽象名詞が制限節によって限定修飾されると義務的に限定詞をとらなければならないという事実であり，この事実を説明した分析は

筆者の知る限りこれまでにない (cf. Perlmutter (1970), 原田 (1971), Fetta (1974), Jackendoff (1977b)).

このように，(2) の例は究極的には限定修飾という意味機能によって説明できるのであるから，この種の例は反例どころか逆にここでの分析を支持する証拠となることに注意しなければならない.

ここでの説明が正しいとすると，同様な現象は制限節に限らず限定修飾句 (restrictive modifier) 一般に見られるはずである. そして，よく知られているようにこの予測は正しい.

(5) a. He greeted me with the/*a warmth of an old friend.
　　b. He greeted me with *the/a warmth of great intensity.
　　　　　　　　　　　　　　　　　　　　　　(Jackendoff (1977b: 180))

(6) a. He greeted me with the/*a usual warmth.
　　b. He greeted me with *the/an unusual warmth.
　　　　　　　　　　　　　　　　　　　　　　(Jackendoff (1977b: 180))

(5) では PP が，(6) では AP がそれぞれ限定修飾句をなしている. 限定修飾句の内容によって定冠詞と不定冠詞の使い分けが見られる点も制限節と同様である. ここでの説明は限定修飾句全般にあてはまる一般性の高いものであるといえる.

ここで一つ問題が生じる. 限定修飾された抽象名詞には，いろいろある限定詞 (determiner) の中でもなぜ冠詞をつけなければならないのであろうか. 限定詞には大きく分けて二つの機能がある. 一つは数量を表す機能で，いま一つは定性を表す機能である. 前者は数詞 (numeral) を含む数量詞 (quantifier) によって表され，後者は指示詞 (demonstrative) や冠詞によって表されるのが普通である. 本来は一つのものからなると考えられる抽象名詞は限定修飾された結果二つのものからなるものとみなされる. 限定修飾された抽象名詞はその二つのうちの一つを表す. したがって，2 以上の概念を表す数量詞 (two, several, many 等) は限定修飾された抽象名詞とは共起し得ない. 残るは数詞の one だけであるが one が表す概念は不定冠詞によっても表せる. また，単数形の可算名詞には定性は義務的に指定しなければならな

いが，数の指定は随意的である．したがって，one を使う積極的な理由はない．

今述べたように，普通，単数形の可算名詞には定性は義務的に指定しなければならない．したがって，単数形の可算名詞である問題の抽象名詞には定性を指定する指示詞か冠詞をつけなければならない．指示詞が表す概念には定性だけでなく話者・聴者との「距離的」概念も含まれている．ここで必要なのは定性だけである．したがって，指示詞（this, that）を使うことはできない．残るは冠詞だけである．定冠詞は定性のみを表す（the man, the men）．不定冠詞は定性と数の概念を表す（a man, *a men）．しかし，その数は 1 であり問題の抽象名詞の表す数の概念と矛盾しない．したがって，数ある限定詞のなかで冠詞が，そしてそれのみが通常選ばれることになる．

4.1.3.4 固有名詞

固有名詞の場合はどうであろうか．固有名詞の場合も前節で論じた抽象名詞と同様なことが当てはまる．

固有名詞の通常の用法では，それが表す概念は一つそして唯一つの物からなるのが普通である．したがって，この用法の場合には非制限節による修飾は許されるが，制限節による修飾は許されない．前節でも述べたように，限定修飾句は一般にそれが修飾する対象が二つ以上のものからなるとみなされる場合にしか機能し得ないからである．

(1) a. Barcelona, which is a Spanish city, is on the Costa del Sol.
 （バルセロナは，スペインの都市ですが，コスタデルソルにあります）
 b. *Barcelona which is a Spanish city is on the Costa del Sol.

(Fetta (1974: 3))

しかし，文脈によっては，固有名詞の表す概念が二つ以上のものからなると考えられる場合が有り得る．同名のものが二つ以上想定される場合や，同じ一つのものが持つ異なる側面（Carlson (1977a, 1977b) の用語で言えば，個体のステージ）を問題とする場合がそれにあたる．このような場合には，固有名詞の表す概念は，二つ以上のものからなるとみなし得るので，限定修飾句の要求する必要条件が満たされ，制限節による修飾が可能となる．

(2) a. The Dr Brown I know comes from Australia.
   (私の存じ上げているブラウン博士はオーストラリア出身です)

   b. Do you mean the Memphis which used to be the capital of Egypt, or the Memphis in Tennessee?

   ((a), (b) とも Quirk et al. (1985: 290))

   (かつてエジプトの首都であったメンフィスのことですか, それともテネシー州のメンフィスのことですか)

(3) a. The Rome which Caesar praised is only in the history books.
   (カエサルが称賛したローマは歴史書の中にしかない)

   b. The Wyatt Earp who was a law officer died in 1929.
   (保安官だったワイアット・アープは 1929 年に他界した)

   c. The Winston Churchill who led England through World War II was ultimately rejected by his people.

   (以上すべて Fetta (1974: 78))

   (英国を第二次世界大戦へと率いたウィストン・チャーチルは, 最後は国民に拒否された)

単独では決定詞と通常共起し得ない固有名詞が制限節による限定修飾を受けると義務的に決定詞が必要となるところも抽象名詞の場合と同様である ((4)-(6) 参照). 上例では, 定冠詞 the が現れているが, 文の内容によっては不定冠詞も可能であるところも抽象名詞の場合と同じである ((7) 参照).

(4) a. *The Rome is only in the history books.
   b. *Rome which Caesar praised is only in the history books.

(5) a. *The Wyatt Earp died in 1929.
   b. *Wyatt Earp who was a law officer died in 1929.

(6) a. *The Winston Churchill was ultimately rejected by his people.
   b. *Winston Churchill who led England through World War II was ultimately rejected by his people   ((4)-(6): Fetta (1974: 79))

(7) I've never known a Jim that wasn't nice!

   (Tennessee Williams, *The Glass Menagerie*, 71) (長原 (1990: 30))

(素敵でなかったジムなんて存じ上げません)

いま上で述べたことは制限節のみならず限定修飾句一般にあてはまるところも抽象名詞の場合と同じである.

(8) a. I spoke to the younger Mr Hamilton, not Mr Hamilton the manager.
(私が話したのは若い方のハミルトンさんであって，支配人のハミルトンさんではありません)
b. The flower arrangement was done by a Miss Phillips in Park Road. (Quirk et al. (1985: 290))
(その生け花はパーク・ロードのフィリップス嬢の手によるものだった)

(8a)では形容詞(句),(8b)では前置詞句がそれぞれ限定修飾句であり，限定修飾された名詞句には冠詞がついている点に注目されたい.また，制限節の場合と同様，内容によって定冠詞と不定冠詞の使い分けがなされている点も同じである.

以上，本書の採用した制限節の修飾部説によれば固有名詞の場合も正しく説明できることを見た.

4.2. 関係節の統語構造と修飾部説

本書で採用した修飾部説にとって第2章で指摘した言語事実は問題となることはすでに述べた.特に困るのは「非制限的な制限節」のもつ二面性である.「非制限的な制限節」は制限的でありながら同時に非制限的でもあり，主節とは独立の命題を表し得る.修飾部説では，制限節が主節とは独立の命題を表し得ることは予測できない.しかし，修飾部説は「制限的な制限節」と「非制限的な制限節」のもつ限定機能については説明できるし，また，4.1.3節で示したような様々な言語事象を説明できるのであるから基本的には正しい仮説であると考えてよい.修飾部説自体は基本的に正しいとしながら，問題の二面性を説明できるような関係節の分析が要求されているといえる.そ

のような関係節の理論を構築するためには意味機能だけ見ていたのでは不十分で統語構造にも目を向ける必要がある．

4.2.1. N′先行詞制限節とNP先行詞制限節

「非制限的な制限節」が生起する典型的な環境は先行詞が不定名詞句の場合であることはすでに述べた（3.4節参照）．逆に言えば，先行詞が定名詞句の場合には「非制限的な制限節」は生起しにくいということである．「非制限的な制限節」が生起しにくいということは「制限的な制限節」が生起しやすいということである．つまり，先行詞が不定名詞句の場合には「非制限的な制限節」が生起しやすく，先行詞が定名詞句の場合には「制限的な制限節」が生起しやすいということである．問題の二面性の謎を解く鍵はここにある．

これまで本書では制限節の統語構造として次のような構造を前提として議論を進めてきた（4.1.2節参照）．

(1)　[$_{NP}$ [先行詞]$_i$ [$_{S'}$ [関係詞]$_i$ [$_S$ ... [痕跡]$_i$ ...]]]

しかし，この構造からも分かるように，先行詞の統語範疇の「大きさ」についてはあえて未指定のままにしておいた．つまり，関係詞以下の制限節が全体としてどのような大きさの統語範疇と結合してどのような範疇を形成するかについてはこれまで議論しなかった．この点を少し考えてみよう．

いま仮に，問題の二面性が制限節の意味機能と統語構造によって説明されるべき性質のものであると仮定しよう．仮に，制限節の先行詞の「大きさ」がどの場合にも同一であるとすると，問題の二面性は説明できないであろう．というのは，その場合，すべての制限節は，意味機能のみならず統語構造においても全く同一であることになるからである．意味機能・統語構造のどこかに相違がなければ，「制限的な制限節」と「非制限的な制限節」との相違を導き出すことはできず，問題の二面性を説明することはできない．換言すれば，制限節の先行詞の「大きさ」がどの場合にも同一であるとする仮定のもとでは「制限的な制限節」と「非制限的な制限節」との相違を説明することは不可能であり，問題の二面性を説明することも当然できない．したがって，上記の仮定のもとで問題の二面性を説明するためには「大きさ」の異な

る少なくとも二種類の先行詞を想定せざるを得ない．

具体的には，「非制限的な制限節」が生起し得る場合には，先行詞の統語範疇はNPであり，そうでない場合にはN′であると基本的に考えてよい．定性との関連で言えば，名詞句が不定（indefinite）であれば先行詞はNP，定（definite）であればN′であると通常考えてよい．これら二種類の制限節構造を一般的な形で表示すれば次のようになる．

(2) NP先行詞制限節の構造

[$_{NP}$ [$_{NP}$先行詞]$_i$ [$_{S'}$ [関係詞]$_i$ [$_S$ ... [痕跡]$_i$ ...   ]]]

(3) N′先行詞制限節の構造

[$_{NP}$ Det [$_{N'}$ [$_{N'}$先行詞]$_i$ [$_{S'}$ [関係詞]$_i$ [$_S$ ... [痕跡]$_i$ ...   ]]]]

例えば，典型的な「制限的な制限節」である3.1節（1a）と典型的な「非制限的な制限節」である3.3節（3a）の統語構造はそれぞれ概略次のようになる．

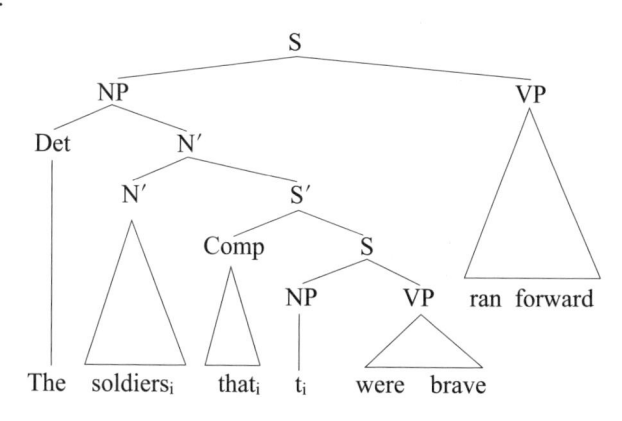

(4) a.

```
                    S
           ┌────────┴────────┐
          NP                 VP
      ┌────┴────┐             △
     Det        N′           ran forward
      │    ┌────┴────┐
      │    N′        S′
      │    △    ┌────┴────┐
      │         Comp       S
      │          △    ┌────┴────┐
      │              NP         VP
      │               │          △
     The  soldiers$_i$  that$_i$  t$_i$  were brave
```

b.

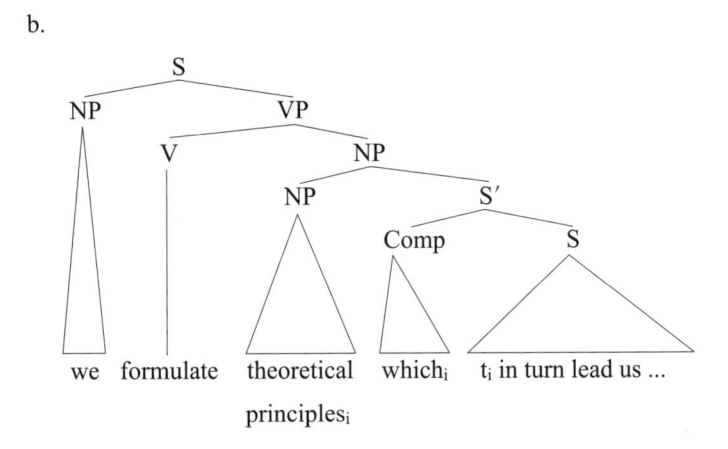

```
           S
         /   \
        NP    VP
              / \
             V   NP
                / \
               NP  S'
                  / \
                Comp  S
```

we formulate theoretical which_i t_i in turn lead us ...
                principles_i

(4a)では，問題の名詞句は定であるので制限節はN'を先行詞としてそれと結合しN'を形成する（N'先行詞制限節）．(4b)では，問題の名詞句は不定であるので制限節はNPを先行詞としてそれと結合しNPを形成する（NP先行詞制限節）．

　このように本書では名詞句の性質に対応して先行詞の統語範疇が異なる二種類の制限節をそれぞれ認めることにする．そうすることによってはじめて「制限的な制限節」と「非制限的な制限節」との相違を説明することが可能となるが，それを示すためには，まず，これら二つの統語構造が修飾部説との関連でそれぞれどのような意味を持つのかを見ておかねばならない．

4.2.2. 二つの統語構造と修飾部説
4.2.2.1. 類先行詞制限節と個体先行詞制限節

　N (N') は一般に類（class）を表す．例えば，'dog' や 'desk' はそれぞれ「犬」という類，「机」という類を表す．N (N') に限定詞（determiner）をつけNPとすることによってはじめて個体（individual）を表す表現となる．例えば，'dog' に定冠詞をつけて 'the dog' とすると特定の唯一的な個体を表し，不定冠詞をつけて 'a dog' とすると任意の個体を表す．このようにN (N') は一般に類を表し，NPとなってはじめて個体（individual）を表す表

現形となる.³ この点を踏まえた上で，N′先行詞制限節とNP先行詞制限節の構造を意味的な視点から再度みてみよう．N′先行詞制限節の先行詞はN′であるから先行詞は類である．NP先行詞制限節の先行詞はNPであるから先行詞は個体である．このように，N′先行詞制限節とNP先行詞制限節は意味的にはそれぞれ類と個体を先行詞とする「類先行詞制限節」，「個体先行詞制限節」であることが分かる．

4.2.2.2. 下位類形成機能と属性叙述機能

先行詞が類であるのか個体であるのかという要因と制限節はすべて限定修飾部であるとする修飾部説を掛け合わせると制限節の意味機能に関して極めて興味深い帰結が導ける．

制限節は形容詞と同様に属性（property）を表すということはすでに述べた．修飾部説によれば，制限節はそれが表す属性によって先行詞の意味を限定する．「類先行詞制限節」の場合には先行詞は類であるので，制限節はその属性によって先行詞である類を限定することになる．ある類をある属性によって限定するということは，その類をその属性があてはまる類とそうでない類との二つに下位分類し，前者の方の下位類を抽出するということである．この意味で類を先行詞とする制限節は「下位類形成機能」をもつといえる．類を先行詞とする制限節は「下位類形成制限節」と呼ぶべき制限節であることになる．

一方，「個体先行詞制限節」の場合は事情がかなり異なる．「個体先行詞制限節」の場合は先行詞は個体であるので，制限節はその属性によって先行詞である個体を限定する．個体をある属性によって限定しても下位類は形成できない．下位類を形成するためには先行詞はあくまでも類でなければならず，個体ではその役割は果たせない．個体をある属性によって限定するということは，その個体がその属性をもつ個体であるということを単に述べているに

---

³ 論理学では名詞句は必ずしもすべて個体表現とみなされていないことはよく知られている．これは論理学と言語学では研究対象・目標が異なるからである．本書では自然言語を対象とする言語学を問題としているので，自然言語では名詞句は通常個体を表す表現形であるという一般的な仮定のもとで以下議論を進める．

すぎない．つまり，制限節は先行詞である個体がどのような属性をもつ個体であるのかを叙述しているにすぎない．この意味で，個体を先行詞とする制限節は「属性叙述機能」を果たしているといえる．個体を先行詞とする制限節は個体の属性を叙述する「属性叙述制限節」と呼ぶべき制限節であることになる．ただし，「属性叙述機能」といっても限定修飾機能の一つであることに変わりはないので，「属性叙述機能」によって個体が限定修飾されるためにはその属性による叙述があてはまらない個体が他に少なくとも一つなければならないという語用論的含意があることは言うまでもない．

ここで少し具体例をみておこう．

(1) a. The policeman arrested the man who killed Mary.
b. The policeman arrested a man who killed Mary.

(1a)の問題の名詞句は定であるので先行詞は統語的には N′ の man であり，意味的には man が表す類であると考えてよい．制限節は類を先行詞とする「下位類形成制限節」であり，man が表す類から「メアリーを殺した」という属性があてはまる下位類を形成する．この形成された下位類は類であるから「メアリーを殺した」という属性があてはまる個体はそこにすべて含まれていなければならない．ただし，この場合の下位類は man が単数形であることから単一のメンバーからなる類である．この下位類に定冠詞をつけることにより，その下位類に含まれるすべてのメンバー（この場合は単一のメンバー）が同定可能な個体であることを表す．

(1b)では問題の名詞句は不定であるので先行詞は統語的には NP の a man であり，意味的には a man が表す任意の個体であると考えてよい．制限節は個体を先行詞とする「属性叙述制限節」であり，a man が表す個体が「メアリーを殺した」という属性をもつ個体であるということを述べている．この場合は，先行詞は（1a)とは異なり類ではないので，「メアリーを殺した」という属性をもつ個体がそこにすべて含まれる必要はない．

このように，先行詞が類であるのか個体であるのかという要因を考慮することにより，制限節の限定修飾機能が実は二つの下位類から成ることが結果として導ける．一つは「下位類形成機能」であり，いま一つは「属性叙述機

能」である.

　ところで，下位類形成機能をもつ制限節は，話者が先行詞の表す類だけでは意図する下位類が聴者に伝わらないと考えた場合に使われる．したがって，制限節で述べられている内容は，その内容を付け加えることによって，聴者が正しく意図する下位類を抽出できるような内容でなければならない．聴者が正しく意図する下位類を抽出できる内容であるためには，その内容を聴者が知っていると少なくとも話者が思っているものでなければならない．この意味で，下位類形成制限節の内容は，語用論的に前提とされている情報であることになる．

　一方，属性叙述機能をもつ制限節の場合には，事情は全く異なる．この場合は制限節は下位類形成のための情報ではないので，その情報は聴者が知っている情報である必要はない．この意味で，属性叙述制限節の情報は，語用論的に前提とされていない情報であることになる．語用論的に前提とされていない情報ということは，聴者にとって全く新しい情報であっても構わないということである．一般に，聴者にとっての新情報は断定 (assertion) の対象となり得る．したがって，属性叙述制限節の内容は断定の対象となり得る情報であることになる (4.5.3節参照).

　ここまで述べたことから第3章でみた「制限的な制限節」と「非制限的な制限節」のもつ属性を説明することが可能となる．その話題に移る前に上述の「下位類形成機能」と「属性叙述機能」によって説明可能な言語現象について一つだけみておこう.

4.2.2.3. 網羅性の条件

　前節で示した分析よれば，Baker (1968) の指摘した「網羅性の条件」(condition of exhaustiveness) はすでに説明されたことになる．Baker (1968) によれば，定的な先行詞をもつ制限節の場合には，関係節の内容を満たすものは先行詞で表されている個体だけでなければならず，関係節の内容を満たす個体が他にあってはならないという．これを「網羅性の条件」という．「網羅性の条件」は今述べたように定的な先行詞をもつ制限節の場合には適用されるが，不定先行詞をもつ制限節には適用されないという．次例を参照され

たい（#は意味的逸脱性を表す記号）．

(1) a. #John saw the man who was wearing a red hat and a few minutes later he saw the other man who was wearing a red hat.
   b. John saw a man who was wearing a red hat and a few minutes later he saw another man who was wearing a red hat.
   (Baker (1968: 44))

   (ジョンは赤い帽子をかぶった男性を見た．そして数分後，彼は赤い帽子をかぶった男性をもうひとり見た)

(2) a. #John is the student who I met yesterday, and Bill is the student who I met yesterday, too.
   b. John is a student who I met yesterday, and Bill is a student who I met yesterday, too.
   (Kono (1984a: 78))

   (ジョンは昨日会った学生で，ビルもまた昨日会った学生です)

　(1a), (2a) では問題の名詞句は定であるので who 以下の制限節は N′ である man や student が表す類を先行詞とし，その類から制限節で述べられた属性を満たす下位類を形成する（「下位類形成機能」）．形成される下位類は類であるので，制限節で述べられた属性を満たす個体はすべてそこに含まれていなければならない．一方，(1b), (2b) では問題の名詞句は不定であるので who 以下の制限節は NP である a man や a student が表す個体を先行詞とし，その個体が制限節で述べられた属性を満たす個体であると述べているにすぎない（「属性叙述機能」）．つまり，この場合は先行詞は個体であって類ではないので下位類を形成するわけではなく，制限節で述べられた属性を満たす個体がそこにすべて含まれている必要はない．

　このように，本書の分析によれば，Baker の指摘した「定先行詞制限節の場合には，不定先行詞制限節の場合とは異なり，「網羅性の条件」が満たされなければならない」という言語事実を説明することができる．ここで注意すべきは，この種の説明が可能となったのは究極的には統語的に二つの異なる先行詞を認めたからである．したがって，上記の事実が説明できるという

限りにおいて二つの統語構造を認める本書の分析は支持される．また，本書の分析は「網羅性の条件」を説明するためにたてられたものではないということも忘れてはならない．

4.3. 「制限的な制限節」と「非制限的な制限節」の説明

4.3.1. 統語的・意味機能的説明

第3章で観察した「制限的な制限節」と「非制限的な制限節」のもつ主要な特徴は次のようなものであった．

(1) a. 両制限節はいずれも限定修飾機能をもつという点では共通している．
　　b. しかし，両制限節の限定修飾能力には相違があり，後者は前者ほど限定する力はない．
　　c. 後者は主節とは独立の命題を表し得るが，前者は表せない．

単一構造説を採る従来の修飾部説では特徴（1a）は説明できるが（1b, c）については全く説明できない．というのは，制限節は限定修飾機能をもつと言っただけでは，両制限節間にみられる制限性の程度差や後者が独立の命題を表し得るという事実を導くことはできないからである．しかし，複数構造仮説を採用するここでの分析によれば，（1a）は言うまでもないが（1b, c）についても予測することができる．

本書の分析に従えば，「制限的な制限節」と「非制限的な制限節」とではまず統語構造が異なる．「制限的な制限節」はN′を先行詞とし，それと結合してN′という構成素を形成するが，「非制限的な制限節」はNPを先行詞とし，それと結合してより大きなNPを形成する．

(2) a.　制限的な制限節　　　　b.　非制限的な制限節

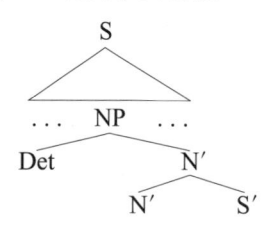

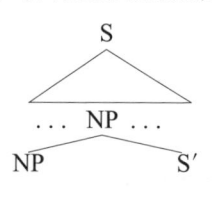

```
           S                        S
          /\                        /\
       ... NP ...                ... NP ...
        /    \                    /    \
      Det    N'                  NP    S'
            /  \
           N'   S'
```

(2a)ではNPの一部であるN′が先行詞である．しかも，NPの一部であるN′は，そのNPの主要部でありX-bar理論によればそのNPにとって欠くべからざる必須の構成素である．制限節S′はその必須の主要部であるN′の修飾部である．したがって，制限節は必須の構成素の一部をなす．この意味で制限節もNPにとって必須の構成素であることになる．つまり，NP全体にとってS′は必須の主要部（N′）の一部であり，したがって，構造上はS′自体もNPにとって必須の構成素であることになる．（なお，ここで問題としている「必須」という概念は，補部（complement）は義務的であるが修飾部（modifier）は随意的であるといった時の「必須（義務的）」の概念とは異なることに注意されたい.）換言すれば，構造（a）では制限節はNPという一つの構成素を形成する一要素として参画している．つまり，(2a)では制限節を含めて全体で一つのNPを成している．この意味で制限節は統語構造上「必須」であるといえる．しかし，構造（b）では先行詞はそれ自体ですでに一つの単独のNPを形成している．もちろん，制限節は先行詞NPとともにより大きなNPの構成に関わってはいるが，しかし，制限節は先行詞NP自体の構成には関与していない．この意味で制限節は統語構造上「必須」であるとはいえない．

統語構造が意味機能構造を程度差はあるにしろ反映しているとすれば，「必須」の制限節のほうが限定度が高く，したがって，主節とは独立の命題を表しにくく，逆に，「必須」でない制限節のほうが限定度が低く，したがって，主節とは独立の命題を表しやすいと考えるのはそれほど不自然ではない．

このことは，NP内の最初の最大の切れ目の位置をみても分かる．(2a)では最大の切れ目はDetとN′の間にあり，制限節はそのかたわれであるN′内に完全に埋め込まれている．しかし，(2b)では最大の切れ目はNPと制限

節自身との間にある．NPと制限節は姉妹関係にあり，構造上は対等の関係にある．NP内での制限節の統語上の独立度は（2a）よりも（2b）のほうがはるかに高いといえる．（2a）の制限節よりも（2b）の制限節のほうがNP内での独立度がはるかに高いということは，主節からみても前者よりも後者のほうが独立度がはるかに高いということである．「独立度」の高い制限節のほうがそうでない制限節よりも限定度が低く，また，主節とは独立の命題を表しやすいと考えるのは極めて自然であるといえる．

　主節からみても（2a）よりも（2b）の制限節のほうが独立度がはるかに高いと述べたが，このことは，切れ目までの前半の部分のみで文の形式になり得るか否かを考えてみればよく分かる．（2a）の場合は，前半の部分のみでは文の形式には決してなり得ないが，（2b）の場合はなり得る．したがって，（2b）の場合には切れ目の位置で切っても解釈上支障がなければ実際にそこで切ることが可能である．その場合，後半の制限節は形式上は制限節であるが解釈上は非制限節とほぼ同等の意味を表すことになる．したがって，(b)の制限節がそしてそれのみが独立の命題を表し得るという（1c）の事実を導くことができる．

　このように，「制限的な制限節」と「非制限的な制限節」の統語構造上の相違が，一方では限定修飾能力の相違となって現れ，他方では独立の命題を表す力の相違となって現れていると思われる．

　次に，意味機能上から「制限的な制限節」と「非制限的な制限節」をみてみよう．本分析では，制限節の意味機能として修飾部説を採用したので，両関係節が限定機能をもつという点は問題とはならない．限定修飾能力の相違と独立の命題を表す力の相違はどうであろうか．

　「制限的な制限節」の先行詞はN'の表す類であるが，「非制限的な制限節」の先行詞はNPの表す個体である．この先行詞の相違から，「制限的な制限節」は下位類形成機能を果たすのに対し，「非制限的な制限節」は属性叙述機能を結果的に果たすことになる．同じ限定機能といっても下位類形成機能と属性叙述機能とではその機能の性質はかなり異なる．前者はある類を限定修飾することによりその類の下位類を形成するのに対し，後者はある個体がどのような属性をもつ個体であるのかを単に述べるにすぎない．下位類形成と属

性叙述を比較すると，先行詞と制限節の意味機能的な結びつきは前者のほうが後者よりも遥かに強いと思われる．

　このことは，集合理論を使って考えると理解しやすい．下位類形成の場合は，先行詞が表す類（class）と制限節が表す属性（property）との関係として捉えられる．類は集合を表す．属性も集合と解することができる．すなわち，ある属性とはその属性をもつすべての個体（individual）からなる集合であると考えることができる．したがって，下位類形成の場合は集合と集合の関係であることになる．下位類形成とは，先行詞が表す集合を制限節が表す集合と重ね合わせその積の集合を抽出することである．この重ね合わせるというところが文法で言う限定修飾にあたる．

　一方，属性叙述の場合は事情がかなり異なる．属性叙述の場合は集合と集合の関係ではなく，個体と集合との関係である．属性叙述とは，先行詞が表す個体が制限節が表す集合に属する個体であるということを表す．ここでは重ね合わせという概念が先程と較べると必ずしも明確には見えてこない．明確に見えてこないのは先行詞が集合ではなく個体であるからである．

　集合理論における重ね合わせという概念が明確であればあるほど文法で言う限定修飾機能が強いということであり，したがって，それだけ主節の命題内容の一部として組み込まれやすく，また，それだけ主節とは独立の命題を表しにくいということである．逆に言えば，重ね合わせという概念が明確でないほど限定修飾機能が弱いということであり，したがって，それだけ主節の命題内容の一部として組み込まれにくく，また，それだけ主節とは独立の命題を表しやすいということである．このように，意味機能的にも「制限的な制限節」と「非制限的な制限節」にみられる相違を説明することができる．

4.3.2. 論理学上の説明

　前節では，統語的・意味機能的な視点から「制限的な制限節」と「非制限的な制限節」の相違が説明できるということを示した．本節ではこれとはやや異なった視点から両者の相違を説明してみたい．具体的には両者の相違が述語論理学の概念を使って導き出せるということを示したい．

　制限節は変項を含む開放文であり，述語論理学では命題函数 $P(x)$ とみな

第4章　関係節の統語構造と意味機能　　　　　　　　　　63

されることはすでに述べた．命題函数 P(x) は命題をその値とする函数であってそれ自体は命題ではない．命題函数から命題を得るためには変項 x に個体を代入しなければならない．変項 x に個体を代入してはじめて命題が得られる（cf. 近藤・好並 (1979), Dowty, Wall and Peters (1981), Allwood and Dahl (1977)）．

　この点を踏まえた上で，「制限的な制限節」と「非制限的な制限節」の構造を再度考えてみよう．

　　(1)　非制限的な制限節の構造
　　　　[$_{NP}$ [$_{NP}$ 先行詞]$_i$ [$_{S'}$ [関係詞]$_i$ [$_S$ ... [x]$_i$ ...　]]]
　　(2)　制限的な制限節の構造
　　　　[$_{NP}$ Det [$_{N'}$ [$_{N'}$ 先行詞]$_i$ [$_{S'}$ [関係詞]$_i$ [$_S$ ... [x]$_i$ ...　]]]]

すでに述べたように，制限節では，先行詞，関係詞，変項 x の三要素相互間に三つの関係がみられる．関係詞と変項 x の間の X 束縛，先行詞と関係詞の間の R 束縛，そして 先行詞と変項 x の間の R 束縛の三つである．制限節構文の特徴は，第一の関係と第二の関係が同時に成立し，したがって第三の関係が自動的に成立するところにある．問題の鍵を握るのはこの第三の関係である．

　制限節は変項を含む命題函数 P(x) である．制限節の構造では第三の R 束縛の関係が成立する．第三の R 束縛の関係が成立するということは，命題函数 P(x) の変項 x の取り得る値が制限節ではあらかじめ先行詞と定められているということである．変項の取り得る値が先行詞と定められているところに制限節の特殊性がある．変項の取り得る値が先行詞と定められているということは，その先行詞が変項の値として真に適切な値であるならばそれを変項に代入して命題を得ることができるということである．P(x) の変項 x は個体変項である．つまり，x は個体を変域とする変項であり，その値は個体でなければならない．「非制限的な制限節」の先行詞は NP である．NP は一般に個体を表す．したがって，「非制限的な制限節」の場合は変項 x に先行詞が表す個体を代入することが可能で，実際に代入すると命題が得られる．しかし，「制限的な制限節」の場合は事情が異なる．「制限的な制限節」

の先行詞はN'である．N'は個体ではなく類・属性を表す．したがって，それを個体変項であるxに代入することは許されず命題を得ることはできない．[4] 個体変項xに代入できるのはあくまでも個体に限られることに注意されたい．このように，「非制限的な制限節」には主節とは独立の命題を表す潜在能力があるのに対し，「制限的な制限節」にはそのような能力はないということが述語論理学的な考察によっても示せる．

「制限的な制限節」では変項xに先行詞を代入できないということは，変項xは変項であり続けるということであり，常に変項として振る舞うということである．常に変項として振る舞うxを含む「制限的な制限節」は，したがって，常に属性しか表せず，その属性によって先行詞を限定修飾し続けることしかできない．つまり，「制限的な制限節」は独立の命題を表すことはできず，限定修飾機能に専心するしかない．限定修飾機能に専心するということは，そうでない場合と比較して限定する力は強いと考えてよい．「非制限的な制限節」の場合は，変項は主節との関係では基本的に変項であり続けるために制限節には限定能力はあるが，しかし，すでに述べたように，制限節以下の部分では変項を先行詞の値で代入することが可能で，実際に代入するとその部分のみで主節とは独立の命題を表すことができる．したがって，制限節は限定修飾能力をもつが，しかし，制限節が独立の命題を表した時にはその分だけ限定修飾力は弱まると考えられる．この場合，変項は変項であり続けながらかつ制限節以下では必ずしも変項として振る舞うとは限らないということである．

以上，述語論理学的な視点からも，「制限的な制限節」と「非制限的な制限節」のもつ諸特徴を説明することができることを示した．特に注目すべき

---

[4] ある類を全体として一つの個体とみなすことは可能である．例えば，総称的名詞句は類を表すが，その類を全体として一つの個体と解釈することは可能である．しかし，NP内に生じたN'やNが表す類を全体として一つの個体とみなすことは通常の場合できない．全体として一つの個体と解釈可能なのはあくまでもNPが表す類概念に普通限られることに注意されたい．これは名詞句構造では通常NやN'だけでは個体を表すことができずNPとなってはじめて個体を表す表現形となるからである．

ただし，NP内のN'が例外的に個体を表していると思われる例もある．この点の詳細については5.10.2節を参照されたい．

は，「制限的な制限節」は主節とは独立の命題を表し得ないのに対し「非制限的な制限節」は表すことが可能であるという事実を伝統的な述語論理学で認められている道具立てをそのまま使うことによって導き出せたという事実である．伝統的な述語論理学は周知のごとく，言語学とは研究対象を異にしており，自然言語を説明するためにたてられた理論ではない．その言語学とは異なる研究領域においてすでに確立されている道具立てをそのまま使って説明できたというところに重要な意義がある．自然言語を説明するための道具立てを使っての説明であるならばそれほど驚きに値しない．この場合はそうではないのである．この点を忘れてはならない．

そしてさらに重要なことは，統語構造として二種類の異なる構造を認めてはじめてこの種の説明が可能となるということである．従来の多くの生成文法理論のように，ある構文の正しい構造は一つしかないとする単一構造仮説を前提としていてはこの種の説明はできない．したがって，上記のような「客観的な」説明が可能となったという事実は本書での大幅な理論修正がそれほど的外れなものではないということを示している．的外れどころか言語事実はまさにそのような理論修正を迫っているといってよい．この点については後でさらに詳細に論じる．

4.4. 先行詞と定性

本書ではここまで，先行詞が定的の場合には，統語的には N′ が，意味的には類が，先行詞であり，逆に不定であれば，統語的には NP が，意味的には個体が，先行詞であると基本的には考えてきた．しかし，「基本的には」という但し書きから分かるように，すべての場合にこれが当てはまるわけではない．次例を見てみよう．

  (1) We are blessed with the sun that ripens the rice.

                  （中島 (1980: 28)）

  （私たちはお米を実らす太陽に恵まれている）

(1) では，問題の名詞句は定的であるが先行詞は N′ (sun) の類ではなく NP

(the sun) の個体であると思われる．というのは，太陽の類にいくつかのメンバーあってその中から制限節の内容を満たすものを選び出しているとは考えられないからである．太陽という一つの個体にはいくつかの側面があり，制限節はその中から制限節で述べられた内容を満たす側面を抽出していると考えられる．ここで言う個体の側面とは Carlson (1977a, 1977b) の用語を借用して言えば個体のステージということである．そうであるならば，この場合名詞句は定的ではあるが，先行詞は N′ の類ではなく NP の個体 (より厳密には，個体を構成するステージ) であることになる．次例にも同様なことがいえる．

(2)　Now it is a small matter to move *always* and thereby derive the sentence (10) that we considered earlier.　(Lewis (1975: 14 地の文))
　　(always を移動することによってすでに考察した文 (10) を派生することは大した問題ではない)

問題の名詞句は定的であるが，しかし，この場合も先行詞は N′ の類ではなく NP の個体であると思われる．というのは，文 (10) にはいくつかの文 (10) があって制限節はその中から制限節の内容を満たす文 (10) のみを抽出しているとは解釈できないからである．

　また，問題の名詞句が不定で，統語的には NP を先行詞としながら，しかし，意味的には類を先行詞としていると思われるものもある．

(3)　A woman who marries young is unlikely to be happy.
　　　　　　　　　　　　　　　(Fairclough (1973: 529, n. 1))
　　(早婚の女性は幸福になれそうもない)

この場合，制限節の先行詞は N′ (woman) ではなく NP (A woman) であると考えられる．というのは，ここでは A woman は A woman 全体で一つの総称的概念を表しており，総称的名詞句 (generic NP) をなしているからである．この場合 A woman には存在的解釈はないことに注意しなければならない．A woman が全体で一つの総称的名詞句をなしていることは，who 以下の制限節を除いても A woman は依然として総称的概念を表すことからも分かる．who 以下の制限節はその総称的名詞句を先行詞とする「類先行詞制

限節」であると思われる．

このように，名詞句の定性，先行詞の統語範疇，先行詞の意味範疇は必ずしも厳密な対応関係にあるわけではないことが分かる．この点は念頭に入れておかなければならない．ただし，注意すべきは，これまでに何度も繰り返し述べているように，多くの場合にはそれらが対応関係にあるということであり，この点を忘れてはならない．

4.5. 関係節の諸問題と本書の分析

本分析の概要を示したところで，第2章の諸問題に関して本書が基本的にどのような立場を採るのか，あるいは，諸問題をどのように解決するのかをここで簡単にみておこう．

4.5.1. NP先行詞説とN′先行詞説

NP先行詞説とN′先行詞説に関しては，本書では両説ともそれぞれ部分的に正しいという立場を採用した．この点で，本書は従来のどの分析とも異なる．一つの構文に二つの統語構造を認める理論はそうでない理論よりも反証可能性が低く経験科学の理論としては他の条件が同じであるならば後者のほうが前者よりもよりよい理論であることになる．しかし，本書ではここまで他の条件が同一ではないということを論じた．後者の仮説では「制限的な制限節」と「非制限的な制限節」にみられる類似性と相違を自然な形で説明することは困難であることを論じた．そうであるならば，実際に反証されてしまう仮説よりはそうでない仮説を採用せざるを得ない．単一構造説にあくまでも固執するのであれば，「制限的な制限節」と「非制限的な制限節」にみられる類似性と相違を少なくとも本書と同じ程度自然な形で説明できる分析を示さなければならない．

4.5.2. 修飾部説と述部説

修飾部説と述部説については，本書ではすべての制限節は限定修飾部であるとする修飾部説を基本的に採用した．しかし，本書の修飾部説は従来の修

飾部説とは全く異なる主張を結果的にする．先行詞が N′ か NP か，類か個体か，により制限節の限定修飾機能は下位類形成機能と属性叙述機能との二つの異なる下位機能に結果的に分れる．この点で，本書は従来の諸説とは異なる．特に異なるのは制限節には伝統文法時代よりいわれてきた下位類形成機能だけでなく属性叙述機能もあるということが（結果として）導けたという点である．

　属性叙述機能をもつ制限節は主節とは独立の命題を表し得る．独立の命題を表すということは，制限節はそれ自体で独立文として機能しているのと同じである．独立文は一般に主部と述部から成る．制限節は関係詞を主語としその残りを述部とする主語－述語関係を表していることになる．ところで，関係詞と先行詞は同一指標を振られている．したがって，先行詞と関係詞を除く制限節との間にも，関係詞を通して間接的に主語－述語関係が成立していることになる．そうであるならば，Williams (1980) 等の主張する述部説が導けたことになる．

　ここで注意しなければならないことがある．述部説が成立可能といってもそれは「非制限的な制限節」の場合に限って，しかも部分的にのみ，あてはまるということである．すでに示したように，独立の命題を表し得るのは「非制限的な制限節」だけで，「制限的な制限節」は独立の命題を表すことはできない．したがって，「制限的な制限節」に述部説を適用することはできない．また，「非制限的な制限節」に限ってみても，述部説は全面的に正しいわけではない．「非制限的な制限節」には独立の命題を表す機能だけでなく限定修飾部としての機能が依然としてあるからである．つまり，述部説はそれ単独では制限節全体の正しい仮説とはなり得ないということである．本書のような分析をしてはじめて部分的に正しい仮説として成り立つのである．

　このように，本書の分析では部分的にしろ述部説が成立することになる．したがって，現代の生成文法研究において二つの全く異なる説が提唱されているという一見奇妙な事態は本書のような見方をすればそれほど奇妙ではなくなる．一見奇妙に思えたのは制限節には一つの統語構造と一つの機能しかないという前提の上で制限節を見ていたからであり，そのような前提を取り払えば，奇妙が奇妙ではなくなるのである．

4.5.3. 前提と断定

　定先行詞制限節は前提を表し，不定先行詞制限節は断定を表し得るという主張についてはどうであろうか．すでに述べたように，このこと自体は1970年代に何人かの学者によって指摘されていた．しかし，問題は前者が前提を表し後者が断定を表し得るのはそもそもなぜかということである．この問いに答えなければ，単なる記述的一般化にすぎず，説明ではない．真に妥当な分析であるならばこの問いに答えなければならない．ここでの考え方によればこの問いに答えることができる．

　不定先行詞制限節は通常個体を先行詞とする制限節であり，その個体を変項に代入することにより主節とは独立の命題を表すことができる．主節とは独立の命題を表すということは，不定先行詞制限節は主節とは独立したいわば「独立文」を成すということである．独立文は一般に断定を表し得る．したがって，不定先行詞制限節はその部分のみで断定を表し得ることになる．したがって，不定先行詞制限節の場合はその内部で主語助動詞倒置等の主節現象が生じ得る（2.3節参照）．定先行詞制限節は，普通，類を先行詞とする制限節であり，類は属性であって個体ではないので個体変項に代入することはできず，独立の命題を表すことはできない．したがって，定先行詞制限節はその部分のみで断定を表すことはできない．

　前提についてはどうであろうか．前提にもいろいろあるが，定先行詞制限節は前提を表すといった時の前提とは制限節の内容を聞き手が知っていると少なくとも話者は思っているという意味での前提である（cf. Thompson (1971), Hooper and Thompson (1973)）．この意味での語用論的前提は，定先行詞制限節の意味機能から導くことができる．定先行詞制限節は類を先行詞としてその類から制限節の内容を満たす下位類を形成する機能をもつ．下位類形成機能とはある類をその下位類に分類する機能のことである．制限節の情報はその分類のための基準を述べたものと考えることができる．ある類をある基準に基づいて正しく下位分類するためには，その基準についての知識がなくてはならない．ある情報が分類の基準として正しく働くためには，その情報についての知識が必要となる．その基準についての知識を持たない人にその基準に基づいた下位分類を示しても理解してもらえない．下位分類が下

位分類として意味を持つためには分類の基準に関する知識が必要であるといえる．したがって，定先行詞制限節を使った場合には，聞き手が制限節の内容を知っているから使うのであり，少なくとも話者はそう思っていなければならない．不定先行詞制限節の場合は事情が異なる．不定先行詞制限節の先行詞は個体であり類ではないので，制限節は分類機能を持たない．制限節の内容は分類のための基準を述べたものではない．したがって，その内容は聴者が知っていると考えられる情報である必要はない（4.2.2.2 節参照）．

ここでの分析によれば，定先行詞制限節は前提を表し，不定先行詞制限節は断定を表し得るということになり，その逆であってはならないことになる．過去何人かの学者が指摘した，不定先行詞制限節と定先行詞制限節との間にみられる断定と前提の相違は，このようにして説明できる．このような説明は，個体先行詞制限節と類先行詞制限節の区別を認めてはじめて可能となるということに注意しなければならない．先行詞を単に定性によって区別する従来の分析ではこの種の説明はできないことを忘れてはならない．

4.5.4. 変項説と代名詞説

変項説と代名詞説については，ここでは変項説を採用した．制限節の関係詞（より厳密に言えば，それによって A-bar 束縛される痕跡）は変項であり，それを含む制限節は開放文，命題函数であるとした．しかし，二つの大きさの異なる先行詞を認める本書の分析においては，変項は変項であり続けながらかつ代名詞としても機能することを許す．ここで言う代名詞とは Jackendoff (1977b) が非制限節の関係詞を代名詞用法と呼んだ意味での代名詞である．

「制限的な制限節」の先行詞は類であるので，それを命題函数の変項に代入することはできず，変項は常に変項として解釈される．しかし，「非制限的な制限節」の場合には事情が異なる．「非制限的な制限節」は先行詞を限定修飾する機能があるので，変項は先行詞に対しては常に変項として機能する．というのは，すでに述べたように，制限節が先行詞を限定修飾するためには制限節は属性を表していなければならず，制限節が属性を表すためには変項は変項でなければならないからである．しかし，先行詞を除く制限節の部分のみに注目すると，「非制限的な制限節」の先行詞は個体であるのでそ

れを命題函数の変項に代入することが可能で，代入するとその部分のみで命題を表す．命題を表すということは変項はもはや変項ではなく，先行詞を受ける代名詞であるということである．つまり，先行詞を除く制限節の部分においては，変項は変項としてではなく照応的代名詞として機能していることになる．

　変項が変項でありながらかつ変項ではないというのはかなり驚くべきことである．というのは，AがAでありかつAでないという事態は言語に限らず普通はそう簡単に想像できるものではないからである．第3章の言語事実はこの想像もつかないような事態が現実に生じているということを示している．この驚くべき現実を正しく捉えるためには，二つの異なる統語構造を認める以外に道はないと思われる．

4.5.5. 制限節と非制限節

　制限節と非制限節とを区別する根拠に関しては従来の研究でかなり明らかにされてきたが，両者を一つの「関係節」としてまとめる根拠に関してはこれまで必ずしも明確に示されてきたとはいえない．これは，両者を一つにまとめるのがいわば当然のこととして受け入れられてきたためであろう．しかし，冷静に考えてみるとこれはおかしい．関係節を制限節と非制限節とに大別する際に明確な根拠を示したのであれば，逆に制限節と非制限節とを関係節として一つにまとめる際にもその根拠を明確に示さなければならないはずである．この点の考察が従来の研究ではややもすると欠けていた．生成文法理論は，それまで当然として受け入れられてきたものを明確化する手法により研究成果を挙げ飛躍的な発展を遂げてきた．関係節の場合も例外であってはならない．制限節と非制限節を関係節として一つにまとめる「当然の理由」とは一体何であるのか，これを解明しなければならない．

　両関係節の類似性を示す具体的な証拠の詳細に関しては第5章の記述に委ねることとし，ここでは両者を一つにまとめる基本的な理由に絞って二，三簡単に触れておきたい．互いに異なる特徴をもつXとYが一つの類を形成していることを示す方法は色々あるが，その一つにXとYがある点を接点として連続的に繋がっているということを示す方法が考えられる．Xと

Yがある点を接点として連続的に繋がっているということは，それらが総体として一つのものを形成しているということになるからである．

　本書の分析が正しければ，従来一つにまとめられてきた制限節は二つの下位類，「制限的な制限節」と「非制限的な制限節」，からなる．「制限的な制限節」は専ら限定修飾する機能しか持たない．「非制限的な制限節」は限定修飾能力だけでなく独立の命題を表す能力もある．両能力の相対的な力関係は個々の例において異なることはすでに論じた．限定修飾能力の方が相対的に強く出ている例もあれば，逆に独立の命題を表す力のほうが強く感じられる例もある．それら様々な程度を持った「非制限的な制限節」の一方の極に限定修飾能力が最も強くでている例があり，他方の極に独立の命題を表す力が最も強く出ている例がある．前者の解釈は「制限的な制限節」の解釈にほぼ等しいことになり，後者の解釈は非制限節の解釈にほぼ等しいことになる．そうであるならば，関係節は，意味解釈上，「非制限的な制限節」におけるこれら二つの極を接点として，一方では「制限的な制限節」と繋がり，他方では非制限節と繋がっていることになる．「制限的な制限節」と非制限節は「非制限的な制限節」を間に挟んで連続的に繋がることにより一つの総体を成していることになる．この総体のことを我々はこれまで「関係節」と呼んできたのである．

　もう一つの理由は関係詞（より厳密にはその痕跡）のステイタスにある．非制限節の関係詞は Fetta (1974), Jackendoff (1977b) が主張するように照応的代名詞であると考えられる．本書でも非制限節の関係詞についてはこの代名詞説を採用する．というのは，非制限節の関係詞は指示代名詞や人称代名詞と同様な照応的振る舞いを示すからである．

(1) a.　Ben studies for hours every night. That I could never do.

　　a′.　Bes studies for hours every night, which I could not do.

　　b.　Sally hunts fish with a bow. That is a fascinating sport.

　　b′.　Sally hunts fish with a bow, which is a fascinating sport.

　　c.　Mike built the wooden ship model. That I have no interest in.

　　c′.　Mike built the wooden ship model, which I have no interest in.

第4章 関係節の統語構造と意味機能 73

  d. Irving bet his money on a horse. That displeased his wife.
  d′. Irving bet his money on a horse, which displeased his wife.

(Fetta (1974: 128, n. 15))

　一方，本書の分析によれば，前節4.5.4で示したように，「制限的な制限節」の関係詞は変項であるが，「非制限的な制限節」の関係詞は変項でありながら，かつ，独立の命題を表す時には代名詞でもある．そして，変項と代名詞との相対的なステイタスの程度には様々なものがある．変項としてのステイタスが最も強いものは「制限的な制限節」の変項のステイタスにほぼ近く，逆に代名詞としてのステイタスが最も強いものは非制限節の代名詞のステイタスにほぼ近い．これら二つの極が一方では変項としての「制限的な制限節」の関係詞と繋がり，他方では照応的代名詞としての非制限節の関係詞と繋がっている．純粋な変項と純粋な照応的代名詞との間に変項でもあり照応的代名詞でもある「中間的な」ものが介在することにより全体で一つの総体を成している．これが制限節と非制限節とを関係節として一つにまとめる第二の根拠である．

　伝統文法から今日の生成文法に至るまで英語の関係節は制限節と非制限節との二つに大別されてきたが，本書の分析が正しければ，この長年にわたる関係節の二分法は誤りであったということになる．英語の関係節では「制限的な制限節」と非制限節が「非制限的な制限節」を間に挟んで連続的に繋がっている．連続的に繋がっているということは制限節と非制限節が段階的に繋がっているということであり，二分法では捉えきれないということである．この点で，本書は英語関係節の研究史上極めて重要な主張を展開していることになる（なお，Quirk et al. (1985)は英語の関係節が段階的である可能性を示唆しているが，本書ほど詳細な議論は示していない(cf. 第2章n.2))．

　以上，本章では本書の分析の概要を示し，それを支持する証拠の一部を見た．また第2章で論じた諸問題がどのように解決されるのかを示した．本書の分析は従来の分析とは根本的に異なり，大幅な理論修正を必要とするのであるから，それを支持する経験的基盤をさらに強固なものにしなければならない．次章では経験的基盤をさらに固めると共に，本分析の精密化もさらに進めていきたい．

第 5 章

検証と分析の精密化

　ここでは本書の分析を支持する証拠をさらに検討する．その過程で本分析の精密化についても触れるところがある．

5.1. 制限節と非制限節の生起順序

5.1.1. Jackendoff (1977a, 1977b) の主張
　Jackendoff (1977a, 1977b) は，彼の提案する名詞句の構造上 ((1) 参照)，制限節は非制限節の前に生起しなければならないと主張する．

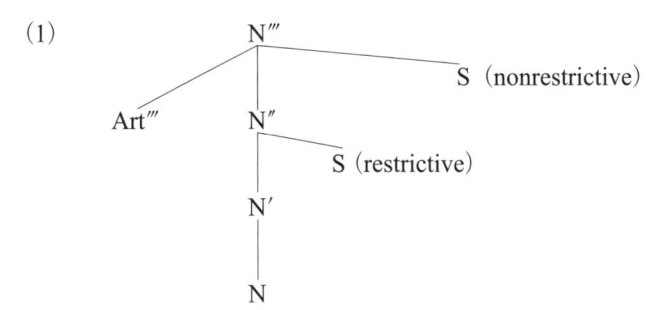

(1)
```
           N'''
          /  |  \
         /   |   \
       Art'''  N''   S (nonrestrictive)
              / \
             N'  S (restrictive)
             |
             N
```

(2) a. The man that came to dinner, who was drunk, fainted.
　　　　（ディナーにやってきた男性は，酔っており，気を失った）

　　b. *The man, who was drunk(,) that came to dinner fainted.

(Jackendoff (1977b: 171))

(2a) では制限節の後に非制限節が生起しており (1) の構造を遵守しているので許されるが，(2b) では順序が逆転しており (1) の構造を破るので許されないと主張する (同様な主張は, McCawley (1988), Huddleston and Pullum (2002) 等にもみられる).

5.1.2. 本書の予測

　類先行詞と個体先行詞を区別する本書の立場に従うと，Jackendoff のこの主張は必ずしも常に成立するとは限らないことを予測する．場合によっては順序の逆転があってもそれほど驚くべきことではない．

　類先行詞制限節と個体先行詞制限節ではかなり性質が異なることはすでに述べた．前者は純粋な制限節であるが，後者は場合によっては制限節というよりはむしろ非制限節に近い．前者は主要部に対して純粋な修飾部として働き，主節に対して常に従節として機能するのに対し，後者は主節に対して常に純粋な従節として機能するとは限らない．

　非制限節が制限節を伴う名詞句を修飾する場合に，その制限節が類先行詞制限節であるのか個体先行詞制限節であるのかによってかなり大きな違いが生じる．問題の制限節が類先行詞の場合には，非制限節は，通常，制限節を伴う複合名詞句全体を先行詞としなければならない．というのは，類先行詞の場合は制限節を含めてはじめて一つの NP を形成するからである．制限節を除いた主要部の部分のみを先行詞とすることは普通できない．[1] したがって，非制限節は，それが先行詞とする複合名詞句全体の後ろの位置に生起す

---

[1] しかし，非制限節の関係詞は先行詞 NP の主要部のみを受けることも可能である．Rydén (1970: 50) によれば，次例では which は no lettuce を受けることはできず lettuce を受ける解釈しかないという．

　　(ii) a.　No lettuce, which was not to be had at that time of the year, was served at the dinner.
　　　　b.　He eats no lettuce, which he does not consider to be human food.
この種の例に関しては 5.13.2 節で論じる．

るのが一般的であることになる．

　一方，問題の制限節が個体先行詞である場合には事情はかなり異なってくる．非制限節は制限節を伴う複合名詞句全体を先行詞とする必要は必ずしもない．複合名詞句から制限節を除いた主要部の部分はその部分のみですでに単独の NP を成し個体を表しているので，その NP，個体を非制限節が修飾したとしても統語上何ら問題は生じないからである．したがって，この場合には，非制限節が先行詞である NP，個体と統語的に直接結びつく位置に生じる可能性があることになる．つまり，先行詞である NP，個体と制限節との間の位置に非制限節が割って入ることが有り得る．

　さらに，この場合には，非制限節のそのような位置どりを促進する別の要因が独立して働くことが考えられる．個体先行詞制限節は，既述のように，主節とは独立の命題を表すことが可能でその部分のみで断定を表すことができる．断定を表す部分はそうでない部分よりも文末の位置を好むと一般的に言われている．そうであるならば，断定を表す個体先行詞制限節は，情報構造上自ら進んで文末の位置を占める傾向があるといえる．

　このように，個体先行詞制限節と非制限節が同時に生起した場合には，両関係節にはそれぞれ生起順序の逆転があってもおかしくない理由があるといえる．

　情報構造の視点から見ると，さらにもう一つの要因が関係してくる．非制限節には少なくとも二種類ある．主節の内容にとってあまり重要ではない付加的，コメント的な内容を表す同格的なものと，主節と同程度重要な内容を表す断定的なものとの二つである．前者の典型が同格関係節（appositive relative）であり，後者の典型が継続関係節（continuative (relative) clause）である．個体先行詞制限節は断定を表し得る．したがって，それが断定的な非制限節と共起した場合にはどちらが後ろに来やすいかは少なくとも情報構造上からは決定できない．しかし，それが同格的な非制限節と共起した場合には明らかに前者の方が情報構造上重要であるといえる．したがって，それらが共起した場合には前者が後者の後にくるほうが普通であることになる．

　これまでの考察から次のようなことがいえる．

(3) 制限節と非制限節の生起順序の逆転があるとすれば，

    (i) 制限節の先行詞が類（N'）よりも個体（NP）であるほうが可能性が高い．

    (ii) 文頭や文中位置よりも文末に近い位置で生じる可能性が高い．

    (iii) 制限節が個体先行詞である場合には，非制限節が同格的な場合にも断定的な場合にも逆転は有り得るが，同格的な場合のほうが逆転する可能性が高い．

5.1.3. 検証

これらの予測はおおむね言語事実と一致すると思われる．まず，Jackendoffの挙げた(2b)では，先行詞は定名詞句であり，制限節は典型的な類先行詞制限節であると考えられる．したがって，条件(i)を満たさない．また，関係節の位置は主語の位置であり，文末とは最もかけ離れた位置であるので条件(ii)も満たさない．さらに，制限節は個体先行詞ではなく類先行詞であるので，条件(iii)も満たさない．つまり，(i)-(iii)のすべての条件を満たさず，逆転が起こるには相当条件が悪い環境といえる．本書の予測はJackendoffの下した容認度の判断と矛盾しない．

制限節と非制限節の位置が逆転している場合はどうであろうか．Emonds (1979)，Ushie (1979)，長原 (1990) は次のような関係節の位置が逆転している例を挙げている．

(4) a. We found that movie, which cost plenty, that you so highly recommended. （Emonds (1979: 222)）

    b. I will return to some problems, which may or may not be real, that arise in connection with this consequence of the lexicalist hypothesis. （Chomsky (1970: 26)）（Ushie (1979)）
（いくつかの問題に話を戻す．その問題は，真の問題となるものもならないものもあるであろうが，語彙論者仮説のこの帰結との関連で生じる）

第 5 章　検証と分析の精密化　　　　　　　　　　　　　79

  c. Jackendoff (1968f) refers to an unpublished paper on generics by Bowers (1964), which we have not seen, that makes the same claim.　　　　　　(Stockwell et al. (1973: 429))（長原 (1990)）
   （ジャッケンドフはバワーズの総称表現に関する未刊行論文に言及している．その論文は，見たことはないが，全く同様な主張をしている）
  d. In such a setting most Americans follow a rule, which is all the more binding because we seldom think about it, that can be stated as follows: ...　(Hall, *The Sound of Silence*, 58)（長原 (1990)）
   （そういった環境では，米国人はたいていある通則に従います．その通則は，普段まず意識していないので，かえって拘束力が強いのですが，次のように述べることができます）

筆者の知る限り過去に報告された例はこの 4 例しかないが，しかし，この種の逆転現象は例外的な現象かというとそうではなさそうである．筆者が集めた資料にも同様な例が数多く見られるからである．次例を参照されたい．

(5) a. ...: instead of syntactic categories as such, I recognize simply a list of factors, some of which need not be inherently syntactic in nature, that can play roles in syntactic phenomena, and describe the phenomena directly in terms of those factors.
              （McCawley (1983: 365 地の文)）
   （統語範疇そのものではなく，統語現象において役目を果たす一連の要因——その要因の中には内在的に統語的性質でないものがあってもよい——を単に認めてその要因を直接使って統語現象を記述する）
  b. There is, in fact, a very respectable tradition, which I have reviewed elsewhere, that regards as a vulgar distortion the "instrumental view" of language as "essentially" a means of communication, or a means to achieve given ends.
              （Chomsky (1976: 56-57 地の文)）
   （実際，極めて尊ぶべき伝統がある．その伝統は，他で論評したことがあるが，言語を「本質的」に意思伝達の手段あるいは当該目的を達

成する手段とする「道具説」を通俗的歪曲とみなす)

c. The Senate Commerce Committee is considering a bill, which could reach the Senate floor in June, that would place rate caps and other restrictions on cable companies. (*TIME* <<900528>>)
(上院通商委員会は現在ある法案を検討している．その法案は，6月に上院に提出される予定であるが，税率上限規制や他の規制をケーブル会社にかけようとするものである)

d. He proposed constitutional changes, which he hopes to ram through the Congress of People's Deputies, that would further strengthen presidential authority. (*TIME* <<901231>>)
(彼は憲法改正案を提出した．その改正案は――国民代表者会議を強引にでも通過させたい意向であるが――大統領の権限をさらに強化することになる)

e. The players' association wants to abolish a salary cap, which has been in existence since the 1984-85 season, that limits the amount the 27 teams can spend on player salaries.
(*The Times* <<940713>>)
(選手会は人件費総額制限制度を廃止したい意向である．この制度は，1984-5年シーズンからあるもので，選手の年棒に27チームが費やせる総額の上限を定めている)

　上記例において，先行詞は，(4a)を除き，すべて不定名詞句であり，類ではなく個体が先行詞となっていると思われる．また，(4a)の先行詞は定的名詞句であるが，その決定詞がthatであることから，先行詞名詞句だけですでに同定可能な個体を表していると考えてよい．したがって，予測(i)と矛盾しない．また，すべての例において関係節は文(節)末に生起しており，予測(ii)とも矛盾しない．予測(iii)についても矛盾することはない．上例の非制限節には，補足説明やコメント的な内容を表す同格的な非制限節と解せるものはあるが，主節とは独立の命題を表す断定的な非制限節と解せるものは明らかにみられないからである．

第5章　検証と分析の精密化　　　　　　　　　　　　　　　　　81

　このように，予測された関係節の組み合わせが予測通りの位置に生じていることになる．このことは本書の主張する類先行詞と個体先行詞の区別が，制限節と非制限節の生起順序が逆転する現象によって支持されるということを意味する．要因 (i) については類先行詞と個体先行詞の区別が必要であることは自明であるが，(ii)，(iii) についてもこの区別が必要であることに注意しなければならない．類先行詞と個体先行詞の区別を認めてはじめて (ii)，(iii) のような形で要因を述べることができたということを見落としてはならない．言語事実は二つの異なる先行詞を要求しているといえる．

　なお，(i)-(iii) だけで逆転現象がすべて説明できると主張しているのではもちろんない（河野 (2007) 参照）．例えば，(4d) では関係節内の要素と関係節外の要素との結びつきが大いに関わっているであろう．"as follows" とあればその直後に具体的な内容が続くことが期待されるが，制限節＞非制限節の順にするとその期待が非制限節の介在によって裏切られてしまう．また，例によっては，制限節＞非制限節の順にすると意図しない名詞句が先行詞と解されてしまう可能性が生じるかも知れない．あるいはまた長原 (1990) のいう「談話の流れ」といった要因もここに関係してくるであろう．本書にとって重要なのは，この種の要因をすべて解明することではなく，類先行詞と個体先行詞の区別が少なくとも逆転現象の一要因として関与しているということを示すことである．そしてその目的は上例によってある程度達成されたと思われる．

5.2. 外置

5.2.1. 先行詞の定性と外置の諸要因

　定冠詞ではじまる名詞句よりも不定冠詞で始まる名詞句のほうが関係節の外置はしやすいと一般に言われている（cf. Ziv and Cole (1974)，Guéron and May (1984)，Rochemont and Culicover (1990)，Kayne (1994)，Tunstall (1996)）．

　(1) a.　A guy that I met at Treno's yesterday just came in.
　　　　（昨日トレノの店で出会った男が今入ってきた）

  b. A guy just came in that I met at Treno's yesterday.

   （男が今入ってきたが，その男は昨日トレノの店で出会った男だった）

  c. The guy that I met at Treno's yesterday just came in.

   （昨日トレノの店で出会った男が今入ってきた）

  d.??The guy just came in that I met at Treno's yesterday.

(Ziv and Cole (1974: 772))

(2) a. A man just walked in who we knew in high school.

   （男が今歩いて入ってきたが，その男は高校時代の知り合いだった）

  b.??The man just walked in who we knew in high school.

(Kayne (1994: 124))

 しかし，上記の指摘は単なる言語事実の指摘にすぎない．逆の事態が生じないのはなぜであろうか．つまり，定名詞句のほうが不定名詞句よりも外置しやすいという事態にならないのはなぜであろうか．この問いに答えられなければ関係節の妥当な分析とはいえない．ここではその説明を試みる．[2]

 外置には種々の要因が関与していると言われている．ここではまず，それら要因によっては上記の問いに答えることはできないことを示す．一つは情報構造上の要因である．主節動詞が提示動詞等のように情報価値が低い場合

---

[2] Kayne (1994: 124) は (2b) の容認度の低さを説明しようとしているが成功しているとはいえない．Kayne によれば，定冠詞 the には，実質上指示詞と同じである the とそうでない the の二つがあるという．そして，前者の the で始まる先行詞からの外置は可能で，後者の the で始まる先行詞からの外置は不可能であるといい，次例を挙げている．

 (i) The very man just walked in that I had been telling her about.

 (ii) *The only man just walked in that I had mentioned to her.

(i) の the は指示詞 that と置換できるが，(ii) の the はできないという．そして，the のこの多義性によって (2b) の容認度の低さが説明できるという．つまり，(2b) の the は指示詞の the とも，そうでない the とも解釈できるので容認度が低くなるという．しかし，この説明は説明とはならない．the が多義的であるとすれば，その多義性に対応した判断がそれぞれ出てくるのが普通で，その判断が混じり合うということは通常ないからである．(2b) の the が指示詞と解釈された時には，(i) がそうであるように，完全に容認可能となるはずであり，the が指示詞でないと解釈された時には，(ii) がそうであるように，完全に容認不可能となるはずである．両判断が混じり合って中間的な判断が出てくるということは本来有り得ぬことである．

には，相対的に関係節の情報価値が高くなり，したがって，関係節は情報価値の高い要素が一般に占める文末の位置に生じることができるといわれている（cf. Guéron（1980），Emonds（1985），福地（1985），高見（1995））．例えば，Emonds（1985: 312）は Guéron（1980）を受け，名詞句からの外置は VP に焦点（focus）がない（すなわち情報価値が低い）ような構造で起こるといい，次例を挙げている．

(3) a. Any guest is welcome who can pay.
（支払い能力のある客ならどなたでも歓迎です）
b. *Any guest must leave who can pay.

しかし，この要因では問題の事実を説明することはできない．というのは，上記例ではいずれも情報価値の低い動詞句（came in, walked in）が用いられているからである．問題の文の容認度の相違は動詞句ではなく名詞句から来ていると考えねばならない．

いま一つは文体上の要因である．例えば，Quirk et al.（1972: 931）によれば次例では外置しないと，主語が述語よりもずっと長くなりバランスが悪いという．

(4) The box was by the door which had contained the papers and other valuables.
（書類や他の貴重品が入っていた箱はドアのそばにありました）

また，Huck and Na（1990）も（2）の容認度の相違を説明しようとしているが，やはり成功しているとはいえない．彼等は情報構造上の新情報・旧情報という概念を用いた説明を試みている．定先行詞制限節の内容は前提とされており，前提は一般に旧情報である．外置された関係節の内容は情報構造上焦点となり，焦点となる情報は一般に新情報である．したがって，定先行詞からの外置は情報構造上の矛盾を生じ，許されない．一方，不定先行詞制限節の内容は前提ではなく旧情報ではないので，外置しても矛盾は生じない．しかし，この分析では言語事実を正しく捉えることはできない．というのは，この分析によれば，定先行詞からの外置は（制限節が対比強勢（contrastive stress）を受けない限り）すべて許されないことになるが，しかし，定名詞句からの外置はすべて許されないかというとそうではないからである．この辺の詳細は，5.2.2.3 節を参照されたい．

また，長原（1990: 146）によれば，述部が動詞（と前置詞）だけからなる場合は定名詞句であっても外置が起こるといい次例を挙げている．

(5) a. She thought dreamily how true the words were she had uttered yesterday. (Christie, DCE, 84)
（昨日言ったことがどの程度本当なのかと彼女は夢見心地に考えた）

b. That's where the money came from that was in my purse.
(Gardner, GP, 155)
（私の財布の中のお金はそこにあったものです）

述部が動詞（と前置詞）だけということは短いということであり，これも文体上の要因の一種と考えてよい．これらの例から分かることは，文体上の要因は他の要因と比較してかなり強く働くということである．というのは，文体上の要因がからんでいる場合には定名詞句からの外置も容易に許されてしまうからである．しかし，この要因によって問題の事実を説明することはできない．というのは，上例では異なるのは冠詞だけであり，文体上の要因は一定であるからである．

さらに，外置には先行詞に関する語彙的要因も働いていると言われている．長原（1990: 145-146）によれば，数量詞はその適用範囲を制限する表現として関係節を予期させるので，先行詞である主語の名詞句が数量詞で始まる場合には提示文でなくても外置は可能であるといい次例を挙げている．

(6) a. She was, I fancied, an egoist. Nothing was very real to her that did not concern herself. (Christie, PEH, 82)
（彼女は利己主義者だったと思った．自分に関係のないことは彼女にとってあまり現実味がなかった）

b. There are several complicating factors. One is that not everything is a matter of grammatical rule that appears to be such at first sight. (Lyons, 160)
（複雑な要因がいくつかある．一つは，一見文法規則の問題と思われることが必ずしもそうとは限らないということです）

第 5 章　検証と分析の精密化

また，Tunstall（1996: 313）によれば，先行詞が意味内容の希薄な軽名詞（light noun）の場合は外置しやすいといい次例を挙げている．

(7) a.　The guy showed up that we had all been waiting for.
　　b.??The graduate student showed up that we had all been waiting for.

しかし，先行詞に関するこれら語彙的要因によっても問題の相違は説明できない．というのは，上例の各ペアでは冠詞を除き他の語彙は先行詞に限らずすべて同一であるからである．語彙的要因によって説明するとすれば，まさに定冠詞と不定冠詞の語彙の相違に理由を求めなければならない．

以上，関係節の外置に関わるとしてこれまでに提案されてきた上記のような要因によっては，問題の言語事実を説明することは困難であることを示した．

5.2.2.　本書の分析

本書の分析によれば，問題の言語事実を二つの理由により説明することができる．一つは統語的理由であり，いま一つは意味機能的理由である．この順にみてみよう．

5.2.2.1.　統語的要因

先行詞が定名詞句の場合と不定名詞句の場合とでは関係節構造が異なることはすでに述べた．前者では一般に制限節は N′ を先行詞としてそれと結合し N′ を形成するのに対し，後者では，普通，制限節は NP を先行詞としてそれと結合して NP を形成する．

(8) a.

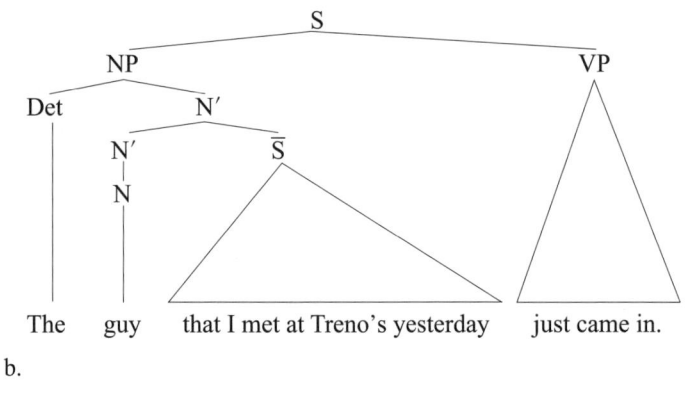

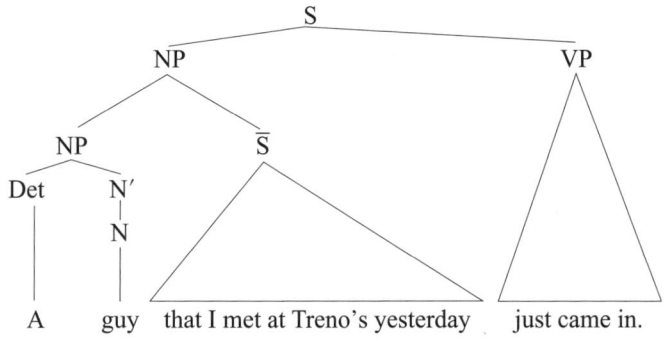

```
                      S
              ┌───────┴───────┐
             NP               VP
         ┌────┴────┐
        Det       N′
              ┌───┴───┐
              N′      S̄
              │     ╱   ╲
              N
              │
             The  guy   that I met at Treno's yesterday   just came in.
```

b.

```
                      S
              ┌───────┴───────┐
             NP               VP
          ┌───┴───┐
         NP       S̄
       ┌──┴──┐  ╱   ╲
      Det   N′
            │
            N
            │
            A   guy   that I met at Treno's yesterday   just came in.
```

構造 (8a) と構造 (8b) では，主語名詞句の主要部 (guy) と制限節との統語的結合度がかなり異なる．構造 (8a) では，制限節は主要部 (guy) と直接結合しているが，構造 (8b) では制限節は主要部 (guy) と直接結合していない．この主要部との統語的結合度の相違が両者の外置可能性に直接影響を与えていると思われる．というのは，一般に主要部との統語的結びつきが強ければ強いほど外置しにくく，弱ければ弱いほど外置しやすいと考えられるからである．このことは PP の外置を考えてみればよく分かる．Radford (1988: 191) によれば，主要部との結合度が強い補部 (complement) PP のほうが結合度の弱い付加詞 (adjunct) PP よりも外置しにくいという．[3]

---

[3] Rochemont and Culicover (1990: 62) は補部 PP の外置例として次のような例を挙げており，補部 PP が全く外置できないというわけではない．

(9) a. A student came to see me yesterday with long hair.
(昨日学生が会いに来たが長髪であった)

b. *A student came to see me yesterday of Physics.

(Radford (1988: 191))

そうであるならば，関係節の外置においても同様なことがみられても不思議ではない．

統語構造上の相違についていえば，さらに，構造 (8a) と構造 (8b) では，先行詞がそれ単独で一つの NP を成すか否かという点でも異なる．この相違も外置可能性に直接影響を与えていると思われる．というのは，一般に，先行詞がそれ単独で一つの NP を成している場合にはそうでない場合と比較して外置しやすいと考えられるからである．これを理解するためには，強決定詞（strong determiner）のついた名詞句からの外置を見てみる必要がある．[4] 強名詞句（strong NP）からの外置は一般に不可能であるか，あるいは容認度が低いと言われている（cf. Reinhart (1987), Diesing (1992))．[5]

(10) a. *Olga sent every person to the library who wanted books on obscure Prussian composers.

b. Olga sent every person who wanted books on obscure Prussian composers to the library.

(オルガは，無名のプロセイン作曲家についての本が必要だった人を

(i) a. The mayor just called you of a large Eastern city.
b. The destruction was ordered of a new bridge from Italy to Boston.
c. The parents attended the meeting of many students.

[4] strong/weak determiner については Milsark (1974, 1977) を参照されたい．

[5] "any N" の場合は (3a) からも分かるように比較的外置しやすいと思われる．any を普遍数量詞として扱うのがよいかどうかは慎重に検討せねばならない．
また，強名詞句からの外置の実例が手元に一例だけある．

(i) Said Goldwater: "If they chased every man or woman out of this town who has shacked up with somebody else, or got drunk, there'd be no Government.

(Time <<890313>>)

この例では関係節内の VP が or によって等位接続されており比較的「重い」要素となっている．文体上の要因は強名詞句の場合でも強く働くということかもしれない．

皆図書館に行かせた）

    c. *Most men arrived who were from Bisbee.
    d. Most men who were from Bisbee arrived.
    e. *Oscar gave each spider to Otto that was poisonous.
    f. Oscar gave each spider that was poisonous to Otto.
       （オスカーは毒蜘蛛はどれもオットーにあげてしまった）

（以上 Diesing（1992: 75））

しかし，強決定詞のついた everyone, everybody 等が先行詞の場合には容易に外置することができる．

(11) a. Not everybody went to Sam's who was at Bill's.
       （ビルの店にいた人が皆サムの店に行ったわけではない）

    b. Not everybody was convinced that he was sick who had been told so by the doctor.)
       （医者に病気であると言われた人が皆自分が病気だと納得したわけではなかった）

    c. Everyone kissed the girl who entered the room.
       （その部屋に入ってきた人は皆少女にキスした）

（以上 Williams（1974: 200-203））

    d. Everybody is so strange whom I like that I can't go out in public with them.   (Rochemont and Culicover（1990: 54））
       （私の好きな人は皆とても風変わりなので，一緒に人前に出かけることはできない）

これは一見するとかなり不思議な現象であるかのように思われるかもしれない．同じ強決定詞が用いられているにもかかわらず，なぜこのような180度異なる容認度が生じるのであろうか．every person と everyone, everybody とでは意味的にはそれほど大きな相違は感じられない．少なくとも，容認度を逆転するほどの意味的相違は見られない．そうであるならば，両者の容認度の相違は統語的要因によるものと考えざるを得ない．everyone, everybody

第5章　検証と分析の精密化　　　　　　　　　　　　　　89

は，それらが単独でNPを成す語彙項目であるという点でevery personとは異なる．everyone, everybody等が単独でNPを成すということは，制限節を含む複合名詞句の統語上の最大の切れ目はeveryone等と制限節の間にあるということである．そして，この統語上の最大の切れ目の位置が外置を容易にする要因として働いていると考えられる．そうであるならば，定冠詞で始まる先行詞よりも不定冠詞で始まる先行詞の方が外置しやすいことになる．というのは，本分析では，不定冠詞で始まる先行詞の場合には通常それ単独で一つのNPを成すからである．

　このような視点から数量詞つきの先行詞をもつ(6)の例を見直すと，その先行詞 (nothing, everything) はいずれも単独で名詞句を成す語彙項目であることに気がつく．これを単なる偶然と見過ごすことはできない．これらの例でも統語的な要因が絡んでいることは間違いないであろう．先行詞がそれ単独でNPを成すならば外置しやすいというここでの主張は，次のような事実によっても支持される．

　一つは，疑問詞を先行詞とする制限節が比較的容易に外置できるという事実である．

(12) a.　Who was there that you know?
　　 b.　Who do you know that knows Greek?
　　 c.　Who was there who knows Greek?

(Williams (1974: 200-201))

疑問詞からの外置が容易となる一つの要因は，やはりその統語構造ではないだろうか．everyone, everybody等と同様，疑問詞は単独で名詞句を成し得る語彙項目である．外置前の構造は [$_{NP}$ [$_{NP}$ who] [that S]] であり，複合名詞句の統語上の最大の切れ目はwhoとthat節の間にある．この切れ目の位置が外置を容易にする要因として働いていると考えられる．[6]

　いま一つは英語の諺である．英語の諺には関係節の外置を伴うものが数多く見られる．

---

[6] ただし，疑問詞は単独でない場合にも外置可能である．疑問詞には単独でNPをなすという要因以外のものが働いているのかもしれない．

(13) a. All is lost that is given to a fool.（糠に釘）
　　 b. All is well that ends well.（終わりよければすべてよし）
　　 c. All is not gold that glitters.（光るもの必ずしも金ではない）
　　 d. He laughs best who laughs last.（最後に笑う者が最もよく笑う）
　　 e. Cheese is good that comes from a niggard.
　　　　（ケチな人がくれるチーズは健康によし）
　　 f. He is a bad musician that can sing but one song.
　　　　（馬鹿の一つ覚えではラチがあかぬ）

（訳も，村田（1982: 254-255)）

　ここで注目すべきは，上例の先行詞がすべて単一の要素から成る名詞句であるという点である．これも単なる偶然とは考えられない．先行詞と制限節との間にある統語上の大きな切れ目が外置を容易にしていると考えるのが妥当であろう．[7]

5.2.2.2. 意味的要因

　次に第二の理由，すなわち，意味機能的な理由について考えてみよう．本分析によれば，不定先行詞制限節は普通 NP を先行詞とする個体先行詞制限節である．この場合，先行詞は個体であるので制限節の表す命題函数 $P(x)$ の個体変項 x にそれを代入することが可能で，代入すると制限節の部分だけで命題を表すことができる．制限節の部分だけで命題を表すことができるということは，その部分だけで断定を表すことができるということである．断

---

[7] ただし，外置していないものももちろんある．ここでの主張は外置しやすいということであり，義務的に外置しなければならないということではないことはいうまでもないであろう．

(i) a. All that are in bed must not have quiet rest.
　　b. All that is alike is not the same.
　　c. All that is said in the kitchen should not be heard in the hall.
　　d. All that is sharp is short.
　　e. All that shakes falls not.
　　f. All that breed in the mud are not eels.

（村田（1982: 254)）

定を表す要素は情報構造上一般に文末の位置に生起する．したがって，不定名詞句を先行詞とする制限節はその部分だけで一般に文末（節末）の位置に生起することが可能であることになる．制限節が先行詞を除いてその部分だけで文末（節末）の位置に生起できるということは，制限節が外置された位置に生起できるということである．このように，本書の分析によれば，不定名詞句を先行詞とする制限節は一般に外置された位置に生起できるということが導ける．

　一方，定名詞句を先行詞とする制限節は，通常，N′である類・属性を先行詞とする制限節である．この場合,先行詞はN′が表す類・属性であるので，制限節の表す命題函数 P(x) の個体変項 x にそれを代入することはできない．したがって，制限節の部分だけで命題を表すことはできず，その部分だけで断定を表すことも当然できない．断定を表すことができないのであるから制限節はこのままでは，他の要因（例えば文体上の要因等）が絡んでこない限り，文末（節末）の位置に，すなわち外置された位置に，生起することはできない．

　このように，本分析によれば，他の条件が同一であるならば，不定名詞句からの外置は可能であるが定名詞句からの外置は許されないことが統語的にも意味機能的にも導ける．

5.2.2.3. 一見の例外

　しかし，事実はそれほど単純ではない．定名詞句からの外置は全く許されないかというとそうでもないからである．次例におけるような「例外的」な現象を考えてみよう．

　　(14) a.　The guy showed up who we had been waiting for.
　　　　　　（男が現れたが，私たちはその男をずっと待っていたのだった）
　　　　 b.??The guy showed up who was carrying a package.

(Tunstall (1996: 311))

この容認度の相違は上で概観した従来の要因によっては説明できそうもない．というのは，主節動詞はどちらも同じ提示動詞（showed up）であり情報構造上の相違はみられないし，また，制限節の「重さ」もほぼ同じであるの

で文体上の要因が関与しているとも思われないし,さらに,先行詞が同じ(the guy)であるので先行詞に関する語彙的要因が絡んでいるとも考えられないからである.また,先行詞はどちらも定名詞句であるので,上で示した本分析でも説明できそうもないと一見思われるかもしれない.しかし,よく考えてみればそうとも限らない.

　(14a)と(14b)では制限節の内容しか違わないのであるから,それが容認度に影響を与えていることは間違いない.問題はどのように影響しているかである.(14a)の主語はwe である.このwe が inclusive 'we' であるとすると,制限節の内容から問題の人物は先行文脈ですでに話題にのぼっていた人物である可能性が高い.また,時制が過去完了形であることからその可能性はさらに高まる.そうであるならば,the guy が表す人物はそれ自体ですでに同定可能な人物を指していることになる.つまり,(14a)の the guy はそれだけで同定可能な個体をすでに表していることになる.それだけですでに同定可能な個体を表す名詞句を修飾する制限節は,下位類形成機能を果たすことはできず,属性叙述機能を果たすしかない.属性叙述制限節は通常個体である NP を先行詞としており,統語構造上外置しやすい.また,意味機能上も,個体を先行詞とする制限節は主節とは独立の命題を表すことができ,その部分だけで断定を表し得る.したがって,環境さえ整えば実際に外置して差し支えない.(14a)の主節動詞は提示動詞であるので情報価値は相対的に低い.故にこの場合は実際に外置が起こり得る.

　(14b)の制限節の内容からは問題の人物がすでに話題にのぼっていたことはうかがわれない.the guy はそれだけで同定可能な個体を指しているとは解せない.the guy は制限節を伴ってはじめて同定可能な個体を表すと考えられる.そうであるならば,この場合の制限節は個体先行詞制限節ではなく類先行詞制限節であることになる.つまり,先行詞は N′ であることになり,統語上外置しやすい環境ではない.また,意味的にも,類先行詞制限節は下位類形成機能をもち主節とは独立の命題を表すことはなく,それ自体で断定を表すことはできない.したがって,他の要因が関与しない限り,外置することはできない.このように,本分析によれば,(14)のような一見例外的と思われる事例をも個体先行詞と類先行詞という概念を使うことにより説明

することができる.

(14) に対するここでの説明は，定名詞句からの外置の他の例にも適用できる場合が多い．次例では，制限節の内容から先行詞で表されたものがそれだけですでに同定可能なものを表していると解することができよう．[8]

(15) a. That man came to visit that I was telling you about.
(男が訪れてきたが，その男のことを話題にしていたのだった)

　　b. That man came into the room that I was telling you about.
(男が部屋に入ってきたが，その男のことを話題にしていたのだった)

　　c. The boy entered the room who we all had thought was asleep.
(少年が部屋に入ってきたが，その少年のことをみんな眠っているとばかり思っていたのだった)

　　d. The book hit the stores today that everyone has been waiting for.
(本が今日書店にならんだが，みんなその本持ち望んでいたのだった)

(Tunstall (1996))

そうであるならば，制限節はすでに同定可能な個体を先行詞とする個体先行詞制限節であり，統語構造上も意味機能上も外置できる環境が整っているといえよう．これとは対照的に次例では，制限節の内容から先行詞はそれだけですでに同定可能な個体を表しているとは解せない．

(16) a. *I read that book during vacation which was written by Chomsky.
　　b. *The man gave Mary a million dollars that she had never seen before.

(Tunstall (1996: 303))

そうであるならば，先行詞は制限節を伴ってはじめて同定可能な個体を表していることになる．つまり，制限節は個体ではなく類を先行詞とする類先行詞制限節であることになる．類先行詞制限節は統語構造上も意味機能上も外

---

[8] Rochemont and Culicover (1990: 62) は (15b) の文について同様な見解を示しており，That man はすでに言及されている人物を指していると述べている．

置に適した環境とはいえず，他の要因が絡んでこない限り，外置することはできない．

このように，本分析によれば (14)-(16) におけるような一見例外的と思われる言語事実を例外とみなすことなく説明できる．この点は特に注目に値する．というのは，ある分析が例外的な事例を例外とすることなく説明できるという事実は一般にその分析を支持する最も強い種類の証拠となるからである．

以上，本書が主張する制限節の二つの異なる統語構造と意味機能は外置現象によっても支持されることを示した．特に重要なのは，外置現象には先行詞の「大きさ」が大きく関わっているということである．先行詞が NP であるのか N′ であるのか，個体であるのか類であるのか，という要因が外置現象を説明する際にも不可欠となることを示した．また，この要因を使えば，例外的な事例までも例外とみなす必要がなくなることも忘れてはならない．

5.3. 先行詞の決定

5.3.1. 強名詞句の場合

前節での説明が正しければ，強名詞句（strong NP）を修飾する制限節は N′ を先行詞とする類先行詞制限節であることになる．これが正しいことをまず確認しておかなければならない．次例を見てみよう．

(1) ??Every man gathered. (Carlson (1977b: 82))

gather のような動詞は一般に複数形主語を要求するので (1) は許されない．しかし，この種の動詞が制限節の述部である場合には不思議なことに先行詞は every man でも許される．

(2) Every man that gathered in the street was interviewed.

(Carlson (1977c: 527, n. 5))

(通りに集まった男たちはみんなインタビューを受けた)

(2) の制限節の先行詞が NP (every man) であるとすれば，(1) と同様に容

認度が低くなるはずである．しかし，(2) は完全に文法的である．したがって，NP (every man) を先行詞と考えることはできない．一方，N′ (man) を先行詞としたらどうであろうか．N′ (man) は単数形ではあるが類を表す．類は一般に複数のメンバーからなる．したがって，gather の意味と矛盾しない．このように，強決定詞 (strong determiner) every で始まる名詞句を修飾する制限節は NP ではなく N′ を先行詞としていると考えられる．

ここで，大きな問題が生じる．本書ではここまで，名詞句が定的な場合には N′ である類が先行詞であり，不定の場合には NP である個体が先行詞であると基本的に考えてきた．そしていま，名詞句が強名詞句の場合には N′ である類が先行詞であることを示した．しかし，この分析では，名詞句が定・不定であるとか，strong であるとかに応じてその都度先行詞を指定しているにすぎない．これでは，先行詞の決定を単に規定 (stipulate) しているにすぎない．先行詞の「大きさ」を何か一般的な原則により自動的に決定できなければ関係節の妥当な分析とは言い難い．子供がいとも簡単に関係節構造を習得するということは，子供は先行詞を自動的に決定する仕組みを習得するということであり，その仕組みが何であるのかを解明しなければ関係節の理論は完成には近づかない．その仕組み・一般原則が何であるのかを次に考えてみよう．

5.3.2. 先行詞の自動的決定

この問題を解決するためには，名詞句を従来とは異なる視点から見直す必要がある．名詞句を従来の様に単に定対不定，strong 対 weak，といった概念によって区別していたのではこの問題を解くことはできない．

5.3.2.1. 単純名詞句の機能：分類機能的名詞句と非分類機能的名詞句

名詞句は一般に分類機能をもつものとそうでないものに大別することができる．ここでいう分類機能・非分類機能は次のように定義できる．ある名詞句が，それが問題としている集合を二つの下位集合に，そしてその二つの下位集合のみに，分類できるならば分類機能をもつといい，できないならば分類機能をもたないという．例えば，定名詞句と不定名詞句を考えてみよう．

the man という名詞句はそれが表す特定の唯一的な個体を抽出することにより，man が表す集合を二つの下位集合に分類することができる．すなわち，the man が指す特定の唯一的な個体からなる集合とそれ以外のすべてのメンバーからなる集合との二つである．したがって，the man は分類機能をもつ．一方，a man という名詞句の場合は事情が異なる．a man という言語表現は任意の個体を表す．ある集合から任意の個体を抽出することによっては，その集合を二つに，そして二つのみに，分割することはできない．したがって，a man には分類機能はない．

強名詞句と弱名詞句の場合はどうであろうか．every man という強名詞句は man の表す集合に属するすべてのメンバーを抽出することにより，その集合を二つの下位集合に分類することができる．すなわち，every man が抽出するすべてのメンバーからなる集合とその補集合であるゼロメンバーからなる空集合（empty set）との二つである．したがって，every man は分類機能をもつ．most men にも同様なことがいえる．most men は men の表す集合を most men が抽出するメンバーからなる集合とその補集合との二つに，そしてその二つのみに分割する．したがって，most men は分類機能をもつ．many men, some men, two men のような弱名詞句の場合は事情が異なる．弱名詞句は many, some, two といった数の任意の個体を表す．すでに述べたように，ある集合から任意の個体を抽出することによっては，その集合を二つに，そして二つのみに，分割することはできない．したがって，弱名詞句には分類機能はない．

このように，分類機能・非分類機能による名詞句の区別は，従来の定性による区別や strong 対 weak による区別とはその分類の仕方が明らかに異なることが分かる．また，守備範囲という点でも両者は決定的に異なる．分類機能・非分類機能による名詞句の区別はすべての名詞句を対象とすることができるが，定性による区別や strong 対 weak による区別は一部の名詞句にしか適用できない．例えば，定性による区別は every, all, each で始まる強名詞句を分類することはできない．というのは，これらの名詞句は定でも不定でもないからである．また，strong 対 weak による区別は人称代名詞や指示代名詞等の定名詞句を扱うことはできない．というのは，これら名詞句には強決

定詞は付いていないからである．しかし，分類機能・非分類機能による名詞句の区別ではこれらの名詞句をも扱うことができる．強名詞句についてはすでに述べたので人称代名詞や指示代名詞について考えてみよう．

そのためには，論理学での「論議領界」(universe of discourse) という概念を使う必要がある．論議領界とは，ある文脈（言語的，非言語的）において話題の（より厳密に言えば，判断や推論の）対象となるものすべてを指す（近藤洋逸・好並英司 (1979) 参照）．つまり，論議領界とは，ある文脈で話題の対象となり得るすべてのものからなる集合と考えられる．人称代名詞や指示代名詞はあるものを照応的 (anaphoric) にあるいは直示的 (deictic) に指すことにより論議領界の集合に属するある特定の個体を抽出する表現形である．論議領界の集合に属するある特定の個体を抽出するということは，その集合をその特定の個体が属する集合とその補集合との二つに下位分類するということである．したがって，人称代名詞や指示代名詞は分類機能をもつ．このように，分類機能・非分類機能による名詞句の区別は，従来の定性による区別や strong 対 weak による区別とはその分類の仕方だけでなく，その対象領域においても異なることが分かる．

ここでの名詞句の区別によれば，すべての名詞句はまず分類機能的名詞句と非分類機能的名詞句に大別される．そして分類機能的名詞句は，さらにその名詞句の主要部 N′ (N) が表す類・集合を分類するものと，論議領界の集合を分類するものとに分かれる．前者を名詞句内分類機能，後者を名詞句外分類機能とそれぞれ呼ぶことにする．

5.3.2.2. 単純名詞句の機能と制限節の機能

制限節は単純名詞句を修飾することにより複合名詞句を形成する．制限節自体の意味機能は，すでに示したように，一つしかない．その意味機能とは属性による限定修飾機能である．制限節が結果的に下位類形成機能となるのか属性叙述機能となるのかは先行詞となる単純名詞句の性質によって決まる．先行詞となる単純名詞句が名詞句内分類機能をもつ場合に，その単純名詞句のみでは意図する下位類が正しく抽出できない時には，その意図する下位類のみを抽出できるような情報をつけ加える．このような情報をつけ加え

る言語手段の一つが制限節である．この場合の制限節の役目は下位類形成のための付加的情報を提供することであるので，その先行詞は類，つまり N′，でなければならない．つまり，先行詞となる単純名詞句が名詞句内分類機能をもつ場合には，制限節は統語的には N′ を，意味的には類を，基本的には先行詞とすることになる．一方，先行詞となる単純名詞句が非分類機能的名詞句である場合には，その名詞句はそもそも分類機能を持たないのであるから，制限節による付加的情報は下位類形成のための情報では有り得ない．下位類形成のための情報でないということはその先行詞は N′ である類であってはならないということである．つまり，制限節は意味的には個体を，統語的には NP を，基本的には先行詞としなければならない．この場合の制限節の情報は先行詞名詞句の表す個体の，下位類形成とは無関係の，付加的情報を提供するにすぎない．

　先行詞となる単純名詞句が名詞句外分類機能をもつ場合はどうであろうか．名詞句外分類機能と名詞句内分類機能とでは同じ分類機能とはいってもその性質はかなり異なる．後者は名詞句内の主要部 N (N′) が表す類を下位分類するのに対し，前者は名詞句とは全く無関係な集合，すなわち，論議領界の集合，を下位分類する．この違いは制限節にとっては決定的である．というのは，制限節は基本的に名詞句が表す概念（または，その一部）を限定修飾する機能をもつのであるから，論議領界の集合を下位分類する機能とは整合しない．論議領界の集合を下位分類するための付加的な情報を提供することは制限節にはできない．したがって，単純名詞句が名詞句外分類機能をもつ場合には制限節をつけることは基本的にできない．故に，he, it, they のような人称代名詞や this, that, these, those のような指示代名詞の照応的用法や直示的用法には制限節は基本的にはつけられないという言語事実が帰結として出てくる．

　このように，名詞句を分類機能の有無という新たな視点から見直すことにより，ここまで規定（stipulation）にすぎなかった制限節の先行詞を自動的にかつ一般的に決定することができる．先行詞が決まれば制限節の意味機能も自動的に決まる．先行詞が類であるならば，制限節は下位類形成機能をもち先行詞の表す類を限定修飾することしかできず，主節とは独立の命題を表

すことはできない．先行詞が個体であるならば，制限節は属性叙述機能をもち先行詞である個体を限定修飾すると同時にそれ自体で主節とは独立の命題を表すことができる．これら二種類の制限節を第3章ではそれぞれ「制限的な制限節」，「非制限的な制限節」と呼んだ．ここでの分析によれば，先行詞は自動的かつ一般的に決まるのであるから，「制限的な制限節」と「非制限的な制限節」との間に見られるこれまでに指摘した種々の相違（then, in turn, however の分布，非制限節との生起順序，外置可能性等）はすべて（stipulation ではなく）自動的帰結として出てくることに注意しなければならない．次節以下では引き続き本分析を支持する証拠を検討することにする．

5.4. 名詞句の分類機能とその証拠

分類機能的名詞句と非分類機能的名詞句の区別を導入したところで，この区別を使って説明できる事実をまず見ておこう．その中には関係節とは直接関係のないものも含まれている．関係節とは直接関係しない事実にまでここで言及するのにはわけがある．仮に分類機能的名詞句と非分類機能的名詞句の区別が関係節とは全く関係のない現象を説明するのに必要であるということになれば，その区別は文法の記述にどの道必要な概念であることになる．関係節の分析はそのどの道必要となる概念を使っているのであるからその分だけ一般性の高い分析であることになるからである．逆にいえば，その分だけその場限りの分析ではないということになるからである．

5.4.1. 定名詞句の特定性と外置

5.2 節で外置現象について論じたがそこでは扱わなかった言語事実についてここで簡単に触れておこう．

定冠詞で始まる名詞句は特定的（specific）に解釈されるのが普通である．例えば，次例では boy を主要部とする名詞句は制限節で述べられた条件を満たす特定的な人物を表している．

(1) The dog bit the boy who kicked it.

(その犬は蹴った少年に噛みついた)

しかし，Guéron (1980) によれば，定冠詞で始まる名詞句には非特定的 (nonspecific) な用法もあるという.

(2) Any dog loves the person who feeds it. (Guéron (1980: 667))
(どんな犬でもエサをくれる人が好き)

ここでの問題の名詞句はある特定の人物を表しているのではなく，any によって束縛される変項の値に応じて変わる非特定的な人物を表している．その証拠に特定的な読みを強要する表現をつけ加えると非文となるという.

(3) a. *Any dog loves Bill, the person who feed it.
b. *Any dog loves the fellow you introduced me to who feeds it.
(Guéron (1980: 667))

特定的定名詞句は N (N′) の表す集合の中からある特定の (唯一的) 個体を抽出し，その集合を二つに，そして二つのみに分割できるので，本分析によれば，分類機能的名詞句であることになる．しかし，非特定的定名詞句は N (N′) の表す集合からある特定の個体を抽出することはできないので，その集合を二つに，そして二つのみに分割することはできず，非分類機能的名詞句であることになる．分類機能的名詞句に生起する制限節は類を先行詞とする類先行詞制限節である．分類機能をもたない名詞句に生起する制限節は個体を先行詞とする個体先行詞制限節である.

先行詞が個体である場合には類である場合よりも外置しやすいことはすでに述べた．したがって，本分析によれば，非特定的定名詞句からの外置は特定的定名詞句からの外置よりも容易であるはずである．そしてこの予測は言語事実と一致する．Grosu (1981) によれば，特定的定名詞句からの外置は許されないが，非特定的定名詞句からの外置は許されるという.

(4) a. The car that hit Mary was manufactured by General Motors.
(メアリーをひいた車はゼネラルモーターズ製だった)
b. *The car was manufactured by General Motors that hit Mary.

第 5 章　検証と分析の精密化

(Grosu (1981: 197))

(5) a. The car that I would refuse to drive has not been invented.
　　　（私が運転したくない車は発明されていない）
　　b. The car has not been invented that I would refuse to drive.

(Grosu (1981: 198))

(4) の問題の定名詞句は特定的と解釈されるのに対し，(5) の定名詞句は非特定的な読みしかできないことに注意されたい．

同様なことは定冠詞のみならず those で始まる定名詞句についてもいえる．次例を見てみよう．

(6)　Those people whom you want may come.　　(Guéron (1980: 668))

Guéron (1980) によれば，この文は多義的で，主語名詞句には特定的な読みと非特定的な読みがあるという．本分析が正しければ，この文に外置操作を加えると多義的ではなくなり非特定的な読みしかなくなるはずである．事実はそのとおりで，Guéron (1980) によれば，外置した次例には非特定的な解釈しかないという．

(7)　Those people may come who you want.　　(Guéron (1980: 668))

このように，分類機能の有無による単純名詞句の区別に基づく本書の分析によれば，定名詞句の特定性に関連する外置の事実についても正しく予測できることが分かる．

5.4.2. 強名詞句・弱名詞句からの外置

強名詞句からの外置は 5.2.2.1 節で触れたように不可能であるか容認度が低いとされている (cf. Reinhart (1987), Diesing (1992))．一方，弱名詞句からの外置は比較的容易である．most と many の対比で見てみよう．

(8) a. *Most men arrived who were from Bisbee.
　　b. Most men who were from Bisbee arrived.

(Diesing (1992: 75))

(9) a. Many books have been published recently which I've enjoyed reading.
（最近本がたくさん出版されたが，私はそれらを堪能して読んだ）

(Guéron and May (1984: 1))

b. A second point to note is that other evaluation measures are logically possible; in fact, many could be devised which would not have given us the same results in the test that we have just performed.　　　　　　　　　　(Baker 1978: 47 地の文)
（注意すべき第二の点は，論理的には他の評価尺度が可能であるということだ．実際，今しがた行ったテストで同じ結果とはならないような評価尺度をいくつも考案することができる）

　この事実も本分析によれば容易に説明できる．強名詞句は分類機能的名詞句であり，それを修飾する制限節はN′である類を先行詞とする制限節であるので統語的にも意味機能的にも外置しにくい．しかし，弱名詞句は非分類機能的名詞句であり，それを修飾する制限節はNPである個体を先行詞とする制限節であるので統語的にも意味機能的にも外置しやすい．このように分類機能の有無による単純名詞句の区別によれば，定・不定，特定的・非特定的，弱・強を問わず文字どおりすべての名詞句に関して外置可能性を正しく予測することが可能となる．

5.4.3. 形容詞・分詞の後位用法

　名詞を限定修飾する形容詞・分詞には，名詞を前から修飾する前位用法と後ろから修飾する後位用法とがある．Bolinger (1965, 1967) によれば，前位用法の形容詞・分詞は名詞の特徴的属性を示し，名詞が表す類の下位類を形成する機能をもつのに対し，後位用法の形容詞・分詞にはそのような機能はなく，それが表す属性により他のものとの対比やあるいは同一物の他の状態との対比を表すにすぎない．Bolinger (1965: 297) によれば，後位用法の形容詞・分詞は一時的な属性を表すものに限られるという．そして，これが後位用法の形容詞・分詞の唯一の本質的な特徴であるという．例えば，次例

第5章 検証と分析の精密化　　　　　　　　　　　　103

を見てみよう．

(10) a.　The only navigable river is to the north.
　　 b.　The only river navigable is to the north.

　　　　　　　　　　　　　　　　　　(Bolinger (1965: 297))

　　 c.　There are dozens of visible stars.
　　 d.　There are dozens of stars visible (although it is cloudy).

　　　　　　　　　　　　　　　　　　(Allan (1973: 384))

　(10a) の navigable river は常時航行可能な川を表していると解釈するのが普通である．つまり，川には一般に航行可能な川とそうでない川との二種類の下位類があるが (10a) の navigable river はこの意味での航行可能なタイプの川を意味している．(10b) は，例えば，航行可能な川がいくつかあるとすると，その中で現在航行可能な川を表している．つまり，(10b) の navigable には一時的な解釈しかなく下位類形成の機能はない．ただし，(10b) の場合でも navigable は限定修飾機能を果たしているので現在航行可能な川とそうでない川との対比が見られることはいうまでもない．(10c, d) についても同様である．

　このように，後位用法の形容詞・分詞は一時的な性質・属性を表すものに限られるのであるが，しかし，一時的な性質・属性を表していればいつでも後位用法が許されるかというとそうではない．Milsark (1974) によれば，単独形容詞・単独分詞による後位用法は定名詞句では許されるが，不定名詞句では不可能であるという．次例を見てみよう．

(11) a.　Bill talked to the man shot.
　　 b.　*Bill talked to a man shot.

　　　　　　　　　　　　　　　　(以上 Milsark (1974: 75))

　　 c.　*The reporter interviewed a man shot.
　　 d.　The reporter interviewed a man wounded by a gun.

　　　　　　　　　　　　　　　(以上 Milsark (1974: 87, n. 4))

　　　(拳銃で負傷した男にレポーターはインタビューした)

(12) a. The man shot just walked in.
b. *A man shot just walked in.

(安井・秋山・中村 (1976: 51))

(13) a. The only house vacant is that one.　　　(Bolinger (1965: 298))
(唯一の空き家はその家です)

b. *a house vacant　　　(Bolinger (1965: 285))

　ここでの問題の形容詞・分詞は一時的性質・属性を表していることに注意されたい．補部を伴う場合（例えば (11d)）とは異なり，単独形容詞・単独分詞による後位用法はなぜ定名詞句では許されるのに不定名詞句では許されないのであろうか．ここではこの問題を考えてみたい．

　この問いに答えるためには，名詞の限定修飾部の表す属性（property）を細分化する必要がある．属性には一般に二種類あると思われる．一つは制限節の命題函数 P(x) における P のような属性で，これは「P であるという属性」（property of being P）を表している．いま一つは，単独形容詞・単独分詞が表す属性で P そのもの，つまり，「P という属性」（property of P）そのものを表す場合である．これら二つの属性を以下それぞれ命題函数的属性，単純属性と呼ぶことにする．前者を命題函数的属性と呼ぶのは，P(x) の x に適切な個体定項を代入すると命題が得られるような属性であるからである．命題函数的属性は類のみならず個体をも限定修飾できる．このことは，すでに示した制限節の分析から，その分析が仮に正しいとすればの話であるが，明らかであろう．しかし，単純属性の場合は個体を限定修飾することはできず，類しか限定修飾することはできない．このことは前位用法の形容詞を考えてみればよくわかる．前位用法の形容詞は N (N′) を限定修飾することはできるが NP 全体を限定修飾することはできない．前位用法の形容詞が限定修飾できるのは類であって個体ではない．前位用法の形容詞が個体を修飾することは可能であるが，しかし，その場合は限定修飾ではなく非限定修飾に限られる．例えば，次例では hungry, rich はそれぞれ the workers, their employers を修飾することは可能であるが，しかし，その場合は限定修飾の解釈ではなく非限定修飾の解釈しか有り得ない．

（14） The *hungry* workers attacked the houses of their *rich* employers.

(Leech and Svartvik (1975: 62))

その証拠に，この解釈を関係節で書き換えると非制限節を使わなければならない．

（15） The workers, who are hungry, attacked the houses of their employers, who are rich.

このように，単純属性の場合は個体を限定修飾することはできず，類しか限定修飾できないことが分かる．

　この属性における区別と分類機能の有無による単純名詞句の区別とを掛け合わせると問題の現象が帰結として出てくる．すでに述べたように，単純名詞句は分類機能的名詞句と非分類機能的名詞句とに分かれる．分類機能的名詞句はさらに名詞句内分類機能と名詞句外分類機能とに分かれる．名詞句内分類機能をもつ単純名詞句は N (N′) の表す類を下位分類する名詞句である．すでに述べたように，分類機能的名詞句を修飾する限定修飾句は一般に個体ではなく類をその修飾対象としなければならない．一方，非分類機能的名詞句を修飾する限定修飾句は一般に類を修飾対象とすることはできず個体を修飾対象とせねばならない．

　定名詞句は通例分類機能的名詞句であるので，それを修飾する限定修飾句は類を修飾対象とせねばならない．単独形容詞・分詞はすでに述べたように単純属性であるので限定的用法の場合は類を被修飾部とする．したがって，単独形容詞・分詞は定名詞句を限定修飾することができる．しかし，不定名詞句の場合は事情が異なる．不定名詞句は総称的用法を除き通常非分類機能的名詞句であるので，それを修飾する限定修飾句は個体を被修飾部とせねばならない．しかし，限定的単独形容詞・分詞は類を修飾することはできるが個体を修飾することはできない．したがって，限定的単独形容詞・分詞は不定名詞句を修飾することはできない．

　ここでの分析が正しければ，名詞句が総称的 NP の場合，つまり，類を表す場合には不定であっても単独形容詞・分詞による後位修飾が可能であるこ

とを予測する．そして，実際この予測は正しい．Bolinger (1965) は主語が総称名詞句であるような総称文では単独形容詞・分詞による後位修飾が可能であることを指摘している．

(16) a. A joke misunderstood can cause plenty of trouble.
(冗談は誤解されるとよくトラブルの原因となる)

b. From the standpoint of combat efficiency, a soldier wounded may be worse than the same soldier dead.
(戦闘効率の視点からすると，負傷兵は死亡兵より効率が悪いかもしれない)

c. People unconscious are unable to hear.

d. Roast beef rare is a dish fit for a king.
(生焼けのローストビーフは王様向きの料理だ)

e. Lions are always fearsome beasts but a lion hungry is the terror of the jungle.
(ライオンはいつでも恐ろしい動物であるが，空腹のライオンはジャングルの脅威である)

f. A man unhappy is a social risk.

g. A man unhappy is seldom in control of his emotions.
(人は不幸であると感情をコントロールしにくい)

(Bolinger (1965))

上例の不定名詞句はすべて総称的にしか解釈できないことに注意されたい．これら名詞句を，例えば a man unhappy を，特定的解釈が強要される文脈にいれると非文となることはいうまでもない．

(17) *A man unhappy fell down and broke his leg. (Bolinger (1965: 296))

ここでの分析はさらに次のような普遍数量詞で始まる名詞句によっても支持される．

(18) a. The officers explained their position and all members antagonistic

were asked to withdraw.
(将校たちは自分らの立場を説明し，反対の隊員は全員撤退するよう求めた)
b. All persons loyal will be given jobs.
c. Any part defective will be replaced if returned within thirty days.
(30日以内に送り返せばどんな欠陥部も交換される)

(Bolinger (1965: 298))

普遍数量詞で始まる名詞句は，本分析によれば名詞句内分類機能をもつので，それを修飾する限定修飾句は類を被修飾部とせねばならない．限定的用法の単独形容詞・分詞はすでに述べたように類を先行詞とする．したがって，単独形容詞・分詞は普遍数量詞で始まる名詞句を限定修飾することができる．

形容詞・分詞が補部 (complement) を伴う場合にはよく知られているように，名詞句が定のみならず不定であっても許される．

(19) a. The boys easiest to teach were in my class.
b. They have a house larger than yours.
c. I know an actor suitable for the part.
(その役柄にうってつけの俳優を知っている)

(Quirk et al. (1985: 420))

これは形容詞・分詞が補部を伴う場合には単純属性から命題函数的属性に変わるためと考えられる．命題函数的属性は制限節がそうであるように類のみならず個体をも修飾可能である．したがって，補部を伴う場合には不定であっても許される．生成文法では過去に，補部を伴う場合には関係節縮約による派生がよく提案されてきたが，本分析から見れば，そのような派生法には「属性」という視点から見て一理あったということになる．

形容詞・分詞が前位修飾語 (premodifier) によって修飾されている場合には，その修飾語の種類によって許される場合とそうでない場合がある．Quirk et al. (1985) によれば，前位修飾語が very, much, rather のような強意詞 (intensifier) の場合は許されず，always, normally, usually のような節的

要素（clause element）であれば可能であるという．

    (20) a. *A man very timid is unfit for this task.
         b. A man always timid is unfit for this task.
          （いつもおずおずしている人にはこの仕事は向かない）

(Quirk et al. (1985: 1295))

　本分析ではこの違いも説明することができる．形容詞に always, normally, usually のような節的要素をつけ加えるということは，単純属性を命題函数的属性に変えるということである．しかし，節的要素でない very のような強意詞をつけ加えても命題函数的属性にすることはできない．したがって，強意詞 very のついた (20a) は許されないが，節的要素 always のついた (20b) は許されることになる．

　なお，ここで問題としている事実についてはこことは異なる説明が従来なされている．形容詞 timid は永続的属性を表すので普通後位用法には用いられないが，(20b) では always の存在により一時的属性を問題としていることが明示されているので許されるとする．この説明は基本的に正しいと思われるが，しかし，この説明では (20b) に関しては説明できるが，(20b) と (11b), (11c), (12b), (13b) との文法性の相違を説明することはできない．というのは，どちらも一時的性質を表している点では変わりはないからである．両者の相違を説明するためには，一時的性質か否かだけでなく，単純属性か命題函数的属性かという属性上の相違も問題としなければならない．

　以上，本節では形容詞・分詞の後位用法に関する事実が二つの概念により説明できることを示した．一つは「属性」という概念であり，いま一つは単純名詞句の「分類機能」という概念である．形容詞・分詞の後位用法は制限節構造とは，一部関連はあるものの，基本的には全く異なる構造と考えてよい．その制限節とは異なる構造の説明に単純名詞句の「分類機能」という概念が決定的な役割を果たしていることが示されたのである．つまり，単純名詞句の「分類機能」という概念は文法の記述にどの道必要となる概念であることが判明したのである．したがって，その概念を用いた制限節の分析はその分だけ一般性の高い分析であることになり，その場限りの分析ではないこ

とになる.

5.4.4. 分類機能のその他の証拠

名詞句の「分類機能」という概念が必要となる統語現象はこれだけではない. 以下, この概念が必要となる現象のいくつかについて簡単に触れておく.

5.4.4.1. 永続的述語の主語

Postal (1971) や Lasnik and Fiengo (1974), あるいは Milsark (1974, 1977) などは, 永続的属性を表す述語 (Carlson (1977a, 1977b) の用語でいえば, 個体レベル述語) の主語には「定的名詞句」や「strong NP」しか許されないことを指摘している.

(21) a. *A car which I gave Bill is difficult for him to drive slowly.
　　 b. The car which I gave Bill is difficult for him to drive slowly.
　　　　（ビルにあげた車をゆっくり運転するのは彼には困難だ）

(Postal (1971: 29))

(22) a. *A man/*Someone would be easy to kill with a gun like that.
　　 b. John would be easy to kill with a gun like that.
　　　　（ジョンをそのような銃で殺すのは容易だろう）

(Lasnik and Fiengo (1974: 544-545))

(23) a. *Sm people were tall.
　　 b. The people were tall.
　　 c. *A man was intelligent.
　　 d. Everyone was intelligent.

(Milsark (1977: 15))

しかし, これでは問題の言語事実を正しく捉えているとはいえない. というのは, この述べ方では, 接続詞によって「定的名詞句」と「strong NP」を等位接続しており, 全体として並列的な陳述となっているからである. 並列的な陳述をせざるをえないということは, 本質を捉えきれていないということである. この辺の事情を理解するために, Milsark (1977) について少し考

えてみてもよい.

　Milsark (1977) は NP の決定詞を「基数的」(cardinality) なものと,「限量記号的」(quantificational) なものに区分し, 永続的述語の主語には「限量記号的」NP しか表れないとした. Milsark のいう基数的決定詞とは N の表す集合に属するメンバーの絶対数量を表すものであり, 限量記号的決定詞とは N の表す集合の相対比率を表すものである. しかし, これでは問題の事実を正しく捉えることはできない. というのは, 代名詞, 指示詞, 等は永続的述語の主語となれるが, Milsark の定義に従えば, これらは明らかに限量記号的 NP では有り得ないからである. したがって, Milsark (1977) に従えば, 実は strong NP というだけではすまず, これら定的な名詞句も並列せざるをえなくなるのである.

　このように, 従来の分析では, 定名詞句と strong NP を並列せざるをえなかったのであるが, 並列しないですむような分析があるならばそれに越したことはない. ここでの分析によれば, 分類機能的名詞句と一言いえばすむ. 分類機能的名詞句には, 定名詞句と strong NP の両方が含まれていることを思い出していただきたい.

　また, 分類機能的名詞句を使った分析では, 総称的不定名詞句についても正しく予測できることに注意しなければならない. 総称的不定名詞句は定的 NP でもなく, また,「限量記号的」NP でもないが, 分類機能的名詞句である. というのは, 総称的不定名詞句は, 主要部 N の表す集合を総称的 NP が表すメンバーからなる集合とそれ以外のすべてのメンバーからなる集合 (この場合は, ゼロ集合) との二つに, そして, その二つのみに分割するからである. したがって, 総称的不定名詞句は永続的述部の主語となり得るはずであるが, 事実はそうなっていると思われる. Postal (1971) によれば, 不定名詞句は通常 tough 構文の主語とはなれないが, 総称的な解釈の場合には不定名詞句であっても tough 構文の主語になれるという.

(24) a. Cars are tough to park in Manhattan.
　　　　(マンハッタンで駐車するのは難しい)

　　b. A fox is very easy to lure into a box.

第 5 章　検証と分析の精密化　　　　　　　　　　111

　　（狐を箱の中におびき寄せるのはいとも簡単だ）

(Postal (1971: 29))

　　c.　Beavers are hard to kill.
　　d.　A beaver is hard to kill.

(Lasnik and Fiengo (1974: 546))

このように，分類機能的名詞句という概念を使った分析のほうが従来の分析よりも一般性のより高い分析であることが分かる．永続的述語の主語を指定する際にも，分類機能的名詞句という概念が必要となることが分かる．

　なお，分類機能的名詞句という概念を使った分析もこのままでは規定（stipulation）にすぎない．というのは，なぜ分類機能的名詞句が，そして，それのみが，永続的述語の主語となり得るのかという問題が残るからである．しかし，実は，これも規定する必要はないのである．しかし，ここでは，永続的述語の主語を指定する際に，分類機能的名詞句という概念を使ったほうがより一般的に指定できるということさえ示せればそれでよいので，これ以上この問題に立ち入ることはしない．この問題の解決法ついてはすでに河野（1998）で詳細に論じているのでそちらを参照されたい．[9]

5.4.4.2.　as/though Preposing の主語

　次に，as/though Preposing の主語について考えてみよう．この構文の主語は通例定名詞句に限られるとされている（cf. Postal (1970)）.

　(25)　a.　Big as the boy was, he couldn't lift it.
　　　　　（少年は大きかったがそれを持ち上げるのは困難であった）
　　　　b.　Big as Harry was, he couldn't lift it.
　　　　c.　Big as that gorilla was, he couldn't lift it.
　　　　d.　*Big as some giant was, he couldn't lift it.

---

[9] 河野（1998）では，永続的述語の主語には同定可能な名詞句しか生起できないとし，同定可能性を問題としたが，名詞句の「分類機能」と「同定可能性」は実は同じ実態の異なる側面を分析したものにすぎない．つまり，「分類機能的名詞句」と「同定可能な名詞句」は異なる概念であるが，しかし，それらが表す外延（extension）は同じということである．

　　　　e. *Big as a dog was, he couldn't lift it.

　　　　　　　　　　　　　　　　　　　　　　　　(Postal (1970: 58))

しかし，strong NP も生起可能である (cf. Lyons (1999))．

　　(26) a.　Strong as every contestant is, they'll never shift it.

　　　　　　　　　　　　　　　　　　　　　　　　(Lyons (1999: 17))

　　　　　　（競技者たちは皆強健であるが，それは動かせないだろう）

　　　　b.　Strong as most contestants are, they can't shift it.

　　　　　　　　　　　　　　　　　　　　　　　　(Lyons 1999: 32))

また，不定名詞句であっても総称的 NP であれば生起可能であると Postal (1970: 77, n. 9) はいう．同様な指摘は Lyons (1999) にもみられる．

　　(27)　Strong as gorillas are, they can't outwrestle Superman.

　　　　　　　　　　　　　　　　　　　　　　　　(Postal (1970: 77, n. 9))

　　　　　（ゴリラは強いがスーパーマンには勝てない）

　　(28)　Big as a bus is, it can easily pass through this gap.

　　　　　　　　　　　　　　　　　　　　　　　　(Lyons (1999: 17))

　　　　　（バスは大きいがこの山道は容易に通行可能だ）

このように，as/though Preposing の主語を指定する場合にも，本書の主張する分類機能的名詞句という概念が必要となることが分かる．

5.4.4.3.　遊離数量詞の先行詞

　さらに，遊離数量詞も定名詞句からは許されるが，不定名詞句からは許されないとされている (cf. Dowty and Brodie (1984)，中村 (1996)，神尾・高見 (1998)，三原 (1998))．

　　(29) a.　*Children all enjoyed the movie.
　　　　b.　The children all enjoyed the movie.
　　　　c.　*Students will each make a speech.
　　　　d.　My Students will each make a speech.

e. *Twins have both visited Atlanta.
　　　f. George's twins have both visited Atlanta.
(神尾・高見 (1998: 173))

しかし，不定名詞句であっても総称的に解釈される場合には遊離数量詞は可能である (cf. 神尾・高見 (1998), 三原 (1998)).

(30) a. Americans are all great admirers of John F. Kennedy.
　　　　(アメリカ人は皆ジョン・F・ケネディの熱狂的な崇拝者だ)
　　　b. Languages are all used as a means of communication.
　　　　(言語はどれも意思伝達の手段として用いられる)
(神尾・高見 (1998: 175))

遊離数量詞の先行詞を指定する際にも，分類機能的名詞句という概念が必要であることになる．

5.4.4.4.　there 構文の「主語」

　there 構文の「主語」はリスト読みの場合を除き，通例不定名詞句でなければならないことはよく知られている．しかし，不定名詞句であっても，総称的な解釈の場合には，there 構文の「主語」となることはできない．

(31) a. There are unicorns in every wood.
　　　b. There are koala bears in Australia.
(Milsark (1977: 7-8))

上例では，総称的な解釈は許されず存在的な解釈しかないといわれている．there 構文では非分類機能的名詞句しか許されないということである．
　以上，本書で主張する「分類機能的名詞句」と「非分類機能的名詞句」という概念が，関係節の分析とは独立に文法の記述にどの道必要となる概念であることを示した．次節以下では関係節に話を戻して，本書の分析を支持する証拠をさらにみていくことにする．

5.5. スタイル離接

5.5.1. frankly

　frankly, honestly のようなスタイル離接（style disjunct）は一般に制限節には生起できないとされているが，Fairclough（1973）は制限節であっても先行詞が不定であるならばスタイル離接は生起可能であると主張し，次例は完全に容認可能であるという．

(1) a. The French have a habit that frankly rather offends Anglo-Saxon sensibilities.
（フランス人には，率直に言って英国人の感情をやや害するような習慣がある）

b. A book that frankly much oversimplifies the Cultural Revolution has recently been acclaimed by the Press.
（率直に言って文化大革命をあまりにも単純化しすぎている本が，最近報道界から賞賛をあびている）

(Fairclough (1973: 528))

同様に次例では先行詞が不定である (a) のほうが定的な (b) よりもはるかに容認度が高いという．

(2) a. John's bought a painting that frankly I find rather ugly.
（ジョンは絵を購入したが，その絵は率直に言ってかなり見苦しい）

b. John's bought the painting that frankly I find rather ugly.

(Fairclough (1973: 528))

(3) a. That waiter served me a steak that honestly made me sick.
（ウエーターがステーキを出してくれたが，正直に言うとそのステーキで気分が悪くなってしまった）

b. That waiter served me the steak that honestly made me sick.

(Fairclough (1973: 528))

第 5 章　検証と分析の精密化　　　　　　　　　　　　　　　115

　筆者の調査結果でも，Fairclough（1973）が主張するように，先行詞が定的な場合よりも不定の場合のほうがスタイル離接は生起しやすい．次例は不定先行詞の実例である．

(4) a. These are trends that, frankly, delight the supermarkets and the food manufacturers, ...　　　　　　　　　(*The Times* <<961228>>)
　　　（これらは率直に言って，スーパーや食品製造業者を喜ばせる傾向です）

b. ..., and these are complex issues that frankly a 30-second spot can't address.　　　　　　　　　(*Los Angeles Times* <<941023>>)
　　（これらは率直に申し上げて，30秒番組では取り組むことのできない複雑な問題です）

c. This was due more to my unease in a situation for which, frankly, I was unprepared.　　　　　　　　　(*The Sunday Times* <<941120>>)
　　（これは，率直に言って不意をつかれた状況で私が精神的安定を失ってしまったためであった）

d. The idea that we should change the whole sheep industry as a precaution against a risk which frankly does not exist is ridiculous.　　　　　　　　　(*The Guardian* <<971211>>)
　　（率直に言ってありもしないリスクに対する予防手段として，牧羊業界全体を変革すべきであるという考え方は，ばかげている）

(4a, b) では関係詞として that が用いられており，関係節は制限節と考えてまず間違いないと思われる．(4c, d) の例も解釈上制限節と考えて差し支えないものである．

　このように，frankly のようなスタイル離接は，Fairclough（1973）が主張するように，先行詞が定的な場合よりも不定である場合のほうが生起しやすいと考えてよいであろう．

　Fairclough（1973）によれば，定名詞句の場合に容認度が低いのは定名詞句を先行詞とする制限節は前提を表すのに対し，frankly は情報を断定するときに用いられるからであるという．一方，不定名詞句が先行詞の場合にはこのような不都合はないという．この Fairclough（1973）の説明は基本的に

は正しいと思われるが，しかしこれでは十分な説明とはなっていないことに注意しなければならない．というのは，制限節は先行詞が定の場合は前提を，不定の場合は断定を表すのはなぜかという問いには答えていないからである．逆の事態が生じ得ないのはなぜか．この問いに答えなければ十分な説明とはならない．本分析ではこの問いに答えることができた（4.5.3節参照）．したがって，本分析はFairclough（1973）よりもより深い説明を与えたことになる．

ここでの分析が正しければ，先行詞が定であってもそれ自体ですでに同定可能な個体を表していれば，制限節内にfranklyが生起できることを予測する．そして，この予測は実際に正しい．次例を見てみよう．

(5) The researcher was relying on National Park Service databases that frankly stank. (*Los Angeles Times* <<941013>>)
(研究者は，率直に言ってひどくお粗末な国立公園局のデータベースをあてにしていた)

この例では先行詞の主要部が固有名詞によって修飾されているので，先行詞名詞句のみですでに同定可能な個体を表していると考えてよい．すでにそれだけで同定可能な個体を表す名詞句を修飾する制限節は類先行詞制限節ではなく個体先行詞制限節であり，断定を表すことができるので，そこにfranklyが生じるのは本分析によれば極めて自然であることになる．

したがって，定先行詞と不定先行詞との間に見られるfranklyの分布の相違はおおむね本分析を支持するものと考えてよいであろう．

5.5.2. 一見の例外

このように，スタイル離接は一般に不定先行詞制限節には生起しやすく定先行詞制限節には生起しにくい．しかし，Fairclough（1973: 529, n. 1）によればこれには二種類の例外があるという．第一に，先行詞が不定の場合でも，条件節に書き換え可能な，非特定的な先行詞をもつ制限節の場合はスタイル離接は生起できない．

(6) a.　A woman who marries young is unlikely to be happy.

(Fairclough (1973: 529, n. 1))

（早婚の女性は幸福になれそうもない）

　　b. *A woman who frankly marries young is unlikely to be happy.

第二に，先行詞が定名詞句であっても，同定構文（equative construction）であればスタイル離接は生起可能である．

(7)　The student who frankly always surprises me is Smith.

(Fairclough (1973: 529, n. 1))

（率直に言っていつも私を驚かせている学生はスミスだ）

　これら二つの例外について少し考えてみよう．(6)の先行詞名詞句（a woman）は，すでに述べたように（4.4節参照），総称的名詞句である．総称的名詞句は一般に類を表す．したがって，制限節は総称的名詞句が表す類を先行詞とする類先行詞制限節であることになる．類先行詞制限節は一般に断定を表すことはできない．故に，情報を断定するときに用いられる frankly は生起できない．本分析では，(Fairclough (1973))とは異なり，(6)を例外として扱う必要はないという点に特に注目しなければならない．

　(7)の場合はどうであろうか．一見するとこの例は本分析の反例であるかのように思われるかもしれない．というのは，先行詞が定名詞句であるので本分析によれば制限節は類先行詞制限節であることになり，断定を表すことはできないからである．しかし，よく考えればこれは反例とはならない．同定構文の特殊性によって，制限節が断定情報を表すことが説明できるからである．

　ここで次の同定文の論理形式を考えてみよう．

(8)　The student who surprises me is Smith.

同定構文は一般に「A = B」という意味を表す．この場合 A にあたるのは The student で始まる主語名詞句であり，B にあたるのが Smith である．主語名詞句を伝統的な述語論理学で用いられているアイオータ演算子を使って

表示することにすると，(8) の論理形式は概略次のようになる[10]．

(9)　$\iota(x)(\text{STUDENT}(x)\ \&\ \text{SURPRISE}(x, \text{ME})) = \text{SMITH}$

等号の左辺では (STUDENT (x) & SURPRISE (x, ME)) という命題函数を満たす特定の唯一的な値が存在するということを述べている．等号の右辺ではその値とは個体定項 Smith であるということを述べている．このように，(8) のような同定構文は一般に命題函数の変項のとりえる値を指定する構文であるといえる．変項の値を指定するということは，その値を命題函数の変項に代入することができるということであり，代入により真なる命題が得られるということである．命題は一般に断定を表す．したがって，(7) の制限節には情報を断定するときに用いられる frankly が生起可能となる．

このように，(7) のような例は同定構文のもつ論理形式上の一般的特徴により説明できるのであるから本分析の反例とはならない．反例どころか本分析にとっては (7) のような例は大変都合のよい例であることになる．というのは，ここでの同定構文に関する説明が基本的に正しければ，第4章で示した制限節の分析が間接的に支持されるからである．制限節の説明の際に用いた仕組みと全く同じ仕組み，すなわち，命題函数における代入操作，が文法の記述にどの道必要であることが同定構文によって示されたからである．制限節における代入操作は本分析にとって大変重要であった．制限節分析においてその重要な役割を果たした代入操作が，実は制限節だけではなく他の構文の説明にもどの道必要な道具立てであるということが判明したのである．その意味で第4章で示した制限節の分析はその場限りの分析ではないことになる．

5.5.3.　incidentally

次に，frankly 以外の離接詞として incidentally の実例を見ておこう．

(10)　a.　One of the oldest pieces of sporting mythology that, incidentally,

---

[10] アイオータ演算子については Reichenbach (1947) を参照されたい．また，同定構文については関 (2001) を参照されたい．

第 5 章　検証と分析の精密化　　　　　　　　　　119

　　　　is perfectly true, is the story of the racehorse-owning Colonel
　　　　Dennis O'Kelly's pre-race prediction: "It will be Eclipse first,
　　　　the rest nowhere." And so it proved.　　（*The Times* <<970416>>）
　　　　（昔からあるスポーツ神話の一つに，ちなみにこれは全く本当の話で
　　　　あるが，馬主のコロネル・デニス・オケリーのレース事前予想の話が
　　　　ある：「エクリプスが他馬をぶっちぎって優勝するさ」そして，結果
　　　　はそのとおりとなった）

　　b.　I should mention too, at this point, a favourite theory of mine
　　　　and one which, incidentally, I have not seen much mentioned
　　　　elsewhere: ...　　　　　　　　　（*The Guardian* <<970623>>）
　　　　（私の好きな理論でついでにいうと他ではあまり言及されていない理
　　　　論についてもこの時点で触れておいたほうがよかろう）

(10a) では関係詞として that が用いられていることから関係節は明らかに制
限節であると考えられる．(10b) の関係節も文脈上制限節と解釈して差し支
えないものである．ここで注目すべきはこれら制限節の先行詞がいずれも不
定名詞句であるということである．本分析によれば不定名詞句を先行詞と
する制限節は個体先行詞制限節であり，断定を表し得る．したがって，
incidentally の生起と矛盾しない．
　次に，定名詞句を先行詞とする実例があるので見ておこう．

(11)　He was terrific against the Russians who, incidentally, also had a
　　　player I tried to sign—the forward, Salenko—but wasn't allowed to
　　　because he didn't have enough international caps.
　　　　　　　　　　　　　　　　　　　　（*The Observer* <<940626>>）
　　　（彼はロシアチームにはひどく敵意をもっていた．ちなみに，ロシアチー
　　　ムには，私が契約しようとしていたフォワードのサレンコ選手もいたが，
　　　国際戦の経歴が十分ではなく契約までには至らなかった）

これはサッカーのワールドカップに関連する記事にでてきた一文で，先行詞
である the Russians はワールドカップに出場したロシアチーム，あるいはロ

シアチームの選手達,を指しており,この名詞句だけですでに同定可能な個体を表していると考えてよかろう.したがって,それを修飾する制限節は本分析によれば個体先行詞制限節であることになり,断定を表し得るのでincidentally の生起と矛盾しない.

　以上,スタイル離接の分布は本分析を二重の意味で支持することを示した.一つは,スタイル離接は (6), (7) の「例外」をも含めておおむね本分析の予測どおりの制限節に生起するということである.しかも重要なのは,本分析によれば「例外」を例外として扱う必要はないということである.いま一つは,定先行詞をもつ制限節でも同定構文においてはスタイル離接の生起を許すという驚くべき事実が,制限節の分析に用いた仕組みと同じ仕組みによって説明できるということである.制限節の仕組みと全く同じ仕組みが同定構文においても必要であるということは,その仕組みは文法の記述にどの道必要であるということであり,その意味で本書の制限節の分析はその場限りの分析ではないことが示されたことになる.

5.6. 遂行動詞の遂行的用法

5.6.1. 一般的な遂行動詞

　Thorne (1972) によれば,遂行動詞の遂行的用法は非制限節では許されるが,制限節では許されないという.

(1) a.　The girl I tell you he liked left the room blushing.
　　b.　No girl who I tell you he liked ever gets chosen.
　　c.　The book I promise to return is on the table.
　　d.　Every book which I promise to return is on the table.

(Thorne (1972: 554))

上例の tell, promise を遂行的用法と解釈した場合には,これらはすべて非文となるという.しかし, Fairclough (1973: 529) によれば,制限節であっても,不定冠詞で始まる先行詞の場合には定冠詞で始まる先行詞の場合とは異なり,遂行動詞の遂行的用法が許されるという.

(2) a. I will propose a motion that I *promise* I will withdraw before it comes to a vote.
（動議を提出しますが，投票前に撤回することを約束します）

b. I will propose the motion that I *promise* I will withdraw before it comes to a vote.
（投票前に撤回すると常々約束している動議を提出します）

(3) a. I shall give you a piece of advice that I *beg* you not to ignore.
（アドバイスをするので，どうか無視しないでください）

b. I shall give you the piece of advice that I *beg* you not to ignore.
（無視しないでといつもお願いしているアドバイスをします）

promise, beg は (2a), (3a) では遂行的用法として機能しているのに対し (2b), (3b) ではそうではなく，'I'm always promising/begging' といった習慣的意味（habitual sense）しかないという．

従来の定性による前提対断定の区別ではこれらの例をすべて説明することはできない．というのは，(1d) におけるような強名詞句は定でも不定でもないからである．名詞句を従来のように定対不定，強対弱によって区別する分析ではこれらをすべて説明することはできない．

分類機能の有無という新たな視点から名詞句を区別する本書の分析によれば，(1d) におけるような強名詞句の場合も含めて統一的に説明することが可能となる．定冠詞や強決定詞で始まる名詞句はその主要部 N (N') が表す類を下位分類する機能をもつが，不定冠詞や弱決定詞で始まる名詞句はそのような機能をもたない．分類機能的名詞句を修飾する制限節は，すでに述べたように，類先行詞制限節であり，主節とは独立の命題を表すことはなく，断定を表すことはできない．したがって，遂行動詞の遂行的用法とは整合しない．一方，非分類機能的名詞句を修飾する制限節は，個体先行詞制限節であり，主節とは独立の命題を表すことが可能で，断定を表し得る．したがって，遂行動詞の遂行的用法と矛盾しない．このように，類先行詞制限節と個体先行詞制限節を区別する本書の分析は遂行動詞の振る舞いによっても支持されることになる．したがって，類先行詞制限節と個体先行詞制限節の自動

的区別をそもそも可能にする，分類機能の有無による単純名詞句の区別自体も支持されることになる．

5.6.2. 一見の例外

前節で見たように，定名詞句を先行詞とする制限節は一般に遂行動詞の遂行的用法を許さないが，しかし，Fairclough (1973: 529, n. 1) によれば，先行詞が定名詞句であっても文全体が同定構文であるならば遂行動詞の遂行的用法が許されるという．そしてこれは同定構文における一般的な特徴であるという．

(4) The person I advise you to talk to is Smith.

同定構文の定先行詞制限節が遂行動詞の遂行的用法を許すのは，frankly のようなスタイル離接を許すのと全く同じ理由による．同定構文は，その論理表示における変項の値がある特定の個体にあらかじめ定められている（より厳密に言えば，ある特定の個体に定める）ところにその特殊性がある．同定構文では，論理形式における命題函数の変項のとり得る値が同定された値（上例では個体定項の Smith）と定められているのであるから，その値を変項に代入することができ，代入によって得られた命題は陳述を表す．陳述は一般に遂行動詞の遂行的用法を許す．したがって，同定構文では先行詞が定名詞句であっても遂行動詞の遂行的用法が許される．しかし，同定構文以外の環境に生じた定先行詞制限節の場合（例えば (2b), (3b)）には，制限節自体としても先行詞は類であって個体ではないので代入はできないし，また同定構文ではないので同定構文特有の代入も許されず，主節とは独立の命題を表すことはできない．遂行動詞の遂行的用法とは依然として相容れないことになる．

上記のような説明が仮に正しいとすると，frankly, incidentally のようなスタイル離接と遂行的用法の遂行動詞の統語的な分布の決定に意味表示・論理形式が決定的な役割を果たしていることになり，統語論の自律 (autonomy of syntax) という視点からも極めて興味深い現象であることになる．つまり，ここでの議論は，統語論の自律という生成文法理論における最も基本的な仮説を否定する証拠となりえる資料を提供することになり，理論上極めて重要

な意義をもつことになる．

　また，ここでいう論理形式とは Chomsky のいうような論理形式（以下LF）とはかなり性質が異なることに注意しなければならない．LF は S 構造に数量詞繰り上げ（Quantifier Raising）や wh 移動等の操作が適用されて派生される構造であり，これらの操作を捨象すれば S 構造と何ら変わりはない．ここで問題としている論理形式はこの種の LF ではなくむしろ伝統的な述語論理学での論理形式に近い．したがって，ここでの説明が基本的に正しいとすると，従来提唱されてきたような LF とは別に伝統的な述語論理学で用いられてきたような論理形式も言語学的な論理表示の一部として必要となるということかもしれない．少なくともその可能性を真剣に検討する必要はあるであろう（この点については河野 (1998) も参照されたい）．

　また，命題函数における変項の代入操作という伝統的な述語論理学での概念が統語論の（この点について言えば文法の）記述に必要であるということがこれまでの生成文法研究において論じられたことは少なくとも筆者の知る限り皆無に近い（唯一の例外は擬似分裂文構文を扱った Heycock and Kroch (1999) である）．したがって，本書の分析が仮に正しいとすると，この点においても伝統的な述語論理学は言語学研究に貢献し得ることになり，自然言語の研究に述語論理学的な概念がさらに必要であることになる．

5.6.3. daresay の場合

　Ayres (1974) によれば，動詞 daresay は現在時制でなければならず，進行形にならず，主語は一人称に限られ，法助動詞はとれず，動詞の補文や条件節に生じることはできない．これらの特徴は遂行動詞の遂行的用法の特徴であるが，daresay は遂行的用法以外には用いられない点で他の通常の遂行動詞とは異なるという．

(5) a. *It seems that I daresay he'll go.
　　b. *I tell you that I daresay he'll go.
　　c. *If I daresay he'll go, ...

(Ayres (1974: 454))

Ayres (1974) によると,存在数量詞 (existential quantifier) で始まる先行詞をもつ制限節は,不定冠詞で始まる先行詞をもつ制限節と同様に,遂行動詞 daresay を許すが,普遍数量詞 (universal quantifier) で始まる先行詞を修飾する制限節は,定冠詞で始まる先行詞を修飾する制限節と同様に,daresay を許さないという.

(6) a. Jones was booed by some/several/many/two audiences that (I daresay) he thought he would captivate.
(ジョーンズ氏は何人か/おおくの/二人の聴衆にやじられてしまったのだが,おそらく自分では魅了すると思っていたのであろう)

b. Jones was booed by the/any/every/each audience that (*I daresay) he thought he would captivate.

(Ayres (1974: 455))

そして実際に次のような実例があると言う.

(7) Her Majesty's ears were assaulted with some words that I daresay she may never have heard before.
(Berkly Daily Gazette, Oct. 13, 1972, page 1) (Ayres (1974: 455))
(耳をつんざく痛烈な言葉が陛下に浴びせられたが,それはおそらく陛下がこれまでに聞いたことのないようなものであろう)

先行詞が定であれば前提を,不定であれば断定を表すとする従来の分析によっては,これらの例を説明することはできない.というのは,普遍数量詞で始まる名詞句は定でも不定でもないからである.普遍数量詞で始まる名詞句はある場合には定的名詞句として ((8) 参照),またある場合には不定名詞句として ((9) 参照) 振る舞うことに注意されたい.つまり,強名詞句は定性という概念では捉えきれないのである.

(8) There is a/*every/*each book on the table.
(9) a. some of the/those books
   b. *some of every/each book

したがって，定性による分析では Ayres の指摘した言語事実を説明することはできない．これを統一的に説明するためには，単純名詞句を分類機能を持つものとそうでないものとに分ける必要がある．定冠詞や強決定詞（strong determiner）で始まる単純名詞句は分類機能をもつ．分類機能的名詞句を修飾する制限節は類先行詞制限節であり，属性（property）として先行詞である類を限定することしかできず，それ自体で主節とは独立の命題を表すことはできない．したがって，daresay の遂行機能とは整合しない．一方，不定冠詞や弱決定詞（weak determiner）で始まる単純名詞句は分類機能をもたない．分類機能をもたない名詞句を修飾する制限節は個体先行詞制限節であり，命題函数における変項の代入操作により，それ自体で主節とは独立の命題を表すことができる．したがって，daresay の遂行機能と矛盾しない．

5.7. 擬似関係節

5.7.1. 従来の分析とその問題点

McCawley（1981, 1988, 1998）は次例におけるような関係節を「擬似関係節」と呼び，通常の制限節とは区別している．

(1) a. Paul has a brother who lives in Toledo.
 b. I've never met an American who understood cricket.
  （アメリカ人でクリケットを理解している人は経験上いない）
 c. There are many Americans who distrust politicians.
  （アメリカ人の多くは政治家を信用していない）
 d. Nixon is the only President who has ever resigned.
  （これまでに辞職した大統領はニクソンだけである）
   （以上すべて McCawley（1998: 462））
 e. This is the child who there is nobody who is willing to accept.
   （Kuno（1976: 423））
  （この子が受け入れ手のいない子です）

擬似関係節は通常の制限節とはいくつかの点で異なる性質をもつからであ

る.（i）擬似関係節は制限節とは異なり先行詞のみを話題化（topicalize）することが比較的容易である.

(2) a. *The fish, Bill ate that I caught.　　　（McCawley (1981: 105)）
b. ?Many Americans there have always been who distrust politicians.　　　（McCawley (1981: 106)）

(ii) 制限節では「先行詞＋関係節」を話題化することができるが，擬似関係節では容認度が落ちる.

(3) a. The fish that I caught, Bill ate.　　　（McCawley (1981: 105)）
（私が獲った魚はビルが食べた）
b. ??Many Americans who distrust politicians there have always been.　　　（McCawley (1981: 106)）

(iii) 制限節では先行詞と関係節との間に挿入表現（parenthetical expression）を入れることはできないが，擬似関係節ではできる.

(4) a. *Tom cooked a dish, as you know, that I always enjoy.
b. There are many Americans, as you know, who distrust politicians.　　　（McCawley (1981: 106)）
（アメリカ人の多くは，ご存知のように，政治家を信用していない）

(iv) 関係節内からの摘出は制限節では許されないが（(5) 参照），擬似関係節では比較的容易である（(6) 参照）.[11]

---

[11] Milsark (1974: 71) によれば，Complex NP からの摘出は擬似関係節の場合でも不可能であるという.
　(i) a. There are many people who are interested in this problem.
　　　b. *a problem which there are many people who are interested in.
　(ii) a. I know many people (who are) interested in this problem.
　　　b. *a problem which I know many people (who are) interested in.
しかし，Complex NP をなしていなければ可能であるという.
　(iii) a. There are many people interested in this problem.
　　　b. a problem which there are many people interested in.

第 5 章　検証と分析の精密化　　　　　　　　　　127

(5) a. *Which company is Alice dating a man who works for?
　　b. *Ralph Nader has denounced the company that Alice is dating a man who works for.
　　c. *Carter is expected to visit the country that Muskie repudiated the report that American troops have been sent to.
　　　　　　　　　　　　　　　　　　　　　(McCawley (1981: 107))
(6) a. ?What company does Paul have a sister who works for?
　　　　　　　　　　　　　　　　　　　　　(McCawley (1998: 461))
　　b. Violence is something that there are many Americans who condone.
　　　（アメリカ人の多くが許してしまうのが暴行だ）
　　c. ?Violence is something that I've never met an Englishman who condones.
　　d. ?Violence is something that Snead is the only Englishman who condones.
　　　　　　　　　　　　　　　　　　　　　(McCawley (1981: 108))

そしてこの種の擬似関係節の例は実際の発話において観察されるという．

(7)　It's a distinction which I'm sure I'm the only person in the world who has.
　　　　　　　　　(Howard Aronson, May 31, 1984) (McCawley (1998: 461))
　　　（それは世界中でまず私しか持っていない特徴です）

(v) 制限節では許されない主格の関係詞の省略が擬似関係節では許される (cf. Prince (1981))．

(8)　I have a friend ø called me yesterday.　　(McCawley (1998: 463))

McCawley (1981: 115) によれば，擬似関係節は意味的には主節であるが，表層では主節としては具現化されず，従節に格下げ (demote) されて制限

節と同じ表層形式をもつに至ると分析している．この考え方によれば，表層形式上はともかく意味的には擬似関係節は主節として機能していることになる．擬似関係節が意味的には主節として機能しているということは擬似関係節構造では先行詞と関係節との間に少なくとも意味的には主語－述語の関係が成立しているというのに等しい（牛江 (1987) も参照）．

　そうであるならば，上記 (i)-(v) の言語事実は一応説明できることになるであろう．McCawley によれば制限節の先行詞はすべて NP ではなく N′ であるので Det+N′ は構成素を成しておらず話題化できないが，擬似関係節構造では先行詞は主語 NP として機能しており，主語 NP は一般に話題化できるので擬似関係節構造では先行詞のみを話題化することが可能となる ((i))．制限節では「先行詞＋関係節」は NP を成しており話題化できるが，擬似関係節構造では「先行詞＋関係節」は主節として機能しており主節は従節とは異なり一般に話題化することはできないので (ii) が導ける．McCawley によれば制限節はすべて NP ではなく N′ と結合しており，より大きな NP の最大の切れ目は Det と N′ の間にあるので先行詞と制限節との間には挿入表現を入れることはできないが，擬似関係節構造では「先行詞＋関係節」は主語－述語の関係にありその間に挿入表現を入れても差し支えない ((iii))．制限節構造は統語的にも意味的にも複合名詞句を成しているので関係節内からの要素の摘出は複合名詞句制約（Complex NP Constraint）に抵触し許されない．擬似関係節構造では，「先行詞＋関係節」がどのような統語範疇を成すかは McCawley は明言していないが，意味的には「先行詞＋関係節」は主語－述語の関係にあり少なくとも意味構造では複合名詞句をなすとは考えられない．意味構造では複合名詞句を成していない分だけ要素の摘出はしやすいことになる ((iv))．McCawley (1998) は「複合名詞句」という概念には統語構造のみならず対応する意味構造も関わっていると示唆していることを忘れてはならない (p. 526)．主節としての主語と述語の間に関係詞を用いることは通常ない．したがって，擬似関係節構造では関係詞を省略できる ((v))．

　このように，擬似関係節は表層形式上はともかく意味的には主節として機能していると考えれば，擬似関係節の持つ特徴 (i)-(v) を説明しようとすれ

ばできるのであるから，問題は解決したように思われるかもしれない．しかし，これは問題の解決というよりはむしろ問題の出発点であることに注意しなければならない．というのは，なるほど擬似関係節は意味的に主節として機能すると考えれば (i)-(v) の事実は説明できるが，しかし，擬似関係節が，そして，McCawley によれば擬似関係節のみが，なぜ意味的に主節として機能するのかという問いには答えていないからである．この問いに答えない限り，言語事実を記述したにすぎず，真の意味での説明とはいえない．しかし，問題は実はこれだけではない．

McCawley (1981) によれば，擬似関係節には次のような特徴が見られるという．(I) 擬似関係節は存在・非存在構文に限られ，しかも，(II) その構文の動詞句末 (VP-final) 位置にしか生起しない．等位接続した次例から分かるように，(III)「先行詞」と擬似関係節は表層で構成素を成す．しかも，(i)-(v) の事実からうかがわれるように，(IV) 擬似関係節の先行詞は制限節の場合とは異なり NP である．McCawley は制限節の先行詞はすべて N′ であると主張していることを思い出していただきたい．

(9) There are many Americans who distrust politicians and many Italians who distrust the clergy.

(McCawley (1998: 461))

(アメリカ人の多くは政治家を信用していないし，イタリア人の多くは聖職者を信用していない)

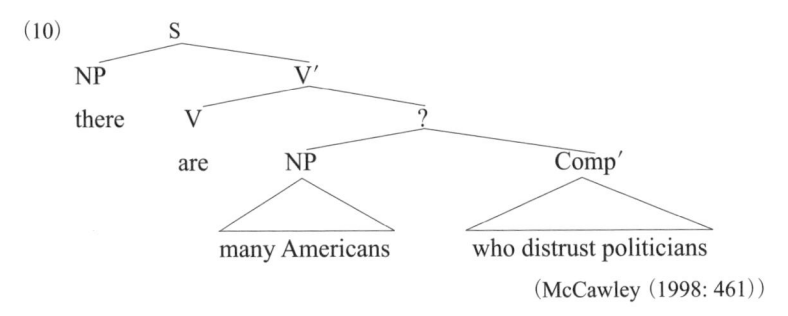

(10)
```
        S
       / \
      NP  V′
      |   / \
    there V   ?
          |  / \
         are NP  Comp′
             /\    /\
        many Americans  who distrust politicians
```

(McCawley (1998: 461))

(V) 擬似関係節は限量詞 (quantifier) が束縛する変項の変域 (range) の決定に関与しない．これは制限節が一般に変項の変域の決定に関与することを

考えるとかなり特殊な属性といえる．擬似関係節がもつ特徴の中でも擬似関係節を擬似関係節たらしめる最も重要な特徴の一つであると考えられる．これについては少し解説が必要であろう．

例えば，次例を考えてみよう．

(11) a. Many Americans who like opera listen to the Met radio broadcasts.
（オペラ好きのアメリカ人の多くはメットラジオ放送を聴く）

b. There are many Americans who like opera.
（アメリカ人の多くはオペラが好きだ）

(McCawley (1981: 113))

(11a)の制限節の情報はmanyによって束縛された変項の変域の決定に加わるので，manyはアメリカ人でありかつオペラ好きな人々を基準として，その多くがと解釈される．しかし，(11b)の関係節は擬似関係節であり変域の決定には関与しないので，manyはN′(Americans)の表すアメリカ人全体を基準としてその多くがと解釈される．そして，この違いは多重関係節 (stacked relatives) において明白となるという．二つの制限節が多重構造を成している場合には，それら関係節の順序を入れ換えても真理条件 (truth condition) は変わらない．つまり，知的意味 (cognitive meaning) に変化はない．

(12) a. Many Americans who want to reinstate the death penalty who wrote in Spiro Agnew for President subscribe to *The Readers' Digest*.
（死刑復活に賛成し，大統領選でスピロ・アグニューに投票したアメリカ人の多くは，リーダースダイジェストを購読している）

b. Many Americans who wrote in Spiro Agnew for President who want to reinstate the death penalty subscribe to *The Readers' Digest*.
（大統領選でスピロ・アグニューに投票し，死刑復活に賛成している

第 5 章　検証と分析の精密化　　　　　　　　　　　　　　　131

アメリカ人の多くは，リーダースダイジェストを購読している）

(McCawley (1981: 114))

制限節は変域の決定に加わるので，この場合変域は N′ (Americans) と第一制限節と第二制限節の表す三つの集合の積（intersection）であることになり，第一制限節と第二制限節の順序を逆にしても抽出される積全体は変わらないので真理条件に変化は生じない．しかし，擬似関係節が多重関係節に加わっている場合には，関係節の順序を逆にすると真理条件が変わる．

(13) a. There are many Americans who want to reinstate the death penalty who wrote in Spiro Agnew for President.
（死刑復活に賛成しているアメリカ人の多くは，大統領選でスピロ・アグニューに投票した）

b. There are many Americans who wrote in Spiro Agnew for President who want to reinstate the death penalty.
（大統領選でスピロ・アグニューに投票したアメリカ人の多くは，死刑復活に賛成している）

(McCawley (1981: 114))

上例では第一関係節が制限節で第二関係節が擬似関係節である．擬似関係節は変域の決定に関与しないので，変域はそれぞれ N′ (Americans) と第一関係節の二つの集合の積であることになる．(13a) と (13b) では第一関係節の内容が異なるので変域が異なることになり，真理条件が変わる．

McCawley は特に述べていないが，上例から分かることは (VI) 擬似関係節構文では二つの関係節が多重構造を成している場合には，常に第二関係節が擬似関係節となり，第一関係節が常に制限節となるということである．つまり，二つの関係節が両方とも擬似関係節であることもなく，また，第一関係節が擬似関係節で第二関係節が制限節であることもない．

最後に，McCawley は指摘していないが，しかし，擬似関係節の大変興味深くかつ重要な特徴の一つと思われるものについて触れておきたい．それは，(VII) 関係詞が典型的には主格であるということである（Lambrecht (1998) も

参照).関係詞が主格である場合には擬似関係節が生起しやすい事情が何かあるといえる.

このように,擬似関係節は (i)-(v) に加えて (I)-(VII) のような特徴も持つのであるが,しかしこれらの特徴を単に列挙しただけでは言語事実を記述したにすぎない.重要なことは擬似関係節がなぜこのような特徴をもつのかという問いに答えることである.この問いに答えない限り問題の解決ではなく問題の提起にすぎない.以下本節ではこのような問いに答えられるような分析を示す.

5.7.2. 本書の分析

上で挙げた擬似関係節の例を見てまず最初に気がつくのは,擬似関係節の先行詞が一部 ((1d), (6d), (7)) を除きすべて不定名詞句であるということである.そして,先行詞が不定でない場合には擬似関係節はすべて同定構文に生起している.実は,ここに擬似関係節の謎を解く鍵が隠されている.

先行詞が不定名詞句であるということは,本書の分析によれば非分類機能的名詞句であるということである.非分類機能的名詞句を先行詞とする制限節は類ではなく個体を先行詞とする.個体先行詞制限節はそれが表す命題函数の変項を先行詞が表す個体定項によって代入することが可能で,代入すると命題が得られる.つまり,個体先行詞制限節はそれ自体で主節とは独立の命題を表すことができる.個体先行詞制限節が命題を表すということは制限節の内部で主語-述語の関係が成立しているということである.個体先行詞制限節では関係詞を主語とし残りの部分を述部とする主述関係が成立していることになる.関係詞と先行詞は同一指標を振られている.したがって,先行詞と関係詞を除く制限節との間にも関係詞を通して間接的に主語-述語関係が成立することになる.つまり,個体先行詞制限節を含む関係節構造では,先行詞が主語として機能し,制限節(より厳密には関係詞を除く制限節)が述部として機能していることになる.

同定構文の場合はどうであろうか.同定構文では制限節の先行詞は定的であるので,本分析によれば先行詞は分類機能的名詞句であることになる.分類機能的名詞句を修飾する制限節は個体ではなく類を先行詞をする類先行詞

第5章 検証と分析の精密化　　　　　　　　　　　　　　　133

制限節であるので，命題函数の変項の値として先行詞を代入することはできない．したがって，制限節自体の構造としては代入操作により命題を得ることはできない．しかし，同定構文では同定構文のもつ特殊性，すなわち，命題函数の変項のとりえる値をある特定の個体に指定するという特性，により代入操作が可能であり，代入により制限節はそれ自体で独立の命題を表すことができる．したがって，同定構文における制限節構造でも，先行詞を主語とし，制限節（より厳密には関係詞を除く制限節）を述部とする主述関係が成立していることになる．

　このように，本分析によれば，擬似関係節構造において先行詞と制限節との間に主述関係が成立するということが帰結として導けることになる．注意しなければならないのは，ここでの擬似関係節の分析には擬似関係節の分析のために，そしてそのためだけに必要となる仕組みは一切使用していないということである．分類機能の有無による単純名詞句の区別にしても，類先行詞と個体先行詞の区別にしても，また命題函数における代入操作にしても，すべて普通の制限節の分析に必要となるものばかりである．そのどの道必要となる仕組みだけで擬似関係節のもつ最も基本的で重要な特徴の一つを導くことができたというところに意義がある．本分析によれば，McCawleyの分析のように擬似関係節を特殊な関係節，例外的な関係節として扱う必要はなくなる．擬似関係節は普通の制限節の一つにすぎないからである．

　第3章で論じた「非制限的な制限節」は主節が表す命題といわば対等の関係にある命題を表していた．しかし，擬似関係節構造では，主節が表す命題と対等ではなく，擬似関係節が表す命題が「主節」命題となる．この点で両者は異なる．なぜそうなるのであろうか．両者の違いはどこから生じるのであろうか．この点を次に考えてみよう．

　結論から先にいえば，両者のこの相違は極めて単純な理由により生じる．「非制限的な制限節」も擬似関係節もどちらも本分析によれば，主節とは独立の命題を表し得る．先行詞を含む主節が意味的にも命題としての内容を表しているならば，一つの文に主節と制限節とが表す二つの命題があることになる．しかし，主節が表す内容が命題としての内容を表していないとすれば，つまり，主節が命題的内容でないならば，その文において命題を表している

のは制限節だけであることになる．命題を表しているのが制限節のみであるということは，その制限節がその文の主節として機能するということであり，主節命題を表すということである．

　第3章で論じた「非制限的な制限節」の場合は，先行詞を含む主節が意味的にも命題として表すのにふさわしい内容を表していた．つまり，主節は意味的にも命題として表すべき内容を表していた．しかし，擬似関係節の場合には事情が異なる．擬似関係節の例を見てみると，主節は統語的には節（文）としての形式を備えているが，意味的には，節（文）として表すべき内容を表しているとはいえない．つまり，主節は意味的に命題的内容を表してはいない．このことは擬似関係節を含む文（1）をMcCawleyが次のように単文でパラフレーズしていることからも分かる．

(14) a.　A brother of Paul's lives in Toledo.
　　　b.　In my experience, no Americans has ever understood cricket.
　　　　　（私の経験では，アメリカ人でこれまでにクリケットを理解した人はいない）
　　　c.　Many Americans distrust politicians.
　　　d.　Aside from Nixon, no President has ever resigned.
　　　　　（ニクソン以外にこれまでに辞職した大統領はいない）

(McCawley (1998: 462))

ここでは，主節が表す基本的な内容がすべて存在数量詞（existential quantifier）つき名詞句によって表されていることに注意されたい．主節が命題内容を表していないのであるから，制限節の部分が，そしてそれのみが文全体の命題を表していることになり，それが主節命題として機能することになる．

　このように，本分析によれば，第3章の「非制限的な制限節」とは異なり擬似関係節が主節として機能し主節命題を表すということが，これを普通の制限節の一つとして位置づけることにより究極的には説明することができる．したがって，擬似関係節構造に見られる特徴 (i)-(v) はここでの分析の自動的帰結として導けることになる．

他の諸特徴 (I)-(VII) はどうであろうか．従節としての制限節が「主節」として機能するのは，先行詞を含む主節が命題的内容を表していない場合であることはすでに示した．擬似関係節はたまたまそのような環境に生じた普通の制限節にすぎない．主節が命題的内容を表さない場合の一つとして考えられるのは主節が存在数量詞つき名詞句によって書き換えられるような場合である．主節が存在数量詞つき名詞句によって書き換えられるということは，主節が存在文（existential sentence）であるということである．したがって，ここでの分析によれば，制限節が「主節」として機能するのは，すなわち，制限節が擬似関係節として機能するのは，主節が命題的内容を表さない存在文のような場合に限られることになる．したがって，特徴 (I) が導けたことになる．擬似関係節が there 構文や have, (never) meet 等を述語とする構文に頻繁に見られるのはこのような理由による．

　McCawley の分析では (1d) のような同定構文の場合も存在文として位置づけている．本分析でも (1d) のような同定構文を存在構文とみなしても支障はない．しかし，同定構文の主節が命題的内容を表さない理由はほかにも考えられる．同定構文の be 動詞はすでに述べたように，命題函数の変項の値を指定する機能しかもたない．つまり，意味内容が非常に希薄な動詞である．したがって，この同定的（equational）be 動詞を含む主節は実質上命題的機能を果たさない場合が多い．例えば，(1d) の主節は only President Nixon, あるいは Nixon が大統領であったことは自明であるので，only Nixon というのと実質上同じである．このように，同定構文における主節も，少なくとも上例においては，節（文）が通常表す命題的内容を表していない．したがって，存在構文と同様に同定構文を主節とする制限節の場合も，制限節が表す命題がそしてそれのみが主節命題として機能することになる．

　第3章で論じたように，制限節はどんな場合でも主節とは独立の命題を表せるというわけではない．個体先行詞制限節であっても独立の命題を表す場合とそうでない場合がある．これにはいくつかの要因が絡んでいると思われるが，その一つとして文中における位置が関係している．関係節は節（文）末の位置に近ければ近いほど独立の命題を表しやすい．このことは，第3章で論じた「非制限的な制限節」がすべて節（文）末の位置に生じていたこと

からも分かるし，また本章で論じた制限節と非制限節との位置の逆転現象や外置現象などを思い出せば容易に理解できる．したがって，擬似関係節が動詞句末の位置に限られるという特徴（II）が出てくる．また，擬似関係節構文では主節は命題を表さないのであるから，その文全体が命題を表すためには制限節が命題を表さなければならない．ほかに命題を表せるものはないからである．そして実際，個体先行詞制限節や同定構文に生じる類先行詞制限節は命題を表し得る．したがって，文全体が命題を表すためには制限節が命題を表さざるを得ない．命題は一般に断定を表す．断定を表す要素は一般に文末に生起する．したがって，命題を表す制限節，すなわち，擬似関係節は文末に生起する．したがって，特徴（II）が出てくる．

　本分析では擬似関係節は，同定構文の場合を除き，個体先行詞制限節の一つであるから，これまでに論じてきた通常の個体先行詞制限節と同様に，制限節は個体であるNPを先行詞とし，それと結合してより大きなNPを成す．したがって，特徴（III），特徴（IV）が出てくる．このように，ここでの分析によればこれら特徴を規定（stipulate）する必要はないのであるが，McCawleyの分析ではそうはいかない．McCawleyは通常の制限節はすべてN′を先行詞とし，それと結合してN′を成すと主張するのであるから，擬似関係節の先行詞がNPであることはどこからも導けないからである．

　第3章で見た「非制限的な制限節」の場合はすでに示したように主節が主節としての機能を果たしていた．したがって，この場合には制限節は関係節自体としては主節とは独立の命題を表し得るが，しかし，主節との関係では従節としての制限的な機能も同時に果たさなければならなかった．したがって，変項は主節に対しては変項として振る舞い，制限節内部では照応的代名詞として振る舞った．しかし，擬似関係節の場合は先に論じたように，主節は主節としての機能を果たすことはなく，先行詞以下が主節として機能するのであるから制限節が限定修飾すべき先行詞が主節にはないことになり，制限節はもはや主節に対して制限的な機能を果たす必要はないし，また果たすことはできない．つまり，擬似関係節における変項は専ら照応的代名詞としての機能しか持たず，変項としての機能はない．変項としての機能を持たない変項を含む制限節は実質的に変項を含んでいないのと同じである．変項を

第5章 検証と分析の精密化　　　　　　　　　　　　　　　137

含まない制限節は変項の変域を指定することはできない．したがって，擬似関係節は変項の変域を指定することはできず，特徴 (V) が導ける．

　制限節が多重構造を成している場合はどうであろうか．制限節が多重構造を成していようが成していまいが，主節が命題的内容を表していなければ制限節が命題を表すことになり，それが「主節」として機能することになる．多重構造を成している場合は，先行詞以下の部分が主語−述語の関係を表すことになる．英語では主語と述語はこの順で生起するのが一般的であるから，「先行詞＋第一制限節」が主語をなし第二制限節が述部をなすのが普通である．つまり，第一制限節が「制限節」，第二制限節が擬似関係節であるのが一般的であることになり，その逆は許されないことになる．先行詞のみが主語で多重制限節が述語というのはどうであろうか．この場合述語は連続して生起していることになるが，しかし，英語では述語が連続して生起している場合には等位接続詞を用いるのが普通であり，関係詞ではその役割は果たせない．したがって，多重構造を成す制限節がどちらも擬似関係節であることは許されない．したがって特徴 (VI) が導ける．

　特徴 (VII) についてはどうであろうか．関係詞が主格である場合には，制限節が主節として機能しやすい何かがあるといえる．それは何であろうか．制限節が主節として機能するということは，繰り返し述べているように，先行詞と制限節との間に主語−述語関係が成立するということである．仮に関係詞が主格でないとすれば，それと同一指標を振られている先行詞も制限節内の機能は主格でないことになり，このままでは主語−述語関係の主語として解せないことになる．つまり，関係詞が主格でない場合は，先行詞と制限節との間に成立する主語−述語関係がそのままの形では「主語＋述語」と解せないことになる．というのは英語では主語と述語はこの順で生起するのが無標 (unmarked) の語順であるからである．一方，関係詞が主格である場合には，先行詞も制限節内の機能は主格であることになり，先行詞と制限節との間に成立する主語−述語関係がそのままの形で「主語＋述語」と解せることになる．したがって，関係詞が主格である方がそうでない場合よりも主語−述語関係がそのまま表せるので関係詞は主格である方がそうでない場合よりも望ましいことになる．つまり，主格の関係詞が好まれるのは，制限節

が主節として機能し，主語−述語関係を表すということの帰結として導けるのである．なお，特徴 (VII) については言語運用との関連で後でまた議論する．

　以上，本分析によれば擬似関係節のもつ統語的・意味機能的特徴をすべて，しかも，擬似関係節のためだけに必要となる道具立てを一切使用することなく，説明できるということを示した．擬似関係節は，主節が命題的内容を表さない環境に生じた普通の制限節にすぎず，擬似関係節自体はこれまでに見てきた他の通常の制限節と何ら異なる特徴を持たない．要するに，MaCawley の指摘した「擬似関係節」は，本書の分析によれば，記述的用語 (descriptive term) にすぎなかったということであり，そのような関係節は記述的用語として以外は，実在しないということである．

　Diessel (2004) によれば，言語習得過程においては，通常の制限節よりも「擬似関係節」あるいはそれに類する構造のほうが先に習得されるという．この習得に関する事実は関係節の分析にとって大変重要な意味をもつことになる（梶田 (2004 年度 TEC における講義) 参照）．

　「擬似関係節」あるいはそれに類する関係節が通常の関係節よりも先に習得されるとすると，通常の制限節を基本的構造とし，「擬似関係節」を周辺的な構造とみなす従来の多くの分析にとって都合が悪い（牛江 (2007) 参照）．McCawley は，「擬似関係節」という名称を採用していることからもうかがわれるように，「擬似関係節」を関係節の基本形とはみなしていないことは明らかで，上記の言語事実は彼の分析にとって問題となり得る．しかし，本書の分析にとっては上記の事実は問題とはならない．本書の分析では，「擬似関係節」は通常の制限節と何ら異なる特徴を持たず，記述的用語に過ぎないのであるから，「擬似関係節」が先に習得されようがされまいが，どちらにしても矛盾は生じないからである．

　「擬似関係節」が先に習得されるのは，子供は習得の早い段階では，物の出現や存在に注目し，それについて発言することが多いということの帰結として導けるのである．純粋な限定修飾機能が要求されるような意味関係に子供が最初から注目するとはとても考えられず，それよりも，物の存在や出現に注目する方が早く，それについて発言する機会のほうが，少なくとも初期

の段階では，圧倒的に多いであろう．そうであるならば，「擬似関係節」のほうが先に習得されるのは自然であることになる．

　McCawley が「擬似関係節」の性質をあれだけよく理解していながら最終的に正しい分析に至らなかったのは，彼が通常の制限節構造を最初から一枚岩だと決めてかかっていたことと無関係ではなかろう．ある構文の正しい構造は一つしかないとする単一構造仮説を前提としていてはいつまでたっても「擬似関係節」はもちろんのこと普通の制限節でさえ正しく捉えることはできないであろう．[12]

---

[12] Doherty (1993) は「擬似関係節」を含めて，主格の関係詞が表面上現れない関係節をすべて「主語接触節」(subject contact clauses) と呼び，それらを一括して扱っている．Doherty (1993) の主語接触節には「擬似関係節」以外に，it-cleft, any, all, every を先行詞に含む関係節，predicate nominals を先行詞とする関係節，等様々な「関係節」が含まれている（McNally (1997) も参照）．

(i) *It-Cleft*
　a. It was Bill did it.
　b. It's money makes the world go round.
Free-Choice Any
　c. Any man can't fight for his friends had better be dead.
　d. I gave a lift to anybody asked for one.
Every, All
　e. She ... gave me all the change was in the house.
　f. Everyone lives in the mountains has an accent all to theirself.
Predicate Nominals
　g. The bad story is the quickest goes round.
Modal/Opaque contexts
　h. I'm looking for somebody can speak Irish well.
　　　　　　　　　　　　　　　　　　（以上すべて Doherty (1993) より）

しかし，この一括した扱いには問題がある．これら一括された「関係節」は明らかに等質的な「関係節」ではないからである．cleft を一例として考えてみてもよい．cleft の「関係節」は「擬似関係節」や通常の制限節と似た特徴ももつが，しかし，それらとは明らかに異なる特徴ももつからである．cleft の「関係節」は情報構造上前提を表すが，「擬似関係節」は前提ではなく断定を表す．また，通常の制限節は固有名詞や従属節（例えば，because 節）を先行詞として取れないが cleft では可能である．この一例からもすでに明らかなように，一括された「関係節」は，少なくともいま問題とした三つの「関係節」は，互いに性質を異にするのであるから，関係詞の「削除」現象はそれぞれの「関係節」においてそれぞれ異なる事情によって引き起こされているという可能性は否定できない．この可能性が否定されない限り，一括した分析にすぐに飛びつくわけにはいかないのである．

このように本分析によれば従来例外的とみなされていた「擬似関係節」を例外として扱う必要がなくなるのであるが，このことは第4章で示した制限節の分析がそれほど的外れな分析ではないということを示している．的外れどころか「擬似関係節」が示す多様な言語事実はそのような分析をまさに要求しているのである．

5.7.3. 摘出と言語運用的要因

特徴（VII）については文法レベルでの説明が可能であることはすでに示した．しかし，この特徴はまた言語運用（performance）とも関連していると思われる．特に文の解析（parsing）機構や産出（production）機構と大いに関係があると思われる．本節ではこのような視点から特徴（VII）について考えてみよう．

制限節構造を解析する場合には関係詞はフィラー（filler）となりそれが収まるべきギャップ（gap）が見つかるまでその部分の解析は完了せずそれを記憶しておかなければならない．関係詞の制限節内の機能が主格であるならば，関係詞の直後にギャップが見つかるので記憶の負担はほとんどなくな

Doherty (1993) の問題点はこれだけではない．例えば，本書で問題とした「擬似関係節」の諸特徴 (i)-(v), (I)-(VII) のすべてが，本書と同程度自然な形で説明できるのか否かも不明である．また，Doherty (1993) は，主語接触節の先行詞は非指示的な (non-referential) 名詞句でなければならないと主張しているが，この仮説は Doherty (1993) が論文冒頭で自ら挙げている下記の例によって反証されてしまうであろう．

 (ii) a. This is the girl wants to see you. (Doherty (1993: 155))
   b. I have this friend lives in Dublin. (Doherty (1993: 156))

なお，(ii) の例は，「擬似関係節」の例だと思われるが，本書の分析にとって問題となることはないであろう．というのは，(a) は同定構文であり同定構文特有の代入操作が可能であるからである．(b) は McCawley (1981, 1988, 1998) では挙げていなかった定名詞句を先行詞とする *have*-existential の例であり，本分析にとって一見問題となるように思われかもしれないが，実はそうではない．this が付いていることから分かるように，先行詞はそれだけですでに同定可能な名詞句を表しており，それに付く制限節は個体先行詞制限節であることになり主語一述語関係を表し得るからである．すでに述べたように，英語では主語と述語の間に関係詞を用いることはない．したがって，関係詞はこの場合落ちやすいことになる．(b) の例はこのように考えると，反例どころか逆に本分析を支持する例となることに注意しなければならない．

りその分だけ解析が順調に進む．産出機構に関しても同様なことが当てはまる．自分が使ったフィラーはそれが収まるべきギャップの位置までは少なくとも記憶しておかなければならない．さもなければ，収まるべきギャップを用いなかったり，あるいは収まるべき適切な位置にギャップを用いなかったりといった事態が生じてしまう可能性がでてくるからである．そうであるならば，発話の場合も関係詞が主格であるならばそれほど記憶の負担にはならないことになる．しかし，関係詞が主格以外の場合には主格の場合よりははるかに，解析にしろ発話にしろ，記憶の負担は大きくなる．最近の解析機構の研究では（梶田優氏の 1999 年度 TEC における講義参照），解析の際の演算 (compu-tation) と記憶 (storage) に使える処理資源 (processing resources) の量にはトータルで上限があるとされている (cf. Just and Carpenter (1992), Kluender (1998), Gibson (1998))．そうであるならば，記憶の負担が少ないほうがそうでない場合よりも解析はしやすいことになる．これは発話の場合にもいえることであろう．

これと関連する言語事実が Chung and McCloskey (1983) によって指摘されている．関係詞化された要素が主語であるような関係節の中から要素を摘出することは可能であるが（(15) 参照），主語以外の要素が関係詞化された関係節から要素を摘出することはできない（(16) 参照）．

(15) a. Isn't that the song that Paul and Stevie were the only ones who wanted to record?
(それはポールとスティービーしか録音したがらなかった歌ではありませんか)

b. That's one trick that I've known a lot of people who've been taken in by.
(それは多くの人が真に受けてしまったトリックだ)

c. This is a paper that we really need to find someone who understands.
(この論文を理解する人を見つける必要が本当にある)

(Chung and McCloskey (1983: 708))

(16) a. *Isn't that the song that Paul and Stevie were the only ones that George would let record?
　　 b. *That's one trick that I know a lot of people that the police have taken in with.
　　 c. *This is a paper that we really need to find someone that we can intimidate with.

(Chung and McCloskey (1983: 709))

これらは McCawley のいう「擬似関係節」であると思われるが，そこからの摘出可能性は関係詞が主格か否かによって大きく変わる．これは一見すると上で見てきた「擬似関係節」の文法レベルの説明によって処理できそうに思われるかもしれないがそうではない．というのは，「擬似関係節」を含まない構文においても全く同様な現象が見られるからである．

(17) This is the kind of crisis that you never know who's manipulating for whose benefit.
　　 （これは誰が誰のために操っているのかあなたには皆目検討がつかないたぐいの重大局面だ）

(Chung and McCloskey (1983: 708))

(18) *This is the kind of crisis that you never know for whose benefit the government is manipulating.　　(Chung and McCloskey (1983: 709))

上例では「擬似関係節」からではなく間接疑問文から要素が摘出されていることに注意されたい．しかし，摘出が許される間接疑問文の節頭の wh 句がその節の主語（主格）である点は擬似関係節と共通している．「擬似関係節」にしろ間接疑問文にしろ節頭の wh 句が主格である場合には要素を摘出しやすい何か一般的な理由があると思われる．それは何であろうか．

　本節の最初で，フィラーのギャップがすぐに見つかる場合にはそうでない場合よりも記憶の負担が少なくてすむということを見た．というのは，フィラーのギャップがすぐに見つかる場合にはそうでない場合よりもフィラーを記憶しておく時間が少なくてすむからである．

第5章　検証と分析の精密化　　　143

具体的に「擬似関係節」を含む (16a) から考えてみよう．この文には制限節に関係するフィラーが二つあり，第一フィラーが the song の直後の関係詞で，第二フィラーが the only ones の直後の関係詞である．第一フィラーに対応するギャップは record の直後にあるのでその位置まで，つまり文末位置まで，第一フィラーを記憶しておかなければならない．その途中で第二フィラーが現れるがギャップは直後にはなく let の後ろにあるのでその位置までは少なくともこの第二フィラーも記憶しておかねばならない．つまり，二つのフィラーを同時に記憶しておかなければならない時間が少なからずあることになり，記憶に使う処理資源量が多くなる分だけ演算に使える処理資源量が少なくなり演算に支障をきたす．(15a) では (16a) と比較するとそれほど記憶に使う処理資源量は多くない．というのは，第一フィラーは文末位置まで記憶しておかなければならないが，その途中に現れる第二フィラーのギャップはそのフィラーの直後にあるために，二つのフィラーを同時に記憶しておかなければならない時間はほんの一瞬にすぎないからである．そうであるならば，記憶に使う処理資源量はそれほど多くなく，したがって演算に使える処理資源量がその分だけ多くなり，(16a) ほど演算に支障をきたすことはない．このように，解析や発話の際の演算と記憶に使える合計の処理資源量に上限があり，かつ記憶すべきフィラーの数と消費資源量，また記憶時間と消費資源量がそれぞれ正比例の関係にあると考えれば，(15a) と (16a) の容認度の相違は説明できることになる．これと全く同じ説明が間接疑問文 (17), (18) にもあてはまることはもはや言うまでもないであろう．

5.8. 等位接続された先行詞と分離先行詞

5.8.1. 等位接続された先行詞

Vergnaud (1974: 90-92) によれば，仏語では制限節の先行詞が等位接続されている場合には等位項をなす名詞句の定性 (definiteness) は一致していなければならないという．

(1) a.　l'homme et la femme qui se sont mariés hier

  b. un religieux et quelque communiste qu'il avait réunis
  c. le formalisme et la théorie que Raspe essaie de combiner
  d. le positon et l'électron qui se sont percutés dans la chambre à bulles
(2) a. *l'homme et une femme qui se son rencrontrés hier
  b. *une mathématicienne et le poète qui se son rencrontrés hier
  c. *ce militant et quelque exilé que Pinochet a réunis
  d. *quelques fous et cet idiot qui se sont concertés
  e. *les philosophes et quelque moine à qui Dalgarno a demandé de discuter son manuscrit

定性の一致している (1) は許されるが定性が一致していない (2) は容認不可となる．これはかなり奇妙で特異な現象であると思われる．というのは，Vergnaud が指摘しているように等位接続された名詞句には一般にこの種の制約は見られないからである．

(3) a. Il a rencontré un étudiant et le délégué.
  b. Il a renconté plusieurs soldats et le curé.
  c. Pinochet a torturé ce militant et quelques exilés.
  d. Un archevêque et ces gangsters ont pris en mains les destinées du pays.

 等位接続された名詞句には一般にみられない制約がなぜ制限節の先行詞ではみられるのであろうか．制限節構造には先行詞の定性の一致を要求するなにか事情があるといえる．その事情とは何であろうか．
 本分析によれば，制限節の機能は先行詞となる単純名詞句の機能によって決まる．先行詞である単純名詞句が分類機能的名詞句であれば制限節は類を先行詞とする下位類形成機能を果たし，非分類機能的名詞句であれば個体を先行詞とする属性叙述機能を果たす．等位接続された先行詞の定性が一致していれば，それを修飾する制限節の「本来の機能」は下位類形成機能か属性叙述機能のどちらか一方に定まる．しかし，定性が一致していない場合には，

等位接続された名詞句の一方の等位項は下位類形成機能を要求し，もう一方の等位項は属性叙述機能を要求することになり制限節は二つの異なる機能を同時に果たさなければならないことになる．つまり，定性が一致していない場合には制限節の果たす「本来の機能」が一つに定まらない．しかし，一つの制限節には二つの相異なる機能を同時に果たすことはできない．したがって，問題の制約が帰結として導ける．なお，ここでは制限節の果たす「本来の機能」を問題としたが，これは後で示すように，等位接続された名詞句を先行詞とする制限節は最終的には先行詞の定性とは無関係に属性叙述機能を果たすと考えられるからである（5.11.3節参照）．

　ここでの分析によれば，上記のような一見奇妙で特異な現象を奇妙で特異な現象として扱う必要はないということに注意しなければならない．というのは，この「奇妙で特異な」現象を説明するのに，そのためだけに必要となる仕組みは一切使用していないからである．そして，一見奇妙な現象を奇妙な現象として扱う必要がないという事実は本書の制限節の分析を支持する最も強い種類の証拠となる．

5.8.2.　分離先行詞
5.8.2.1.　仏語の場合

　Vergnaud（1974: 183-184）によれば，仏語の分離先行詞（split antecedent）関係節では先行詞となる名詞句の定性が一致しているだけでなく，不定で一致していなければならないという．

(4) a. *Une femme vient d'entrer et l'homme vient de sortir qui se ressemblent beaucoup.
　　b. *La femme vient d'entrer et un homme vient de sortir qui se ressemblent beaucoup.
(5) a. *La femme vient d'entrer et l'homme vient de sortir qui se ressemblent beaucoup.
　　b. Une femme vient d'entrer et un homme vient de sortir qui franchement se ressemblent beaucoup.

これは前節で見た先行詞が等位接続されている場合よりもさらにきつい制約である．分離先行詞関係節ではなぜ先行詞は不定で一致しなければならないのであろうか．

　McCawley（1981: 130）によれば，分離先行詞関係節は通常の関係節の外置操作を経ずに，その操作をバイパス（bypass）して，外置された関係節の位置に直接生成される構造であるという．この考え方によれば，分離先行詞関係節は外置操作こそ経ていないが通常の外置関係節と基本的には同じであることになる．そうであるならば，問題の制約を説明することが可能となる．関係節は他の条件が同一であるならば，先行詞が定的である場合よりも不定である場合のほうが統語的にも意味的にも外置しやすいことはすでに示した．分離先行詞関係節は外置操作は経ていないが外置関係節の一種であることには違いはないので，通常の外置関係節の場合と同様に先行詞は定であるよりも不定であるほうが好まれることになる．

5.8.2.2.　英語の場合

　英語の分離先行詞関係節では仏語ほど制約はきつくなく，Andrews（1975）によれば，先行詞の定性が一致していればよいという（McCawley（1981）も参照）．

   （6）　a.　The woman started sewing and the man started reading who had been shouting at each other.
　　　　　（女は縫い物をはじめ，男は読書をしだしたが，ふたりはそれまで怒鳴りあっていたのだった）
　　　b.　A woman started sewing and a man started reading who had been shouting at each other.
　　　c.　*The woman started sewing and a man started reading who had been shouting at each other.
　　　d.　*A woman started sewing and the man started reading who had been shouting at each other.

（Andrews（1975: 252-253））

第5章　検証と分析の精密化　　　　　　　　　　　　　　　　　147

(7) a. A man entered and a woman left who had met in Vienna.
（男が入り，女が出て行ったが，ふたりはウィーンですでに出会っていたのだった）
  b. Two men entered and three women left who had met in Vienna.
  c. The man entered and the woman left who had met in Vienna.
  d. The two men entered and the woman left who had met in Vienna.
  e. *Two men entered and the woman left who had met in Vienna.
  f. *Two men entered and all men left who had met in Vienna.

(McCawley (1981: 146))

　McCawley (1981) はこの制約を二重限量詞（double quantifier）という概念によって説明しようとしている．二重限量詞とは，一つの限量詞が二つ（以上）の変項を同時に束縛しているものをいう．McCawley は分離先行詞関係節の限量詞は二重限量詞でなければならないという．そして二重限量詞はそれと関係のあるすべての N′ において等しく具現化されなければならないという．例えば，(7a) では man を変域とする変項と woman を変域とする変項を同時に束縛する二重存在限量詞（double existential quantifier）が不定冠詞としてそれぞれ具現化されているので許されるし，また，(7c) では定記述演算子（definite description operator）が二つの the として具現化されているので許される．しかし，(7e) と (7f) では二重限量詞である定記述演算子と普遍限量詞がそれぞれ一方の N′ でしか具現化されていないので許されないとする．
　しかし，この分析では言語事実を単に記述したのと大差ないことに注意しなければならない．この分析は分離先行詞関係節の限量詞は二重限量詞でなければならないという仮説に依存しているが，しかし，その仮説自体はどこからも帰結として導けない．つまり規定（stipulation）にすぎない．限量詞は通常の場合は二重限量詞でないにもかかわらず，なぜ分離先行詞関係節の場合には二重限量詞でなければならないのか．この問いに答えない限り言語事実を記述したのと大差なく真の意味での説明とはなっていない．

分離先行詞関係節の先行詞に要求されるのは，Vergnaud の主張する定性の一致でも，また，McCawley の主張する限量詞の一致でもなく，分類機能の一致なのである．そして，分類機能の一致は，一つの制限節が同時に二つの異なる機能を果たし得ないということの自動的帰結として導ける．定性の一致や限量詞の一致が要求されているかのごとく思われたのは分類機能の一致が要求されているからであり，分類機能の一致が要求されるのは一つの制限節は一つの機能しか果たし得ないからである．[13]

5.9. 関係詞の形態と独立の命題

　個体先行詞制限節は，類先行詞制限節とは異なり，それ自体で主節とは独立の命題を表し得る．しかし，個体先行詞制限節であればいつでも主節とは独立した命題を表すというわけではない．個体先行詞制限節が実際に主節とは独立の命題を表すか否かにはいくつかの要因が絡んでいる．例えば，個体先行詞制限節が占める文中の位置が一要因として関与している．文頭や文中位置よりも文末のほうが相対的に独立の命題を表しやすいことはすでに述べた．そのような諸要因の一つとして関係詞の形態上の相違が関与していると思われる．

　制限節を導く関係詞の形態にはゼロ形，that，wh 形の三種類がある．Andrews (1975) によれば，次例ではこれら三種類の関係詞の形態に応じて制限節の解釈はそれぞれ異なるという．

(1) a.　I met a girl I liked.
　　b.　I met a girl that I liked.
　　c.　I met a girl who I liked.

(Andrews (1975: 79))

---

[13] 第3章で論じた「非制限的な制限節」の場合には一つの制限節が二つの機能を果たしていた．しかし，この場合でも先行詞に対する制限節の機能は一つでただ一つしかないことに注意しなければならない．「非制限的な制限節」は先行詞に対しては，属性叙述機能しか果たしておらず，独立の命題を表す機能は先行詞を除く制限節の部分のみで成立しており，先行詞に対する機能ではないことに注意されたい．

ゼロ形の (1a) は (2a) の意味を表し，wh 形の (1c) は (2b) の解釈が最も自然であり，that を用いた (1b) にはその両方の解釈があるという．

 (2) a. I met one of the girls who I liked.
   b. I met a girl and liked her.

 (1) の先行詞は不定名詞句であるので制限節は個体先行詞制限節と考えられ，また制限節が文末に生起していることにも注意しなければならない．Andrews の指摘を本書の言葉で言い換えれば，ゼロ形の個体先行詞制限節は専ら限定修飾機能しかもたず，wh 形の個体先行詞制限節は独立の命題を表すと解釈するのが最も自然であり，that を用いた個体先行詞制限節は限定修飾機能だけでなく独立の命題を表すこともできる，ということになる．この指摘が正しいとすると，これをどのように説明したらよいのであろうか．以下この点を考えてみたい．

 主節と従節（制限節）との間に両者を接続する標識（marker）がある場合とない場合を比較すると，後者の場合のほうが標識がない分だけ両者の結びつきは強いと思われる．標識があればその分だけ主節と従節との切れ目が明確な形で表示されるが，標識がなければ，主節と従節との切れ目が形として表示されず，その分だけ従節は主節の一部としてより強く組み込まれていることが表せるからである．

 Jespersen (1927) は，標識のない制限節を接触節（contact clause）と特に呼び，標識のある制限節と明確に区別し，前者は後者の制限節の標識が落ちて出てきたのではないという立場を採っている．Jespersen によれば，接触節では先行詞との間に休止（pause）を置くことはできないという．休止を入れられないということは，接触節と先行詞との結合度がそれだけ強いということである．先行詞との結合度が強いということは，制限節が従属節としての機能を発揮しやすい形であるということである．制限節は純粋に従属節として先行詞を限定修飾する機能に専心し，主節命題内容の一部として完全に組み込まれるということである．

 このように，ゼロ形，that，wh 形のなかでは標識をもたないゼロ形が最も限定修飾機能を発揮しやすい．逆にいえば，独立の命題を最も表しにくい

形である．したがって，ゼロ形の (1a) には (2b) の解釈はなく (2a) の解釈しかないという Andrews の指摘が導ける．一方，that や wh 形はゼロ形と比較すると標識がある分だけ限定修飾機能だけでなく，独立の命題を表すことも相対的に容易であることになる．

　では that と wh 形ではどちらが独立の命題を表しやすい形であろうか．that と wh 形は，前者は本来(従属)接続詞である (cf. Jespersen (1927)) のに対し，後者は元来疑問代名詞である (cf. 宇賀治 (2000)) という点で異なる．接続詞と代名詞では前者の方が後者よりも相対的に結合力は強いと考えてよいであろう．接続詞はその名のごとく二つ(以上)の要素を接続するのが本来の機能であるが，代名詞は接続ではなく照応関係を司るのがその本来の機能であるからである．そうであるならば，wh 形のほうが that よりも主節との結合度は相対的に弱いことになり，その分だけ that よりも限定修飾機能は弱く，主節とは独立の命題を表しやすいということになる．三種類の関係詞の中では wh 形が最も主節との結合度が弱く，したがって最も限定修飾機能は弱く，逆に，最も独立の命題を表しやすいことになり，(1c) の最も自然な解釈は (2b) であるという Andrews の指摘が説明できる．that はゼロ形と wh 形の中間の結合度であるので，多義的な解釈が可能であるという Andrews の指摘と一致する．

　ゼロ関係詞に導かれた制限節のほうが，that に導かれた制限節よりも先行詞との結合力が強いとする，ここでの分析が正しければ，両制限節が一つの名詞句内に同時に生起した場合には，つまり，いわゆる二重制限節の場合には，ゼロ関係詞に導かれた制限節のほうが，that に導かれた制限節よりも主要部に近い位置に生起することが予測される．そして，この予測は言語事実と符合する．

(3) a.　The book Bill bought that Max wrote was boring.
　　　　（ビルが買った，マックスが書いた本は退屈であった）
　　b.　*The book that Bill bought Max wrote was boring.

(Weisler (1980: 627))

したがって，二重制限節における両関係節の相対的な生起順序に関する上記

のような言語事実は，本分析を支持する証拠となり得る．

　ついでながら，ここでの分析は，非制限節における関係詞の形態をも正しく予測できる．非制限節は修飾句ではあるが，すでに述べたように（4.1.1 節参照），制限節と異なり，限定修飾機能を持たない．英語の関係詞の三つの形態のなかでは，wh 形が最も限定機能が弱く，逆に，ゼロ形が最も限定機能が強く，that はその中間である．限定修飾機能を持たない非制限節がこの三つの形態の中から関係詞を選択するとすれば，一番可能性が高いのが wh 形であり，一番可能性が低いのがゼロ形であり，that はその中間であることになる．そして，事実はこの予測どおりの結果となっている．非制限節では wh 形を用いるのが普通とされており，that も極めて稀ではあるが場合によっては用いられることがあるのに対し，ゼロ形が用いられることはまずない．このように，本分析によれば，制限節における関係詞の選択のみならず，非制限節における関係詞の選択をも正しく予測できることに注目しなければならない．

5.10. 関係詞と部分表現

5.10.1. 言語事実

　Huddleston (1971) によれば，非制限節と異なり，制限節では関係詞に each of, some of のような部分表現 (partitive expression) をつけることはできないという．同様な主張は Fetta (1974), Andrews (1975) 等にも見られる．

(1) a. *The trucks each of which blocked the highway belonged to the independent truckers.
　　b. The trucks, each of which blocked the highway, belonged to the independent truckers.

(Fetta (1974: 5))

（トラックは，どれも高速道路を通行止めにしてしまったのだが，別々の運送会社のものだった）

　　c. *Those gifts some of which the handicapped made went to the orphans.

    d. Those gifts, some of which the handicapped made, went to the orphans.

(Fetta (1974: 5-6))

       （その贈り物は，いくつかは身体障害者が作製したものだが，孤児たちに贈られた）

    e. *The proofs all of which are complex demonstrate the theorem.

(Fetta (1974: 30))

    f. The proofs, all of which are complex, demonstrate the theorem.

(Fetta (1974: 29))

       （その立証は，どれもすべて複雑であるが，その定理を証明している）

しかし，この主張には反例があることが指摘されている（cf. Martin (1972), Ushie (1979))．

(2) a. He married a woman none of whose children have learned the value of silence.   (Martin (1972: 13))

      （沈黙の価値が分かっていない子供たちをもつ女性と彼は結婚した）

    b. That is, at some intermediate level before anaphoric pronominalization had applied, given a conjunction each of whose clauses contains an occurrence of a coreferential noun, the second conjunct can be moved to a position immediately following the noun in the first conjunct. (Ushie (1979: 98, n. 6))

      （つまり，前方照応的代名詞化の規則が適用される以前のある中間段階で，等位項をなす節のそれぞれが相互照応的名詞を一つ含んでいる等位構造が与えられると，第二等位項は第一等位項内の名詞の直後の位置に移動することができる）

(2) の関係詞 whose は部分表現がつく名詞句（whose children, 等）の主要部ではない．このような場合には，部分表現は可能であるといわれている（cf. Martin (1972))．

(3) (51) means not that three boys were at the party, but that there were three boys all of whom both attended the party and had beards.

(Ushie (1979: 98, n. 6))

((51) の意味は，3人の少年がパーティーにいたというのではなく，パーティーにも出席し且つひげも生やしていた少年が3人いたということである)

(3) では制限節構造は there 構文に生起している．しかし，すでに論じたように there 構文に生じた制限節は「通常の制限節」とは性質がかなり異なると一般的には考えられているので，これは真の例外とはみなされず別扱いされてしまう恐れがある．次例も同様である．

(4) It seems quite unlikely that there are six different forms of the present tense all of which are temporally identical in interpretation.

(Hornstein (1990: 108 地の文))

(現在時制の異なる形態で，そのすべてが解釈上時間的に同一であるようなものが6個あるということは，とてもありそうもないであろう)

では，上記のような環境以外では部分表現は許されないのであろうか．次例を見てみよう（河野 (2004) 参照）．

(5) a. In terms of their communicative *raison d'être*, clefts and pseudo-clefts belong to a set of constructions each of which represents a marked variant of a communicatively 'simpler' sentence. (Collins (1991: 4 地の文))

(分裂文と擬似分裂文は，コミュニケーション上の存在理由という観点からすると，コミュニケーション上「より単純な」文の有標形を表す構造群に属する)

b. A set of words each of which differs from all the others by only one sound is called a minimal set. (Ladefoged (1982: 24 地の文))

(互いに一つの音だけが異なる単語群のことをミニマルセットという)

c. The embedded noun phrase is clearly the conjunction of two head noun phrases each of which have a determiner, and there is no obvious place to generate the modifying clause.

(Reed (1975: 102 地の文))

(埋め込まれたその名詞句は，決定詞を伴う主要部名詞句が二つ等位接続された構造であることは明らかで，修飾節を生成する明白な場所がない)

d. Many secretaries are currently encumbered with a team of managers each of which still expects the traditional one-to-one service. (*The Guardian* <<971103>>)

(昔ながらの一対一対応のサービスを今でも期待している経営者陣に現在煩わされている秘書は大勢いる)

e. The number of husband-and-wife combinations each of whom owns a major world title recently doubled, from one to two.

(*The New York Times* <<980307>>)

(それぞれがメジャー世界タイトルをもつ夫婦の数は，最近2倍となり一組から二組に増えた)

これらの例では関係詞は問題の名詞句の主要部であり，また，関係節全体は there 構文に生起していない．これら関係節はその直前にコンマがないことから少なくとも形式上は制限節とみなして差し支えないものであり，意味的にも非制限節の解釈は文脈上不可能である．

上例の部分表現はいずれも each of であるが部分表現は必ずしもこれに限られるわけではない．

(6) a. Nevertheless Huddleston's treatment of the cleft construction in terms of categories not all of which have been established on independent grounds, would seem to draw support from peculiar syntactic features of the construction. (Collins (1991: 53 地の文))

(しかし，必ずしもすべてが独立の根拠で確立されているわけではない範疇を用いたハドルストンの分裂文構文の分析は，この構文の特異

第 5 章　検証と分析の精密化　　　　　　　　　　　　　　155

な統語的特徴から支持を引き出すことになろう）

b. The present system has produced judges nearly all of whom are competent, ...　　　　　　　　　(*The Times* <<930112>>)
（現制度は，ほぼ全員有能な裁判官たちを養成してきた）

c. But four related companies all of which have Clark as secretary are also being examined.　　　　(*The Times* <<960303>>)
（しかし，クラーク氏をそれぞれ秘書役とする四つの関連会社も現在調査対象となっている）

d. The LDP was then, as it is now, not so much a unified party as a collection of often antagonistic factions all of which chose to be elected under the banner of the LDP for convenience.

(*The Times* <<960329>>)

（自民党は当時，現在と同様，結束した政党というよりは，どれも便宜上自民党の旗印の下で選出されることを選んだ，互いによく反目しあう派閥の寄り集まりであった）

e. President Clinton's speech contained elements almost all of which I agree with.　　　　　　　(*The Times* <<940315>>)
（クリントン大統領の演説には，私がほぼ同意する内容が含まれていた）

上例では部分表現 all of が関係詞と共起している．関係節の前にコンマがないことからこれらの例も制限節と考えて差し支えないであろう (cf. 河野 (2001a))．

次例では both of が関係詞と共起している．

(7) The subjects covered range from alcohol consumption to gardening for both of which, incidentally, listeners show an inordinate liking.

(*The Sunday Times* <<960526>>)

（話題はアルコール消費からガーデニングにまでわたった．ちなみに，そのどちらも聴取者がこの上なく愛好するものだ）

以上，Huddleston (1971)，Fetta (1974)，Andrews (1975) 等の主張には，

すでに指摘されている環境以外の所でも反例が見られることを示した．ここで問題が生じる．制限節には部分表現を許すものと許さないものがあることが分ったが，しかし，どのような場合に許されどのような場合に許されないのかという疑問が残るからである．また，許される場合と許されない場合を一般的に仕分けできたとしてもさらに問題は残る．許される場合はなぜ許され，許されない場合はなぜ許されないのかというより深い疑問が生じるからである．許される場合と許されない場合が逆転することがないのは一体なぜか．次節ではこれらの問題を考えてみよう．

5.10.2. 言語事実の説明

　上例を見てすぐに気がつくのは部分表現が許される場合と許されない場合とでは先行詞の定性が異なるということである．先行詞が定名詞句の場合は許されず，不定名詞句の場合は許される．これが上例から得られる当面の記述的一般化である．

　しかし，この一般化は普通に考えればかなり不思議な現象と言わざるを得ない．というのは，よく知られているように all of, each of のような部分表現は通常定名詞句とは共起できるが不定名詞句とは共起できないからである (cf. Selkirk (1977))．

　　(8) a.　all of *books/the books
　　　　b.　each of *many apples/the many apples
　　　　c.　many of *all men/all the men

つまり，普通に考えれば先行詞が定であれば部分表現が許され先行詞が不定であれば許されないという事態になってもよさそうに思われるが，現実にはそうなっていないということである．しかし，これは本書の分析によれば不思議でも何でもない．

　定名詞句は分類機能的名詞句でありそれを修飾する制限節は類・属性を先行詞とする類先行詞制限節である．類先行詞制限節の先行詞は類・属性であるのでそれを命題函数の個体変項に代入することはできない．代入されない変項は変項として振る舞う．つまり，類先行詞制限節の変項は常に変項とし

てのステイタスをもつ．変項は定でも不定でもない．変項と関係詞は同一指標を振られている．したがって，関係詞も定性に関して変項と同じステイタスをもつ．つまり，この場合の関係詞は定でも不定でもない．したがって，類先行詞制限節の一つである定先行詞制限節の関係詞は定的名詞句を要求する部分表現とは共起できない．

一方，不定名詞句は非分類機能的名詞句でありそれを修飾する制限節は通常個体を先行詞とする個体先行詞制限節である．個体先行詞制限節の先行詞は個体であるので命題函数の個体変項にそれを代入することが可能である．代入された変項はもはや変項ではなく，先行詞名詞句を受ける照応的代名詞として機能し，通常の人称代名詞や指示代名詞と同じ働きをする．照応的用法の人称代名詞や指示代名詞は一般に定的である．代名詞となった変項は関係詞と同一指標を振られている．したがって，関係詞も定性に関して人称代名詞や指示代名詞と同じステイタスをもつことになる．つまり，個体先行詞制限節の関係詞は定的であることになる．したがって，個体先行詞制限節の一つである不定先行詞制限節の関係詞は定的名詞句を要求する部分表現と共起可能となる．[14]

制限節における部分表現の生起を左右する決定的な要因は先行詞となる名詞句の分類機能であって，先行詞の定性ではない．定性が直接問題となるのは先行詞ではなく関係詞なのである．関係詞の定性は変項によって決まる．変項の定性は命題函数の代入操作の可能性によって決まる．変項の代入操作の可能性は制限節が類先行詞制限節か個体先行詞制限節かによって決まる．制限節が類先行詞制限節となるか個体先行詞制限節となるかは先行詞となる名詞句の分類機能によって決まる．このように，究極の要因は先行詞となる名詞句の分類機能であることが分かる．これが真の一般化である．

ここでの分析が正しければ，先行詞が定的名詞句であってもそれ自体ですでに同定可能な個体を表していれば，部分表現が可能であることを予測する．というのは，それ自体ですでに同定可能な個体を表す名詞句を修飾する制限節は，既述のように，下位類形成制限節では有り得ず，個体の属性を叙述す

---

[14] 関係詞の定性については Kuroda (1968) も参照されたい．

る個体先行詞制限節でなければならないからである．そしてこの予測は言語事実と一致すると思われる．次例を見てみよう．

(9) a. If the four former Warsaw Pact countries the Czech Republic, Hungary, Poland and Slovakia are to be brought into the EU, a far greater degree of flexibility will be needed than is necessary to admit the present four candidates countries Sweden, Finland, Norway and Austria all of which are already at a West European level of economic development.　　　(*The Times* <<940602>>)
(かつてワルシャワ条約調印国であった4国，チェコ共和国，ハンガリー，ポーランド，スロバキア，がEUに加盟しようとすれば，経済発展がすでにそれぞれ西ヨーロッパレベルにあって，現在加盟候補となっている4国，スウェーデン，フィンランド，ノルウェー，オーストリア，を承認するよりも，はるかに柔軟性が必要となろう)

b. The industrial heartland of Michigan, and the other Great Lake states of Ohio, Wisconsin and Illinois each of which is holding a primary today are, in effect, the battleground for the 1996 election and critical to any Dole triumph over President Clinton.
　　　(*The Times* <<960319>>)
(工業中心地ミシガン州と，本日大統領予備選挙が行われる，他の大湖州，オハイオ州，ウィスコンシン州，イリノイ州，は事実上，1996年の大統領選の決戦場であり，ドールがクリントン大統領に勝利するためには取りこぼせない州である)

(9a)では先行詞に同格の名詞句があるので先行詞のみですでに同定可能な個体を表している．(9b)では先行詞に同格表現を導くofで始まるPPがあることから先行詞のみですでに同定可能な個体を表している．

このように，先行詞が定名詞句であってもそれだけですでに同定可能な個体を表していれば，本分析の予想どおり，部分表現が可能であることが分かる．したがって，これらは本分析を支持する例であることになる．

次例も興味深い例である．

(10) One is the clash which is bound to take place between any two chambers each of which has an equal claim to a democratic mandate.　　　　　　　　　　　　　　　(*The Guardian* <<960320>>)
（一つは，民主的為政権に対してそれぞれ同等の権利を持つ二つの議会間で必ず生じる衝突です）

any two chambers は数量詞（quantifier）any がついていることから明らかに分類機能的名詞句である．にもかかわらず，関係詞に部分表現がついている．これはなぜであろうか．

関係詞 which の先行詞は any two chambers ではなくそこから any を除いた two chambers である．そして，この場合，少なくとも意味的には two chambers のみですでに個体を表していると思われる．数詞は一般に一種の決定詞として機能し得るので [Numeral+N] の部分のみで，少なくとも意味的には，通常の不定名詞句と同等の役割を果たしていると思われる．このことは次例を考えてみればよく分かるであろう．

(11) a. *I found dog in the park.
　　　b. I found one dog in the park.
　　　c. I found a/the dog in the park.

単数形の可算名詞は通常決定詞を必要とするので (11a) は容認不可となる．しかし，数詞をつけると (11b) のように許される．それはちょうど (11c) のように決定詞である冠詞をつけた場合と同様である．このように，数詞は他の決定詞と同様に名詞句を閉じることができ，個体を表す表現形を形成することができるのであるから，問題の名詞句において any を除いた部分のみで通常の名詞句と同等の働き，即ち，個体を表す表現形としての働き，をしていると少なくとも意味的には考えて差し支えないであろう．そして，それに any をつけることによって，そういう個体のどれをとってもという意味になる．そうであるならば，制限節は，この場合，その個体を先行詞とする個体先行詞制限節であることになる．個体先行詞制限節の関係詞には部分表現を付けることができるので，問題の例は許されることになる．

以上，部分表現は制限節の関係詞とは共起できないとする主張には，従来指摘されることのなかった環境でも反例があることを幾多の実例を挙げてまず示した．次に，部分表現は本分析の予測する制限節に，そして，おおむねその制限節のみに生じることを示した．したがって，部分表現の振る舞いに関する言語事実は本書の関係節の分析をおおむね支持するものと考えてよいであろう．

5.11. 遊離数量詞

5.11.1. 言語事実

Rydén (1970: 48) によれば，先行詞（関係詞）を修飾する遊離数量詞 all は非制限節では許されるが，制限節では許されないという．

(1) a. All the teachers who had come to the meeting voted for A. as chairman of the committee.
（会議に出席した教員は皆 A 氏を委員長に投票した）
b. *The teachers who had all come to the meeting voted for A. as chairman of the committee.
c. All the teachers, who had come to the meeting (for different reasons), voted for A. as chairman of the committee.
d. The teachers, who had all (of them) come to the meeting (for different reasons), voted for A. as chairman of the committee.

同様な主張は Quirk et al. (1985: 1241) にも見られ次例を挙げている．

(2) a. The students, who had all (of them) returned from their vacation, failed the test.
（学生たちは，皆休暇から戻ってきていたのだが，試験に落ちてしまった）
b. *The students who had all (of them) failed the test wanted to try again.

このように遊離数量詞 all は制限節には生起できないとこれまで一般的に考

第 5 章　検証と分析の精密化　　　　　　　　　　　　　　161

えられてきた．

　しかし，Rydén (1970: 48) と Quirk et al. (1985: 1241) によるこの事実観察は正しくない．遊離数量詞 all は制限節に生起することができる．次例を見てみよう（以下，下線は筆者）．

(3) a. In this Chapter we will be considering a number of constructions which are all related to the imperative in one way or another.
　　　　　　　　　　　　　　　　　　　　　　(Culicover (1971: 6 地の文))
　　　（この章では，どこかの点で命令文とそれぞれ関係があるいくつかの構文を考察することにします）

　b. Rather, we will put forward arguments for the view that there are a number of competing motivations which can all in some sense be said to be examples of maximization of economy or "simplicity": ....　　　(Hooper and Traugott (1993: 64 地の文))
　　　（むしろ，ある意味でそれぞれが経済性や「簡潔性」の極にある例だといえる，対立する動機づけがいくつかあるという見解を支持する議論を示すことにします）

これらの関係節は which に導かれているが文脈上制限節としか解釈できない．この種の例が稀な例でないことは次例を見れば明らかであろう．

(4) a. A quadrilateral has three angles which are all 80 degrees. What is the size of the fourth angle?　　　(*The Times* <<970227>>)
　　　（三つの内角がそれぞれ 80 度の 4 辺形があります．もう一つの内角は何度でしょうか？）

　b. Exel Logistics feeds the production line and co-ordinates the efforts of 28 components manufacturers which are all based on a supplier park just 2km down the road from the car plant.
　　　　　　　　　　　　　　　　　　　　　　　　(*The Times* <<970716>>)
　　　（エクセル・ロジスティクス社は，生産ラインを供給し 28 の部品メーカーの作業工程を調整する．どの部品メーカーも自動車生産工場から

道路沿いわずか2キロにある供給業者企業団地に本拠がある）

- c. Since then, we have had a succession of people who have <u>all</u> loved it and been very keen - and dropped out at the last minute. (*The Times* <<961026>>)
（皆それが好きでとても夢中になっている連中がその後続々とやってきたが，土壇場になってあきらめてしまった）

- d. Beattie attended to a cluster of three children who were <u>all</u> seriously injured and lying near the entrance to the gym. (*The Sunday Times* <<960317>>)
（ビーティはそれぞれ大怪我をし体育館入り口近くで横たわっていた3人の子供たちを看護した）

- e. In a recent interview she tells how she arrived in Paris at the age of 16 and "was lucky to find a circle of male friends who were <u>all</u> either gay or transvestites". (*The Times* <<970220>>)
（最近のインタビューで，彼女は１６歳の時にパリにやってきた様子を語り，「幸いなことに，いずれもゲイか服装倒錯者であった一連の男性と友達になれた」と述べた）

上例では関係詞はすべてwh形であるが，次例では関係節がthatで導かれており形式上からも明らかに制限節であると思われる．

- (5) a. Events that <u>all</u> occur in the present often have a temporal order, and that order depends on how expansively one interprets the utterance time. (Hornstein（1990: 66 地の文））
（多くの場合，現在起こるそれぞれの出来事には時間的順序があり，その順序は発話時をどの程度広く解釈するかによって左右される）

- b. By contrast, in the type of "evaluation" in which an instruction like (25) plays a role, we are interested in making some prediction before the fact as to which one of two or more grammars that are <u>all</u> compatible with a limited set of data will prove to have the best after-the-fact evaluation when new data

are considered. (Baker (1978: 47-48 地の文))
(対照的に，(25)のような指示が役割を果すタイプの「評価」では，限られた一連のデータとはそれぞれ矛盾しない二つ以上の文法がある場合に，新たなデータを考慮に入れると，そのうちのどの文法が最高の事後評価を得ることになるかについて，事前の予測をすることに関心がある)

以下同様な例を挙げておく．

(6) a. As one comes to Lynn Road there are several traffic lights that are all visible at the same time.　(*Los Angeles Times* <<941226>>)
(リン・ロードに来ると，すべて同時に見える信号がいくつかある)

b. According to Peter Thomson, a Henley faculty member, the recent bomb explosion in the City of London demonstrated the vulnerability of organisations that are all located in one place.
(*The Times* <<930528>>)
(ヘンリー団体のメンバーであるピーター・トンプソン氏によれば，ロンドン市での最近の爆弾爆破によって，すべて一箇所に集中している組織の弱点が証明された)

c. Jennifer Andersen, an executive at Domino records, a label that sponsors new musicians, was colourfully dressed in clothes that were all either gifts, or borrowed, or made by friends or family.
(*The Times* <<930410>>)
(新人ミュージシャンを後援する会社，ドミノレコードの重役であるジェニファー・アンダーセン氏は，色彩にとんだ派手な服を着ていたが，それはどれも貰い物か，借り着か，友人や家族が作ったものであった)

d. We spent a long time sending out demo tapes that were all rejected.　(*The Sunday Times* <<930725>>)
(長時間かけてデモテープを送ったが，すべて断られてしまった)

e. A squatter in south London's Stockwell, Lucy Casson makes sculptures that are all formed from recycled tin.

(*The Times* <<960427>>)

(ロンドン南部ストックウェルの不法居住者ルーシィ・キャソンは，どれもリサイクル缶を材料とした彫像作品を制作している)

 f. "Right now, we know of some 20 parasites that are all natural enemies of Medflies," Dietrick said.

(*Los Angeles Times* <<941207>>)

(「現時点では，どれもチチューカイミバエの天敵である約 20 の寄生虫の存在がわかっている」とディートリックは語った)

 Rydén (1970) や Quirk et al. (1985) は all にしか言及していないが，筆者の手元の資料によればそれ以外の遊離数量詞も制限節に生起可能である．次例は each が生じている例である．

(7) a. Pitones was one of four county high school students who each received $3,500 scholarships from the group.

(*Los Angeles Times* <<940613>>)

(ピットワンズは，その団体からそれぞれ 3 千 5 百ドルの奨学金を支給された 4 人の群立高校生のひとりであった)

 b. Forwards Boberg and Boulton are also solid performers who each averaged 10 points last season.

(*Los Angeles Times* <<941116>>)

(フォワードのボウベルグとブルトンも，昨シーズンそれぞれ平均 10 点を挙げた堅実な選手である)

 c. The play tells the story of three brothers who each become the leader of a gang. (*Los Angeles Times* <<941127>>)

(その戯曲は，それぞれギャングの親分となる 3 人の兄弟の物語である)

 d. New York State's $73-million Lotto jackpot will be divided among four winners who will each receive $18 million over 21 years, lottery officials said. (*Los Angeles Times* <<941031>>)

(ニューヨーク州のロト賞金 7 千 3 百万ドルは 4 人の的中者に分配され，今後 21 年間で，それぞれ 1 千 8 百万ドル受け取ることになる，

第5章　検証と分析の精密化

と宝くじ関係者は語った）

e. Two individuals who each earn $40,000 a year pay $1,321 less in federal tax than a married couple earning a combined $80,000 and filing jointly.　　　　　(*Los Angeles Times* <<940815>>)
（年収がそれぞれ4万ドルの2人の個人が払う合計納税額は，2人の合計年収が8万ドルで合同申請する夫婦の納税額よりも連邦政府税で1321ドル少ない）

上例では関係詞として wh 形が用いられているが，次例では that が使われている．

(8) a. One writer sends his thoughts scribbled on public restroom paper towels that are each painstakingly wrapped in old aluminum foil.　　　　　(*Los Angeles Times* <<940807>>)
（ある作家は自分の考えを公共トイレのペーパータオルになぐり書きして送りますが，ペーパータオルはいずれも古いアルミホイルに丹精こめて包まれている）

b. Orange County agriculture produced 17 crops in 1992 that were each valued in excess of $1 million.
(*Los Angeles Times* <<940103>>)
（1992年にオレンジ郡の農業は，それぞれ百万ドル以上の評価額の17の作物を産出した）

c. He missed three shots that were each at least 10 feet from the goal.　　　　　(*Los Angeles Times* <<940302>>)
（彼はシュートを3度はずしてしまったが，どれもゴールから少なくとも10フィートそれていた）

d. We had uniforms that were each a different shade that complemented our various skin colors.
(*Los Angeles Times* <<940507>>)
（それぞれが異なる色合いでいろいろな肌の色と補足しあっていた制服がありました）

最後に both の例を挙げておく．

(9) a. Note that we can coordinate two PPs which are both Complements: cf.

(79) a student [of Physics] and [of Chemistry]

And likewise we can coordinate two PPs which are both Adjuncts: cf.

(80) a student [with long hair] and [with short arms]

(Radford (1988: 190 地の文))

(両方とも補部である PP を等位接続できるということに注意せよ．また，同様に，両方とも付加部である PP を等位接続することができる)

b. The Hampshire Handicap Chase featured a thrilling finish between horses owned by two well-known owners who are both in their 93rd year. (*The Times* <<930213>>)

(ハンプシャー障害レースでは，それぞれ今年 93 歳を迎える 2 人の著名な馬主が所有する馬どうしの壮絶なゴールシーンが圧巻だった)

c. You finally arrive at a village called Valcebollere, where there is a three-star auberge run by a lovely young couple who are both wonderful cooks. (*The Sunday Times* <<970309>>)

(最終的にバルスボレラという村に到着します．そこにはそれぞれ腕前のよいコックである素敵な若夫婦が経営する三つ星のレストランがあります)

d. Luchman and Elmadi Zhabrailov, two brothers who are both wrestlers, refused to compete on behalf of Russia and instead they represented Moldavia and Kazakhstan.

(*The Times* <<960805>>)

(兄弟でふたりともレスリング選手のルチマンとエルマディは，ロシア代表として競技することを拒否し，モルダビアとカザフスタンの代表となった)

e. The study was compiled by an O&M duo who both once

worked for the Labour party.　　　(*The Times* <<961023>>)
(その研究は，どちらもかつて労働党で働いていた業務改善活動の2人組みによって編集された)

f. Brought up in Motherwell by parents who both ran their own businesses, Whyte bought his first share at 15 and had amassed his first Pounds 20,000 by the time he left school.
(*The Times* <<971004>>)
(それぞれ自分の事業を営む両親にマザーウェルで育てられたホワイトは，15歳で最初の株を購入し，初めて2万ポンド蓄えたのは卒業前のことだった)

g. "I don't want to be sitting round all day waiting to play, and I've got two players with me who are both capable of challenging for the title."　　　(*The Times* <<970716>>)
(「プレーするまで一日中何もしないで待っているのは嫌だった．どちらもそれぞれタイトルに挑戦する力のある2人の選手と同伴することになった」)

h. The tears of a 10-year-old Zulu boy went unheeded in the legal battle between two women who both claim the right to raise him.　　　(*The Sunday Times* <<960505>>)
(10歳のズールー族の少年の涙は，それぞれ養育権を主張する2人の女性の法廷闘争のなかで，顧みられることはなかった)

i. Born to parents who both worked at the San Sebastian golf club, the sport was in his blood.　　　(*The Sunday Times* <<960804>>)
(サンセバスチャンゴルフクラブでそれぞれ勤務していた両親のもとに生まれたので，彼のゴルフは親譲りであった)

このように，通常数量詞遊離 (quantifier-float) が許されるとされている数量詞はすべて制限節に生起可能であることが分かる．

以上，Rydén (1970) や Quirk et al. (1985) の主張は誤りであり，制限節のなかには先行詞（関係詞）を修飾する遊離数量詞の生起を許す制限節があ

ることを幾多の実例をもって示した．しかし，これは単なる言語事実の指摘にすぎない．重要なことはなぜ言語事実がそうなっているのかを説明することである．次節ではその説明を試みる．

5.11.2. 言語事実の説明

　Rydén（1970）と Quirk et al.（1985）が挙げた例をみてみると制限節の先行詞はすべて定であるのに対し，筆者が挙げた例の先行詞はすべて不定であることにまず注目しなければならない．つまり，制限節の先行詞が定であれば遊離数量詞は許されず，不定であれば許されるということである．しかし，これは従来の遊離数量詞の研究から見ると極めて不思議な現象であるといえる．というのは，遊離数量詞は，すでに述べたように（5.4.4.3 節参照），総称的名詞句を除けば，通例それが修飾する名詞句が定であれば許されるが不定であれば許されないとされているからである（cf. Dowty and Brodie (1984)，中村 (1996)，神尾・高見 (1998)，三原 (1998)）．

(10)　a. *Children all enjoyed the movie.
　　　b.　The children all enjoyed the movie.
　　　c. *Students will each make a speech.
　　　d.　My students will each make a speech.

（神尾・高見 (1998: 173)）

制限節においては通常とは全く逆の事態が生じていることになり，これはかなり驚くべき事実であるといえる．

　しかし，本分析によればこれは驚きに値しない．言語事実は正にそうなっていなければならないことを予測するからである．事実がそうなっていないほうが不思議であることになる．何度も述べているように，定的名詞句は分類機能的名詞句であり，それがすでにそれだけで同定可能な個体を表していなければ，それを修飾する制限節は分類機能的制限節であり，制限節に含まれる変項は常に変項として振る舞う．変項は定性をもつことはできない．つまり，変項は定性とは無関係な要素であり，定でも不定でもない．変項と同一指標を振られている関係詞もしたがって定でも不定でもない．遊離数量詞

第5章　検証と分析の精密化　　　　　　　　　169

は，すでに述べたように，通例それが修飾する名詞句は定でなければならないので，定でも不定でもない関係詞を受ける（修飾する）ことはできない．したがって，分類機能的名詞句である定的名詞句を先行詞とする制限節には，その関係詞を受ける遊離数量詞は普通生起できない．

　一方，名詞句が不定名詞句のような非分類機能的名詞句の場合は事情が異なる．非分類機能的名詞句を修飾する制限節は個体を先行詞とする属性叙述制限節であり，そこに含まれる変項は代入操作により結果的に一般の人称代名詞や指示代名詞と同じ照応的代名詞として機能できる．人称代名詞や指示代名詞のような照応的代名詞は普通定的な名詞句であるので，問題の変項は定性に関して定の指定を持つことになる．変項は関係詞と同一指標を振られているので関係詞は結果的に定の指定を持つことになる．したがって，非分類機能的名詞句である不定名詞句を先行詞とする制限節には，その関係詞を受ける遊離数量詞が生起可能となる．

　ここでの分析によれば，遊離数量詞は定先行詞制限節には通常生起できず，不定先行詞制限節には生起可能であることになり，その逆の事態が生じてはならないことになる．したがって，上で観察した言語事実は不思議でも何でもなく，驚くべき事実ではなくなる．一見不思議と思われる言語事実を不思議とせずに説明できるという事実は本分析を支持する最も強い種類の証拠となる．

　今述べたように，定先行詞制限節には遊離数量詞は通常生起できないが，しかし，先行詞が定名詞句であってもそれ自体ですでに同定可能な個体を表しているならばそれを修飾する制限節は個体を先行詞とする属性叙述制限節であることになる．この場合には，先行詞は定であっても先行詞は個体であるので，制限節の変項は照応的代名詞であることになり，定性に関して定の指定を持つことになる．したがって，それと同一指標を振られた関係詞は結果的に定的であることになり，遊離数量詞が許されるはずである．この予測が正しいことは次のような例によって分かる．

（11）　But the language uses the expletives *it* and *there* which each have independent referential value.

　　　　　　　　　　　　　　　（Nishigauchi and Roeper（1987: 96 地の文））

(しかし，英語はそれぞれ独立した指示値を持つ虚辞の it と there を使う)

which の先行詞は定名詞句（the expletives）であるが，同格的な *it* and *there* があることから明らかなように，それ自体ですでに同定可能な個体を表しており，したがって each の生起が可能となる．

次例も同様に説明できる．

(12) But in the case of examples of Root and Epistemic Possibility in English, this table would force us to conclude that there is often no difference (cf. examples (2) and (9) which share four properties; examples (4) and (7) which both have one property, P).

(Coates (1995: 148 地の文))

(しかし，英語の根源的用法と認識的可能性の用法の例の場合には，この表から多くの場合相異はないという結論に至らざるを得ないだろう（四つの特徴を共有している (2) と (9) を参照：一つの特徴 P をどちらもそれぞれ持つ (4) と (7) を参照))

この場合先行詞は形式上は不定であるが意味的にはそれ自体ですでに同定可能な個体を表している．したがって，前例と同様に制限節は個体を先行詞とする属性叙述制限節であり，関係詞は結果的に定的であることになり，遊離数量詞の生起が可能となる．以下同様な例を挙げておく．

(13) a. They include Riverside Holdings, a private leisure group headed by John and Peter Beckwith, the brothers who both made Pounds 40m when they sold London & Edinburgh Trust in the last property boom. (*The Sunday Times* <<960414>>)
(そこにはジョンとピーターが率いる民間レジャーグループのリバーサイドホールディング社が含まれる．彼らは先の不動産景気時にロンドン・エジンバラ・トラスト社を売却して，どちらもそれぞれ四千万ポンド稼いだ兄弟である)

b. After the deaths of Tupac Shakur and Biggie Smalls—the two bestselling singers who both died in a hail of gunfire—rappers

第5章　検証と分析の精密化　　　　　　　　　　　171

are no longer dressing to kill.　　（*The Sunday Times* <<970622>>）
（どちらも銃弾の雨降り注ぐ中死んだ2人の売り上げトップ歌手，トゥパック・シェイカーとビギー・スモールズ，の死後，ラップミュージシャン達はど派手な身なりはしなくなってきている）

c. But the mood quickly calmed as the medical staff appeared, led by the anaesthetist Bruno Riou, and Alain Pavie, the thoracic and cardiac surgeon who <u>both</u> worked on the Princess in attempts to save her life.　　（*The Times* <<970901>>）
（しかし，医療スタッフが現れるとあたりの雰囲気は急に静まり返った．スタッフを率いていたのは，どちらもそれぞれプリンセスの救命治療にあたった麻酔医ブルーノ・リアウと胸部心臓外科医のアラン・パビーであった）

d. The countries that will <u>each</u> have two teams in the event next autumn—Italy, Spain, England, France and Germany—happen to provide 90 per cent of Uefa's income. （*The Times* <<970422>>）
（来秋の大会でそれぞれ2チームを擁する予定の国，イタリア，スペイン，イングランド，フランス，ドイツ，は偶然にも欧州サッカー協会連合の収入の9割を拠出している）

e. We also have medium-band services such as BT Touchpoint (multimedia kiosks will start appearing in London this summer), BT Construction OnLine and BT Personnel that are <u>all</u> designed to make use of fast ISDN telecommunications links.
　　　　　　　　　　　　　　　　　　　（*The Sunday Times* <<960526>>）
（BT（英国電信電話会社）にはBTタッチポイント（今夏ロンドンにマルチメディアの電話ボックスを設置予定），BTコンストラクション・オンライン，BTパーソネルのような中周波帯の供給事業もあります．それらはどれも高速総合デジタル遠距離電気通信網の利用を予定しています）

f. But Thomas, like her teammates who <u>each</u> have stories about their baseball history and statistics in the sport, says they are not

too old to still play.　　　　　　(*Los Angeles Times* <<940509>>)
(しかし，トーマスは，野球経歴と統計資料にまつわる話をそれぞれ持っている彼女のチームメイトと同様に，現役を続けられないほど老いてはいない，と言う)

g. Jerry Schilling, one of the bodyguards and now a film producer, said: "You could see there was a meeting of minds between these two guys who were <u>both</u> at the top of their profession."
　　　　　　　　　　　　　　　　　　　(*The Times* <<970813>>)
(ボディガードのひとりで，現在映画製作者のジェリー・シリングは，「それぞれその道のトップにいるこの 2 人には心の触れ合いが見て取れる」と語った)

h. She says: "We had these hand-made wooden bricks that were <u>all</u> slightly different in size."　　(*The Sunday Times* <<970706>>)
(「それぞれ大きさがわずかに異なる手製の積み木がありました」と彼女は語る)

i. That subsection was of critical importance in these two cases which were <u>both</u> concerned with offenders over 21.
　　　　　　　　　　　　　　　　　　　(*The Times* <<970103>>)
(それぞれ 21 歳以上の犯罪者に関わるこの二件の訴訟においては，その小区款は極めて重要であった)

j. Equally unconventional were Oscar winners such as the Apollo 13 editor who wore a round brooch under his Adam's apple, the sound directors from Braveheart who <u>both</u> appeared in shirts with neither collars nor ties, and the sound team from Apollo 13 who managed one tie among four.　　(*The Times* <<960327>>)
(同様に型破りであったのはオスカー受賞者たちであった．のど仏の下に丸いブローチをつけたアポロ 13 号の編集担当者，どちらもノーネクタイで襟なしシャツのブレーブハートの 2 名の音楽監督，4 人中わずか 1 人しかネクタイを着用していなかったアポロ 13 号の音楽担当者たちだ)

(13a-d) は同格的な名詞句がある例である．(13e) には同格的な名詞句はないが，such as 以下で固有名詞が挙げられていることから先行詞のみですでに同定可能であると思われる．(13f) には所有格代名詞がついており先行詞のみで同定可能な個体を表していると考えてよい．(13g-i) には決定詞 these がついておりこれらは先行文脈で言及されているすでに同定可能な個体を指している．例えば，(13g) の these two guys とは Elvis Presley と Richard Nixon のことであるが，このことはすでに先行文脈で確定済みである．(13j) では映画「ブレイブハート」の音楽監督といえばそれだけですでに同定可能である．したがって，これらを修飾する制限節は個体を先行詞とする制限節であり遊離数量詞の生起と矛盾しない．

5.11.3. 一見の反例

次に，ここでの分析にとって一見反例と思われる実例があるのでそれらを検討しなければならない．その前に，まず注意しなければならないのは，all には様々な用法があるということである．遊離数量詞としての all とそれ以外の用法の all とを混同してはならない．例えば次例を見てみよう．

(14) On the one hand, people seem to do things voluntarily, for reasons that are all too clearly explained.　(*The Sunday Times* <<930425>>)
（一方，あまりにも明確に説明のつく理由で，人は自分の意思で行動していると思われる）

ここでの all は強意詞としての all であり，この種の用法の all は先行詞の分類機能とは無関係に生起可能である．また，次例の all は熟語 all but の一部であり遊離数量詞としての all ではない．

(15) UNFAIR as it may be to compare any conductor with Gunter Wand, he sets standards that are all but impossible to emulate.
　　　　　　　　　　　　　　　　　　　　(*The Times* <<930916>>)
（ガンダー・ワンドと他の指揮者を比較することは公平ではないかもしれないが，彼はほとんど競争不可能な基準を定めている）

これ以外にも all には様々な用法があり，遊離数量詞としての all と混同してはならない．

次に次例を見てみよう．

(16) Valderrama takes early lead in Ryder Cup race; Golf John Hopkins John Hopkins assesses the main courses that are all fighting to stage the 1997 match.　　　　　　　(*The Times* <<930528>>)
(ライダーカップレースでベルデラマゴルフコースが序盤リード：ゴルフ ジョン・ホプキンス—1997年のライダーカップゴルフマッチの実施コース場所としてそれぞれ競い合っている主要なゴルフコースをジョン・ホプキンスが査定評価する)

この例は定先行詞制限節であるので反例のように思われるかも知れないがそうではない．この文は記事の最初の文であるので問題の the は照応的な the ではない．この the は main という形容詞に自動的につく the である．鈴木 (1977) によると，main, precise のような形容詞を伴う名詞句は the をとり形式上は定名詞句となるが意味的には不定名詞句に近いという．これが正しいとすると the main courses は統語的には定であるが意味的には不定であることになり，それを修飾する制限節は個体先行詞制限節であるのでその中に遊離数量詞が生起するのは極めて自然であることになる．したがって，この種の例は本分析の反例ではなくむしろ予測どおりの例であることになる．

次に次例を検討してみよう．

(17) a. Yet this team which, including the three substitutes who were all deployed, relied heavily on youth, offered a vigour and zest absent in recent times.　　　(*The Sunday Times* <<970302>>)
(しかし，このチームは，すでにそれぞれ守備についた3人の交代選手を含め若手にすごく頼っていますが，最近では見られない気力と熱意を示してくれた)

b. The group's strong performance meant that the bonus paid to the 35,000 staff who are all partners in the group was lifted from

第 5 章　検証と分析の精密化　　　　　　　　　　　　　　　175

the previous year's level of 12 per cent of pay to 15 per cent.

(*The Times* <<960308>>)

(そのグループのそれぞれ共同出資者となっている 3 万 5 千人の職員に支払われる配当金は，前年度の 12% 支払いレベルから 15% レベルへと引き上げられたことを，グループの力強い行動は表していた)

　これらの例の先行詞は定冠詞によって導かれていることから一見反例であるように思われるかもしれないがそうではない．というのは問題の主要部名詞にはそれぞれ数詞がついているからである．部分表現を扱った前節でも論じたように，主要部名詞に数詞がついている場合には，その N′ の部分のみですでに個体を表す表現形を成していると，少なくとも意味的には，考えてよい．制限節は統語的には N′ を先行詞とするがその N′ はこの場合個体表現であるのでその制限節は個体先行詞制限節であることになり，遊離数量詞の生起が可能となる．

　次例も検討しておかねばならない．

(18)　They (= BMW and Mercedes—T.K.) are the first to offer the electronically triggered side airbags that are an optional supplement to the dual airbags that both fit as standard.

(*The Sunday Times* <<960324>>)

(BMW とメルセデスは電動式サイドエアバッグを導入した最初の会社であり，サイドエアバッグは，それぞれ標準装備されている二つのエアバッグにオプションとして追加装備される)

　この例では先行詞は定であるが，しかし，会社の固有名詞 (BMW and Mercedes) が先行文脈で言及されていることからどの自動車メーカーの dual airbag を問題としているのかは自明であり，先行詞のみですでに同定可能であると思われる．つまり，この場合 dual airbags に標準装備されているものとそうでないものと二種類あって，問題の airbags は前者であるといいたいのではおそらくないであろう．そうであるならば，この場合の先行詞につく制限節は個体制限節であることになり，遊離数量詞の生起が許されることになる．

次に次例を考えてみよう.

(19) a. Name the new life peer and the magician who <u>both</u> threatened to leave the country if Tony Blair became prime minister, and then stayed. (*The Sunday Times* <<971228>>)
(トニー・ブレアーが首相になるならイギリスを去るとそれぞれおどし，その後国に留まった新しい一代貴族と魔術師の名前を挙げなさい)

b. He has two older brothers and an elder sister who have <u>all</u> been through university, and one brother is still studying at Imperial College, London. (*The Times* <<970724>>)
(彼には，すでにそれぞれ大学を卒業している2人の兄とひとりの姉，それにロンドンのインペリアルカレッジに現在在籍しているひとりの弟がいる)

c. She has a brother and a sister who were <u>both</u> Olympic riders.
(*The Times* <<930504>>)
(彼女にはどちらもオリンピックの乗馬選手だった兄と姉がいる)

d. Besides the hard, physical labor provided by league parents, there was help from people with no direct connection to the group, including a local architect and a welder who <u>each</u> poured thousands of dollars of free labor into building the ball field.
(*Los Angeles Times* <<940318>>)
(連盟加盟者の親たちが提供したつらい肉体労働だけでなく，グループと直接関係のない人々からの支援もあった．その中には何千ドルにも相当する無償労働をそれぞれ球場建築にあててくれた地元の建築技師と溶接工がいた)

上例では先行詞は等位接続されたいくつかの名詞句からなる．このような等位接続された先行詞をもつ制限節の場合には，先行詞の定性とは無関係に遊離数量詞は比較的容易に生起できると思われる．

同様なことは前節で考察した部分表現に関してもいえると思われる．次例を参照されたい．

第 5 章　検証と分析の精密化　　　　　　　　　　177

(20) a. Thus one mixture comprised aluminium, magnesium, rubber and plastic, and small quantities of gold, silver, wood and fabric each of which was specified in the annexe.

(*The Times* <<970621>>)

(例えば，ある混合物は，アルミニウム，マグネシウム，ゴム，プラスチック，それと，少量の金，銀，木材，織物，から成っており，それらはいずれも添付書類に明記されていた)

b. Teachers, nurses, the police and armed-forces personnel all of whom are entitled to a secure, generous and index-linked pension have been targets of personal pension salesmanship, and many thousands may have succumbed.

(*The Sunday Times* <<931212>>)

(安定した豊かな物価スライド制年金をそれぞれ受給する資格のある教員，看護師，警官，軍職員は，個人年金売り込みのターゲットとなっており，すでに何千人もの人が加入させられてしまっているであろう)

c. A recent article in The Financial Mail, the country's leading business magazine, spoke of "the ANC's authoritarianism, recidivist socialism and rat-pack response to any criticism of its behaviour" all of which have been true to some extent.

(*The Sunday Times* <<960512>>)

(南アフリカ共和国の主要なビジネス誌ファイナンシャルメイルは最近の記事で，「アフリカ民族会議の権威主義，常習犯的社会主義，行動批判に対するおきまりな対応」について語っているが，それらはどれもある程度本当のことであった)

d. He has unflagging talent, ruthlessness and energy all of which are directed at destroying President Bill Clinton.

(*The Sunday Times* <<941211>>)

(彼には衰えない才能，冷酷さ，活力があり，それらはすべてビル・クリントン大統領打破に向けられている)

e. They have stopped deploring the nation's sex life or the undeserving poor or dams in Malaysia about all of which they know nothing. (*The Times* <<940126>>)
(彼らがマレーシアの性生活，援助に値しない貧困層やダム，を非難することを止めてしまったのは，それらすべてについて彼らは何も知らないからだ)

このように等位接続された先行詞をもつ制限節の場合には，遊離数量詞や部分表現は先行詞の定性とは無関係に生起しやすいといえる．先行詞が等位接続されている場合にはなぜ遊離数量詞や部分表現が生起しやすいのであろうか．それはおそらく統語構造と関係があるであろう．等位接続された名詞句を修飾する制限節は枝を交差しない限り N′ を先行詞とすることはできず，等位接続された複数の NP を支配するより大きな NP を統語構造上先行詞とせざるを得ない．NP を先行詞とするということは，その制限節は通常その NP が表す個体の属性を叙述する属性叙述制限節であることになる．属性叙述制限節の関係詞はすでに述べたように定的であり，定的名詞句として振る舞う．したがって，等位接続された名詞句を修飾する制限節には定的名詞句を修飾する遊離数量詞や部分表現が生起可能となる．

次例はさらに興味深い例である．

(21) a. Pizza Hut will join a non-kosher McDonald's, Blockbuster Videos, Tower Records and Ben and Jerry's Ice Cream which have all recently opened in the centre of Jerusalem within a few hundred yards of each other. (*The Times* <<960205>>)
(エルサレム中央の互いに数百ヤード範囲内にそれぞれ最近出店した，ユダヤ教上不浄なマクドナルド，ブロックバスタービデオ，タワーレコード，ベンアンドジェリーズアイスクリーム，にピザハットは追随する予定である)

b. The four boats in Devonport are HMS Conqueror, which sank the Argentine cruiser General Belgrano in the Falklands War in 1982, HMS Courageous, HMS Warspite which have all been

第 5 章　検証と分析の精密化　　　　　　　　　　　　　　　179

　　　　defuelled and HMS Valiant, which is awaiting defuelling.
　　　　　　　　　　　　　　　　　　　　　　　　(*The Times* <<960613>>)
　　　（デボンポート港内の 4 隻の船舶は，すでにどれも燃料抜きを終えている．1982 年のフォークランド紛争でアルゼンチン巡洋艦ゼネラルベルグラーノを撃沈した英国軍艦コンケラー，と軍艦カレージャス，軍艦ウォースパイト，とそれに現在燃料抜き待機中の軍艦バリアントである）

　c. They replace Sir William Barlow and Sir Robert Clark who <u>both</u> retire from the board at the end of March.
　　　　　　　　　　　　　　　　　　　　　　　　(*The Times* <<971119>>)
　　　（彼らがウィリアム・バーロー卿とロバート・クラーク卿の後任となり，2 人は共に 3 月末で役員を退任する）

　d. Among the biggest losers are Lang and Lyell who are <u>both</u> calculated to have losses of more than Pounds 340,000 without taking into account any forecast debts still to come.
　　　　　　　　　　　　　　　　　　　　　　(*The Sunday Times* <<960505>>)
　　　（最大の損失者の中にラングとライエルがおり，双方とも，今後予想される負債を除いても，34 万ポンド以上の損失をかかえることになると算定されている）

　e. With him is Zeb Elliott and Neal McDonald who are <u>both</u> past International 14 world champions, while McDonald is regarded as the top British skiff sailor, having raced for five seasons in Australia.　　　　　　　　　　　　　(*The Times* <<960629>>)
　　　（彼に同伴しているのが，ゼブ・エリオットとニール・マクドナルドで 2 人とも過去のインターナショナル 14 セーリングの世界チャンピオンである．マクドナルドは英国屈指の小型帆船セーラーとみなされており，オーストラリアで 5 シーズンレースに参加したことがある）

　上例の関係詞はいくつかの等位接続された固有名詞からなる名詞句を先行詞としている．制限節はある特定の場合を除き固有名詞を先行詞とすること

は普通できない（4.1.3.4節参照）．しかし，この例では制限節が通常許されない固有名詞を先行詞としている．

　個体先行詞制限節は，すでに述べたように，限定修飾機能と非限定修飾機能を同時に持ち合わせた制限的関係節であり，そのなかには，もっぱら限定修飾機能を果たすものから逆に非限定修飾機能に専心するものまで，両機能に関していろいろな相対的程度を持ったものがある．後者の極にある制限節は意味機能上，非制限節とほぼ変わらない．ここで問題としている関係節は，コンマがないことから形式上は制限節であるが，意味機能上は，非制限節とほぼ同等の役割を果たしていると思われる．

　その証拠に，上例には先行詞である固有名詞に決定詞がついている例は一例もない．単独では決定詞をつけることはできない固有名詞は，限定修飾句によって限定修飾されると義務的に決定詞をつけなければならないことはすでに論じた（4.1.3.4節参照）．上例における固有名詞は制限節によって修飾されているにもかかわらず，決定詞が出現していないということは，その制限節は形式上は制限節であるににもかかわらず，意味機能上は制限節としての機能を果たしていないということを意味する．つまり，その制限節は形式上は制限節であるが，意味機能上は非制限的関係節であることになる．

　そうであるならば，制限節における一方の極に存在すると本書が主張する制限節，すなわち，実質上ほぼ非制限節の役割を果たす制限節，が実在することになる．この意味で問題の制限節は，本書の分析を支持する証拠を提供してくれることになり，本分析にとって大変重要な意義を持つ例であることになる．

　上記のような固有名詞を修飾する制限節の存在は，従来の制限的関係節の研究からするとやや驚きであるかもしれない．しかし，本書の関係節の理論から見ればこれはそれほど驚くべき事実ではないことになる．

　また，上例では先行詞が固有名詞であっても，制限節が生じやすい環境が整っている点にも注目しなければならない．一つは，先行詞が単独の固有名詞ではなく等位接続された複数の固有名詞からなる等位名詞句構造を成しているということである．等位名詞句構造につく制限節は，枝を交差しない限り，N′を先行詞とすることはできずその等位名詞句全体を先行詞とせざる

第5章　検証と分析の精密化　　　　　　　　　　　　181

を得ない．名詞句を先行詞とする制限節は個体先行詞制限節であり，N′ を先行詞とする類先行詞制限節よりも限定修飾能力は弱く，独立の命題を表しやすい．したがって，先行詞が固有名詞であっても等位名詞句構造を成していれば，問題の制限節と少なくとも意味機能上は不整合を生じることはない．

　いま一つは，制限節を導く関係詞の形態である．上例の制限節はすべて wh 形の関係詞によって導かれている．三種類ある英語の関係詞の形態の中では，ゼロ形が一番限定修飾機能を発揮しやすく，逆に最も限定修飾機能が弱いのが wh 形の関係詞で，that はその中間であることはすでに述べた（5.9 節参照）．上例の関係詞は wh 形であるので限定修飾機能と整合しにくい固有名詞を修飾するには最もふさわしい関係詞の形態が選ばれていることになる．

　ちなみに，固有名詞を先行詞とする制限節に wh 形の関係詞が頻繁に用いられるという事実は，wh 形の関係詞が三つの関係詞の中で最も限定修飾力が弱いとする 5.9 節の分析を支持することになる．

　このように，本分析によれば，固有名詞を制限節が修飾するというやや驚くべき事実を驚くべき事実として扱う必要はない．このことは本書の関係節の理論を支持する最も強い種類の証拠となる．換言すれば，上記のような例は本書のような分析を正に要求しているのである．

　固有名詞を先行詞とする例は，部分表現の場合にももちろん見られる．次例を参照されたい．

(22) a. The Americans are now pushing for a delay in makig payments —estimated by the World Bank to total between $5.5 billion and $7 billion—to the satisfaction of Germany, Japan and Italy all of which have been hesitant.　　　　(*The Guardian* <<970417>>)
(総額 55 億ドルから 70 億ドルと世界銀行が見積もる支払いの猶予を現在アメリカが要求している理由は，ドイツ，日本，イタリアを納得させるためで，これらの国はすべて乗り気ではなかったからだ)

b. Now Brussels wants to add 45 countries to the list, including South Africa, the Caribbean, the Middle East and the Gulf all of which in return are certain to impose a reciprocal requirement on British visitors. (*The Times* <<940630>>)

(現在ブリュッセルはそのリストに45カ国を載せたがっており、その中には、南アフリカ、カリブ海、中東、ペルシャ湾沿岸、の諸国が含まれている．それら諸国は、その代わりに、どれも英国人観光客に互恵条件を課すことは確実である)

c. It was followed by deals with Brymon in the West Country, Loganair in Scotland and Maersk Air in the Midlands all of which involved untangling alliances with other airlines.
(*The Sunday Times* <<940925>>)

(その後、イングランド西部地方のブライモン航空、スコットランドのロガナイア航空、そしてイングランド中部地方のマースク・エアー航空との協定が続き、これら航空会社はどれも他の航空会社との提携解消が必要であった)

d. It is too late to open an account with the Woolwich, the Halifax or the National & Provincial all of which have announced their intentions. (*The Times* <<960203>>)

(ウリッジ住宅ローン会社、ハリファックス住宅金融組合、ナショナルアンドプロビンシャル組合と取引を始めるには遅きに失した．というのは、それらはすべてすでに意思を表明してしまっていたからである)

上例では先行詞はすべて等位接続されたいくつかの固有名詞からなる．最初から決定詞がついている例を除けば、先行詞である固有名詞に決定詞がついていない点に特に注目しなければならない．

以上、本節ではまず「制限節には遊離数量詞 all は生起できない」とする Rydén (1970)，Quirk et al. (1985) の主張は誤りであることを幾多の実例を挙げて示した．次に、これまで誰も指摘することのなかった、all 以外の遊離数量詞 each, both も制限節に生起可能であることを多くの実例を挙げて示した．そして、これら遊離数量詞はおおむね本分析の予測する制限節にそしてその制限節のみに生じることを示した．したがって、制限節における遊

離数量詞の振る舞いは, 本書の関係節の分析をおおむね支持することになる.

5.12. 照応的代名詞としての関係詞とその先行詞

ここまで論じてきたように本分析によれば先行詞を除く制限節自体の統語構造と意味機能はそれぞれ一つしかない. しかし, 一つの統語構造と一つの意味機能しかもたない制限節が二つの異なる「大きさ」の名詞表現を先行詞として二つの異なる統語構造を形成することにより, 本来は一つの意味機能しかもたない制限節が結果として二つの相異なる意味機能を発揮することになる. 先行詞の「大きさ」は自動的に決まる. 先行詞となる単純名詞句が（名詞句内）分類機能をもつ名詞句であれば, 制限節は基本的にN′, 類を先行詞とする制限節構造を形成し, 非分類機能的名詞句であれば通常NP, 個体を先行詞とする制限節構造を形成する. N′, 類を先行詞とする制限節は普通下位類形成機能を果たし, NP, 個体を先行詞とする制限節は通常その個体の属性を叙述する機能を果たす.

類先行詞制限節に含まれる変項は先行詞が個体ではないので代入操作できず, 変項は常に変項として振る舞う. しかし, 個体先行詞制限節の場合は事情が異なる. この場合先行詞は個体であるので, 制限節に含まれる変項にその個体を値として代入することが可能で, 代入すると制限節はその部分だけで主節とは独立の命題を表す. 制限節が命題を表すということはそこに含まれる変項は, したがってそれと同一指標をもつ関係詞は, もはや変項ではなく照応的代名詞として振る舞うということである.

個体先行詞制限節の関係詞が照応的代名詞としての機能をもつとすると, その代名詞は非制限節 (nonrestrictive relative clause) における関係詞と同じ種類の代名詞であることになる. このことから次のようなことが予測できる.

(1) 照応的代名詞である非制限節の関係詞がNP以外の範疇を先行詞とすることができるように, 個体先行詞制限節の関係詞もNP以外の範疇を先行詞とすることが可能である.

よく知られているように, 非制限節の関係詞はNP以外にS, VP, AP, PP等

を先行詞とすることができる（cf. 荒木（1959），Fetta（1974），Jackendoff（1977b），Fabb（1990），etc.）．これは非制限節の関係詞が一般の人称代名詞・指示代名詞と同じ照応的代名詞としての機能をもつからである．そうであるならば，同じく照応的代名詞として機能する個体先行詞制限節の関係詞がNP以外の統語範疇を先行詞とする例があっても何ら不思議はない．そして，実際，この種の制限節の存在がすでに指摘されている．

福地（1995）によれば，次例における関係詞の先行詞は統語的には名詞句であるが，意味的には名詞句ではなく主節全体（あるいはVP）であるという．

(2) a. Ann defeated the World Champion in a game that sent the sellout crowd into a frenzy.
（アンが試合で世界チャンピオンを打ち負かしたので満員の観客が熱狂した）

b. Yet Secretary of State George Shultz has conceded that the ANC has "emerged as an important part of the South African political equation" that must be acknowledged.
（それでもジョージ・シュルツ国務長官は，アフリカ民族会議（ANC）が南アフリカの政治的方程式の重要な一部として出てきており，それは認めなくてはならない，と言った）

c. Government borrowers will have to show that they will spend the bank's money on infrastructure improvements—better telephone systems and railings, for example—that will also help nurture free enterprise.
（借りる側の政府は，銀行の金は電話網や鉄道網の改良など社会資本改善のために使い，それが自由企業精神育成の助けにもなることをはっきり示さねばならないだろう）

(訳も，福地（1995: 106-107））

例えば（2a）は，「アンがチャンピオンを試合で負かしたので観客が熱狂した」という意味であって「観客が熱狂した試合でアンがチャンピオン負かした」という意味ではないという．つまり，意味上の先行詞は節的要素で

あって名詞句ではないという．その証拠に，(2b) では補部として節を要求する動詞 acknowledge が，また (2c) では節と節を連結する副詞 also が，関係節内に生起しているという．この言語事実に関する福地の主張は基本的に正しいものと思われる．そうであるならば，予測された制限節が予測どおり実在することになる．

さらに興味深いのはこの種の関係節にはいくつかの特徴があるという．(i) 統語上の先行詞はすべて不定名詞句であり，(ii) 関係節の内容は情報構造上主節と同程度の重みをもって伝えられ，主節と概念上節並置の関係にあり，(iii) 関係節はすべて節末の位置を占める．

これらの特徴は本分析の自動的帰結として導くことができる．この種の関係節を個体先行詞制限節と位置づけることによりこれら諸特徴を予測することができるからである．個体先行詞制限節は先行詞名詞句が非分類機能的名詞句である場合に生じる．そして，不定名詞句は総称的名詞句を除き一般に非分類機能的名詞句である．したがって (i) が出てくる．個体先行詞制限節は変項の代入操作により，主節とは独立の命題を表すことができる．主節とは独立の命題を表すということは，それが主節と同程度重要な情報であるということであり，主節と概念上対等の関係にあるということである．したがって (ii) が導ける．制限節が命題を表すということは，断定を表すということであり，断定を表す要素は一般に文末に生起する．したがって，(iii) が出てくる．

上記のような関係節は大変興味深くまた重要であり妥当な関係節の分析であるならば説明しなければならない種類の言語事実である．本分析によれば，上で示したように，この種の関係節を普通の関係節を扱うのと全く同じ道具立てで説明することができる．一見特殊と思われるこの種の関係節を特殊な関係節として扱う必要はない．このことは本分析を支持する最も強い種類の証拠となる．

個体先行詞制限節が NP 以外の要素を先行詞とすることができると言っても，文字どおりどんな範疇でも無条件に先行詞としてとれるわけではなさそうである．上例のような S (あるいは VP) 先行詞の例はあるが，AP 先行詞，PP 先行詞の例はこれまでのところ報告されていない．個体先行詞制限節の

関係詞が一般の人称代名詞と同じであるとすれば，非制限節がそうであるように，S（あるいはVP）だけでなくAP, PP等も先行詞とすることが原理的にはできるはずであるが，実際にはそのような報告例は今のところ見当たらない．S（あるいはVP）は許容されるのにAP, PP等は許容されにくいのは一体なぜであろうか．

　個体先行詞制限節の先行詞は何度も繰り返し述べているようにN′ではなくNPである．NPは項（argument）として通常機能する．個体先行詞制限節は項を先行詞とするのが基本形であることになる．Sも項として機能し得る．したがって，Sを先行詞としても項が先行詞であるという基本的属性は変わらない．VPの場合は少し問題があるが，しかし，述語と項の関係を決定する基底構造のレベルでは文の主語がVP内にあるとする分析（動詞句内主語仮説）が正しいとすると，基底構造のレベルでは少なくとも意味的にはVPもSと同じ項としてのステイタスを持つことになる．しかし，AP, PPはふつう項となることはできない．したがって，AP, PPを先行詞とすると，項が先行詞であるという個体先行詞制限節の基本的属性が失われることになる．このような事情により，S（あるいはVP）を先行詞とすることは可能であるが，AP, PP等を先行詞とすることは困難なのであろう．

　また，代入操作の可能性がここに関わっていることも見逃すことはできない．制限節内の変項が要求する値は項である．S（あるいはVP）は，AP, PPとは異なり，項として機能し得る．したがって，S（あるいはVP）を変項の値として代入することが可能であり，代入すると，制限節は主節とは独立の命題を表すことができる．S（あるいはVP）が先行詞の場合は，関係節内の代入操作についても不都合は生じないということである．

　Kajita (1977, 1997) の提唱する動的文法理論では，基本形から派生形に広がる場合，基本形のもつ属性の一部を失いながら周辺へと広がる拡張パターンが認められているが，その際に問題の属性が基本的であればあるほど失われにくいということが指摘されている．これはある意味できわめて自然なことである．ある構文のもつ最も基本的な属性を失うということは，その構文であることを放棄することに直接つながるからである．文法はそこまでして拡張することは通常ないということであろう．この場合に関して言えば，先

第5章 検証と分析の精密化

行詞が項であることと制限節内の変項が要求する値が項であることは，個体先行詞制限節にとって最も基本的な特徴の一つであると考えられ，そうであるならば，最も失われにくい特徴の一つであることになる．

また，個体先行詞制限節の先行詞が AP, PP 等にまで広がらない理由として構文間の役割分担という事情があるのかも知れない．文法の中にある種々の構文は，それぞれそれ独自の互いに異なる統語的・意味機能的役割を担っている．種々の構文がそれぞれ独立した構文として存在するのはそれらが互いに異なる役割を果たしているからであるといえる．ある構文が他の構文とすべての点に関して全く同じ役割を果たすとすれば，その構文の存在価値はないに等しく，その二つの構文は同一構文としてみなされなければならない．個体先行詞制限節がその先行詞として S (あるいは VP) まで広げられるのは，NP と同じ項であるという十分な理由があるからで，そのような然るべき理由がある場合には，相手の領域を一部侵食することは許される．しかし，AP, PP の場合にはそのような然るべき理由はみあたらないし，また，AP, PP にまで広げると相手（非制限節）の先行詞に関する領域をすべて侵食してしまうことになり，上記の役割分担の観点からしても望ましいことではない．

ここまで考察してきた例 (2) では，先行詞は意味上は S であるが，統語上はあくまでも NP であった（福地 (1995) 参照）．しかし，本書の分析が正しいとすれば，意味上のみならず統語上も S (あるいは VP) を先行詞とする例があっても不思議ではない．そして実際，筆者の手元の資料にはその種の実例がある．

(3) a. British Aerospace even appointed him to the board, at least partly, it was alleged, because it hoped to curry favour with the Labour government that then looked likely.

(*The Sunday Times* <<940123>>)

(ブリティッシュ・エアロスペース社が彼を重役にまで任命した少なくとも一つの理由は，労働党政権のご機嫌をとりたかったからであると言われているが，それは当時ありそうなことであった）

b. He admitted, however, that until recently Colombo had a poor human rights record, and could not command sympathy until it had <u>passed laws against torture, introduced human rights training for the armed forces, set up a commission to investigate abuses and lifted the state of emergency in most of the country</u> all of which was now in place.

(The Times <<960113>>)（下線は筆者）

（しかし，彼が認めるには，コロンボは最近まで人権に関する不幸な記録を背負ってきた．同情を集められるようになったのは，拷問禁止法の承認，人権教練の軍隊への導入，虐待調査委員会の設立，非常事態宣言の国内ほぼ全域での解除，をしてからのことであった．それらは現在すべて機能している）

 c. He redefines nationalism, according to O Connor, in language which "is modern, intelligent and reasonable all of which matters to Northern Catholics to an extraordinary degree".

(The Sunday Times <<940109>>)

（彼は国家主義をオ・コナーに従い，現代的で，知的で，合理的な言葉で定義しなおしている．これらはどれもノーザンカトリックにとってとてつもなく重要である）

 (3a) の関係節は that で導かれているので，統語上は明らかに制限節である．しかし，先行文脈には先行詞となりえる名詞句はない．この場合の先行詞は，文脈上，直前の S 全体（あるいは to 不定詞の S）であると思われる．そして，制限節内の述語 (looked likely) も S を主語に取り得る述部であることに注意されたい．つまり，(3a) の制限節は意味的のみならず統語的にも S を先行詞とする制限節，S 先行詞制限節，であると考えられる．

 (3b) は関係詞に部分表現がついている例で，この場合 which の統語上の先行詞は and により等位接続された複数の VP（より厳密には，そこから分詞の接辞を除いたもの）である（VP 先行詞制限節）．しかし，統語上の先行詞は VP であるが，意味的には VP を述語（predicate）として受けているのではなく項（argument）として受けていることに注意しなければならない．この点で，

第 5 章　検証と分析の精密化　　　　　　　　　　189

VP を先行詞とする制限節は同じく VP を先行詞とする非制限節とは明確に異なるのである．VP を先行詞とする非制限節では，VP の非制限節内の機能はあくまでも主節と同じ述語としての機能であることを思い出していただきたい．統語的に同じ VP を先行詞とするとはいっても，制限節と非制限節では，このように VP を項として受けるのか述語として受けるのかという点で決定的な相違がみられるのである．制限節は VP を項として受けることにより個体先行詞制限節のもつもっとも基本的な属性を保持し続けるのである．また，上記のような決定的な相違があるからこそ制限節は非制限節の先行詞の一部を侵食できるのである．

　(3c) は関係詞に部分表現がついている例で，この場合には先行詞は等位接続された VP（is modern, intelligent and reasonable）と AP（modern, intelligent and reasonable）の二とおりの可能性がある．前者と解釈した場合には (b) と同じ趣旨の例であることになる．後者の解釈の場合には，S, VP のみならず統語的には AP までも制限節は先行詞とすることが可能であることを示す例となる（AP 先行詞制限節）．ただし，この場合でも，統語的には AP を先行詞としているが意味的には項として受けていることに注意しなければならない．この点で，AP を先行詞とする非制限節とはやはり明確に異なっていることになる．項を先行詞とするのが基本である個体先行詞制限節の属性はこの場合にも保持されることになる．

　このように本分析が予測する制限節が予測どおり実在することになり，その意味で本書の制限節の分析は支持されることになる．

　さらに注意すべきは，(3) のような関係節は，普通に考えれば，かなり特殊な制限節とみなさざるをえないということである．というのは，S（あるいは VP）を意味上の先行詞とする制限節の存在は福地 (1995) 以前には指摘されたことはなかったし，また，S（あるいは VP）を意味的のみならず統語的にも先行詞とする制限節の存在など，これまで誰ひとりとして指摘したことはなかったからである（ましてや，AP に関してはもはや言うまでもない）．しかし，本分析によれば，この種の一見極めて特殊な制限節を特殊な制限節として扱う必要はない．というのは，すでに示したように，本分析では，通常の制限節に必要な仕組みで，しかも，その仕組みだけで，この種の制限節の

存在が予測できるからである．

　この種の関係節の存在を予測した関係節の理論は，筆者の知る限り，これまでにない．予測どころか，この種の関係節を想像することさえこれまではなかったのではないだろうか．したがって，(3) のような S, VP (あるいは AP) を統語的先行詞とする制限節の存在は，本書の分析を支持する最も強い種類の証拠となるであろう．

　以上，本章ではここまで，第 4 章で示した分析を検証し，その分析の精密化を図ってきた．ここまで考察してきた様々な現象は，本書の分析がそれほど的外れな分析ではないということを示している．的外れどころか，多様な言語事実はそのような分析を正に要求しているといえる．

5.13. 従来の証拠と本書の分析

　本書の分析はいくつかの点で従来の分析とは異なる．したがって，従来の分析を支持する証拠として挙げられてきた議論を最後に検討しておかなければならない．

5.13.1. N′ 先行詞説とその証拠 (McCawley の証拠)

　McCawley (1981, 1988, 1998) は制限節の先行詞はすべて N′ であると主張しその証拠を挙げている．しかし，本分析では制限節の先行詞は N′ であるとは限らず NP であることもある．したがって，McCawley (1981, 1988, 1998) の挙げた証拠が本分析の主張と抵触しないかどうか検討しなければならない．

　同じ N′ が繰り返し生じている場合にはその一方の N′ を削除することが可能である (cf. (1a))．この場合削除されるのは N′ であって N ではない (cf. (1b))．

(1) a.　Tom rooms with two Taoists and Bill rooms three ϕ (=Taoists).
　　　　(トムは 2 人の道教徒と同宿しており，ビルは 3 人 (の道教徒) と同宿している)

第5章　検証と分析の精密化　　　　　　　　　　　　　　　　191

   b.　Tom rooms with two believers in Taoism and three believers/ *φ in Jainism.
　　　（トムの同宿者は，道教徒2人とジャイナ教徒3人です）
　　　　　　　　　　　　　　　　　　　　　　　　(McCawley (1981: 102))

次例においては N′ である cats と that 以下の制限節が削除されている．したがって，N′ である cats と that 以下の制限節は N′ という構成素をなすという．

(2)　Tom has two cats that once belonged to Fred, and Sam has one.
　　　　　　　　　　　　　　　　　　　　　　　　(McCawley (1981: 103))

しかし，これは決定的な証拠とは必ずしもならない．この議論が成立するためには削除の対象が構成素であるということが常に成り立っていなければならないが，しかし，削除される要素は構成素であるとは必ずしも限らないからである．例えば，よく知られているように中略規則 (Gapping) は非構成素を削除することができる．したがって，(2) のような例は N′ 先行詞説を支持する決定的な証拠とは必ずしもならない．

不定代名詞 one は N′ を先行詞とすることができる ((3a, b))．(3c) では N′ である theory of light と第一制限節全体が one の先行詞であり，したがって theory of light と第一制限節全体は N′ という構成素をなすという．

(3)　a.　Newton proposed one theory of light in 1688 and a second (one) in 1703.
    b.　The theory of light that Newton proposed was less successful than the one that Huygens proposed.
　　　（ニュートンが提案した光の理論は，ホイヘンスが提案した光の理論ほど成功しなかった）
    c.　The theory of light that Newton proposed that everyone laughed at was more accurate than the one that met with instant acceptance.
　　　（ニュートンが提案し，皆があざ笑った光の理論は，彼が提案しすぐに受け入れられた光の理論よりも正確であった）

(McCawley (1998: 382))

しかし，これも決定的な証拠とはならないであろう．人称代名詞は必ずしも統語的構成素を受けるとは限らないことはよく知られている．不定代名詞 one も同様で，先行詞は統語的構成素を成していなければならないということは必ずしもない（cf. Webber (1978)）．次例を見てみよう．

(4) I have in my cellar a '71 Beaujolais, a '71 Chateau Figeac, a '75 Durkheimen Feuerburg and a '75 Ockferer Boekstein. Shall we drink the oldest *one* first?
（貯蔵室には，71年製のボジョレー，71年製のシャトー・フィジャック，75年製のドゥルカイメン・フォイヤーブルク，75年製のオックフェラー・ブックシュタインがあります．一番古いものを最初に飲みましょうか？）

one は文脈上 wine を表しているが，しかし，先行文脈には先行詞となり得るものは構成素としてはもとより，明示的な形ですら表現されていない．この種の現象は推論的照応（inferential anaphora）といわれ，人称代名詞だけでなく，上例のような不定代名詞にもみられる一般的な現象である．このことから不定代名詞 one の先行詞は構成素でなければならないということは必ずしもないことが分かる．したがって，one による照応現象はそれが受ける先行詞の統語的構成素性を示す決定的な証拠とはならない．つまり，本分析のような統語構造を想定しても one による照応現象と矛盾するわけではない．

ただし，one の振る舞いは先行詞ではなくそれ自身の統語構造を決定する証拠とはなりえる．

(5) a. Tom wrote a book. Bill wrote one, too.
 b. Mary bought a red car and Susan bought a blue one.

one は (5a) では NP，(5b) では N′ として機能していることが one の生起する統語的環境から分かる．要するに，one の振る舞いは one 自体の統語構造を決める証拠にはなりえるが，先行詞の構造を決める決定的な証拠とはなり

えないということである．one が先行詞の構成素性を決定する証拠となるためには，one が統語的構成素しか受けることができないということが常に成り立っていなければならないが，実際には one の振る舞いはそうなっていないということである．

　推論的照応はいわば特殊なケースであり通常の場合とは別扱いすべきであると考える向きもあるかもしれない．仮にそのような主張を認めて，それ以外の場合には先行詞は常に統語的構成素であるとしたとしても，one の振る舞いは本分析にとって問題となることはないであろう．この点を次に考えてみよう．

　制限節の先行詞が N′ である証拠として McCawley が挙げている one の例はすべて定冠詞で始まる名詞句である．本分析でも先行詞が定冠詞で始まる名詞句の場合は通例 N′ を先行詞とする構造をなす．したがってこれは問題とはならない．問題は先行詞が不定名詞句の場合である．まず one には N′ だけでなく NP を受ける用法もあることを確認しておかなければならない．

(6)　He read [an interesting book] and I read one, too.

この場合 one は NP を先行詞としており，one には NP を受ける用法もあることが分かる．本分析によれば不定名詞句を修飾する制限節は NP を先行詞とする統語構造をなす．したがって本分析が正しければ先行詞 NP のみを one で受けることが可能であるはずである．そして実際この種の実例がある．

(7)　Since in each case the PP and the relative are nearly synonymous, a grammar in which they are related to the NP by the same projection rule is to be preferred to one in which they are not.

〈Jackendoff (1977b: 179 地の文)〉
（各事例において，PP と関係節はほぼ同義であるので，それらを同一の投射規則によって NP と関連付けられる文法はそうでない文法よりも望ましいということになる）

また，多重関係節（stacked relative）においても「先行詞＋第一制限節」を one は受けることができる（なお，Stockwell et al. は次例をここでの議論とは異な

る文脈で挙げている).

(8) John read [a book that was by Henry James] that was very long and I read one that was very short.　　　(Stockwell et al. (1973: 445)))
（ジョンはヘンリー・ジェイムズのとても長い本を読み，私はヘンリー・ジェイムズのとても短い本を読んだ）

(7), (8) における one はそれぞれ a grammar, a book that was by Henry James を先行詞としているので，McCawley 流の議論に従えば，これらは構成素を成しているはずである．しかもその構成素は明らかに N′ ではなく NP である．このように，McCawley 流の議論によれば，one の振る舞いは本分析にとって問題となるどころか逆に本分析を支持する証拠となることに注意しなければならない．

最後に等位接続に関する証拠を見てみよう．

(9) a. Most [[linguists who play chess] and [philosophers who play poker]] find this book useful.
（チェスをする言語学者とポーカーをする哲学者の大半は，この本が役立つと思っている）

b. Most [[theories of gravitation] and [accounts of diffraction]] are hopelessly inadequate.
（引力の理論と回折の説明の大半は，絶望的なくらい不十分だ）

c. All [[theories of gravitation] and [accounts of diffraction] that have ever been published] are hopelessly inadequate.
（これまでに刊行された引力の理論と回折の説明はすべて絶望的なくらい不十分だ）

d. Those [[linguists who wear sweatshirts] and [philosophers who wear suits and ties]] are having another big argument.
（スエットシャツの言語学者とスーツとネクタイの哲学者たちは，さらに激しい議論をしている）

(McCawley (1988))

第5章　検証と分析の精密化　　195

上例の等位接続されている名詞句は分類機能的名詞句であり，本分析においても N′ 先行詞構造を成すので問題とはならない．上例以外でも McCawley (1981, 1988, 1998) の挙げている等位接続の例は一例を除きすべて分類機能的名詞句であるので問題とはならない．問題の一例とは several を用いた次例である．

(10) Several linguists who play chess and philosophers who play bridge were there.　　　　　　　　　　　　　　　　(McCawley (1981))
（そこには，チェスをする言語学者とブリッジをする哲学者が数人いた）

McCawley によるとこの場合の several には言語学者と哲学者の総体にかかる解釈があるという．例えば，チェスをする言語学者が3人でブリッジをする哲学者が2人の場合でもこの文は使えるという．つまり，several は linguists 以下 bridge までの N′ を修飾するという．そしてその N′ の内部で，linguists who play chess と philosophers who play bridge が等位接続されており，これら等位項はそれぞれ N′ という構成素をなすという．

　本分析によれば several に導かれた名詞句は非分類機能的名詞句であり，それを修飾する制限節は NP を先行詞とする構造を成すことになり問題となる．McCawley の言うことが本当に正しいとすれば several には弱決定詞としての用法以外に強決定詞としての用法もあるということかもしれない．この可能性はそれほど有り得ない可能性ではない．というのは many や some にはよく知られているように弱決定詞の用法 (mny, sm) と強決定詞の用法 (many, some) があるからである (cf. Postal (1971))．また，Thorne (1987) によると数詞 one にも弱決定詞としての用法以外に強決定詞としての用法があるという．

(11) a. I found one pen on the table (and two pencils).
　　　b. I found one pen on the table (and the rest on the floor).
　　　　　　　　　　　　　　　　　　　　　　　(Thorne (1987: 125))

(11b) は次のように書き換えることができ，先行文脈で言及された集合の下位集合を表すことができるという．

(12) I found one of the pens on the table.　　　　(Thorne (1987: 125))

両者の相違は強勢 (stress) の違いとして表れ，(11a) では one と pen に同程度の強勢が置かれるのに対し (11b) では pen よりも one のほうにより強い強勢が置かれるという．このようなことを考えると several にも弱決定詞としての用法以外に強決定詞としての用法があってもそれほどおかしくはない．仮にそうであるとすれば，(10) のような例は本分析の反例とは必ずしもならないかもしれない．いずれにしても several については今後さらに事実関係の調査が必要であろう．

　以上，McCawley (1981, 1988, 1998) の挙げた N′ 先行詞説を支持する証拠が本分析にとって問題となることはないということを示した．問題どころか証拠によっては本分析の統語構造を支持する証拠（不定代名詞 one の振る舞い）さえあることを示した．

5.13.2. 含意

　[数詞 + N] は N の表す集合から数詞の表す数の任意のメンバーを抽出する．任意のメンバーの抽出では N の表す集合を二つに，そして二つのみに分割することはできない．したがって，[数詞 + N] には分類機能はない．分類機能のない NP を修飾する制限節は属性叙述制限節であり，その先行詞は類ではなく個体である．

　しかし，この分析には一見困るような解釈上の問題がある (cf. Jespersen (1927), Bach (1968), Thompson (1971))．次例を見てみよう．

(13) a.　He has four sons that became lawyers.
　　　b.　He has four sons, who became lawyers.
　　　　　　　　　　　　　　　　　　(Jespersen (1927: 85))

(13a) の制限節の場合は，four による量化は制限節を含む sons 以下全体に対してなされ，(13b) の非制限節の場合は非制限節を除く sons のみに対してなされるという．その証拠に後者では息子は 4 人しかいないのに対し，前者では息子は 5 人以上いることが含意されるという．これ種の含意は一見す

ると制限節のN′先行詞説を支持する証拠となるかのように思われるかもしれない．

しかし，制限節における問題の含意は必ずしも制限節の先行詞をN′(sons)ととらなくても出てくる．NP (four sons) を先行詞と考えても同様の含意は導ける．制限節がNP (four sons) を修飾していると仮定すると，その解釈は「弁護士になったという属性（property）をもつ4人の息子」という意味になる．4人の息子を弁護士になったという属性によってわざわざ限定修飾するからには，その限定修飾があてはまらない息子が他に少なくともひとりいるということが会話の含意として導ける．このようにNPである個体を先行詞と考えても同様の含意は導けるのであるから，N′である類を先行詞としなければならないということは必ずしもない．

no や few で始まる名詞句を修飾する制限節の場合も NP から no や few を除いた部分のみが先行詞であると言われている (cf. Jespersen (1927), Bach (1968), Thompson (1971)).

(14) a. I saw no students who had short hair.
b. I know few people who smoke cigars.

(Thomson (1971: 80))

事実はそのとおりであると思われるが，no や few は他の数量詞，数詞とは明らかに異なる．no や few は統語的には NP の主要部と結合しているが，意味的には NP の主要部を修飾しているのではなく，文否定の否定辞と同じ役割を果たしている．つまり，no や few は形式上は NP 内に生起しているが，意味的には NP の主要部と結びついているのではなく，文全体が表す命題的内容を否定しているのである．no や few で始まる名詞句は，その no や few を除いた部分のみで通常の名詞句と同じ役割を果たしていることになる．つまり，形式上は NP の一部である要素が意味的には通常の NP 全体と同じ資格であることになる．そうであるならば，制限節は no や few を含めた全体を先行詞とすることはできないことになる．

no や few で始まる NP の場合は，そこから no や few を除いた部分のみで通常の NP と同じ資格をもつという上記の主張は，非制限節の先行詞の解釈

によっても支持される．非制限節の関係詞は人称代名詞や指示代名詞と同じ照応的代名詞である (cf. Thompson (1971), Fetta (1974), Jackendoff (1977))．非制限節の関係詞は他の照応的代名詞がそうであるように様々な統語範疇 (NP, S, VP, AP, PP 等) を先行詞とすることができ，場合によっては非構成素さえ先行詞とすることができる．しかし，かなり自由に先行詞を取りうる非制限節の関係詞でさえ，no や few で始まる名詞句の場合は，その全体を先行詞とすることはできず，全体から no や few を除いた部分しか先行詞とすることはできない．Rydén (1970: 50) によれば，次例では which は no lettuce を受けることはできず lettuce を受ける解釈しかないという．

(15) a. No lettuce, which was not to be had at that time of the year, was served at the dinner.
(レタスは，その時季の旬ものではなかったので，ディナーにでなかった)
b. He eats no lettuce, which he does not consider to be human food.
(彼はレタスを食べないが，それは人間の食べ物ではないと思っているからだ)

no を含めて先行詞とすることができないのは，no は意味構造的には名詞句内の要素ではないからである．

以上，数詞や no や few 等で始まる名詞句を修飾する制限節の含意や解釈は本分析にとって必ずしも問題とはならないことを示した．

5.13.3. 再構築

Williams (1986: 286) によると，制限節では再構築されるのは NP 全体ではなく N′ であるという．その証拠に，次例では再構築効果 (reconstruction effects) は N′ の部分にのみみられ，決定詞の位置にはみられないという．

(16) a. We saw each other's pictures.
b. I saw the pictures of each other that John and Mary took.
(私はジョンとメアリーが互いに撮影しあった写真を見た)

c. *I saw each other's pictures that John and Mary took.

仮に，再構築されるのは先行詞のみであるとすれば，上記の事実は制限節の先行詞は NP から Det を除いた N′ であるということを示しているように思われるかもしれない．

しかし，上例からは制限節の先行詞が N′ であるという結論を導くことは必ずしもできない．というのは，(16c) は Williams の主張とは無関係な独立した理由により排除できるからである．

(17) a. *I saw John's pictures that Mary took.
b. *He saw Mary's pictures that you took.

この例から分かるように，制限節の先行詞は普通属格名詞句による修飾を許さない (cf. Smith (1964))．したがって，(16c) は再構築化されるべき対象の大きさの議論とは独立した理由で排除でき，制限節の先行詞の大きさを定める決定的な証拠として使うことは必ずしもできない．

5.13.4. 制限節の繰り上げ(摘出)分析 (promotion analysis)

制限節の中には，次例におけるようにイディオムの一部 (idiom chunk) を先行詞としているものがある．これは M. Brame が最初に指摘したといわれている現象である (Schachter (1973))．

(18) a. The headway that he made on his dissertation pleased his adviser.
（彼が博士論文で進歩したことが指導教員を喜ばせた）
b. The aspersions that he cast on my character are unfounded.
（私の性格に関する彼の中傷は事実無根である）

(Chiba (1972: 2))

これらの先行詞はイディオムの一部であり単独では生起できないので，何らかの繰り上げ(摘出)規則が関与していると考えざるを得ない (cf. Chiba (1972), Kajita (1977) 等)．

(19) a. *The headway pleased his adviser.
    b. *The aspersions are unfounded.

(Chiba (1972: 3))

「headway 関係節」を代表とするこの種の特殊な制限節以外の普通の制限節に対しても繰り上げ(摘出)分析を支持する議論が時にみられる。[15] 本書では「headway 関係節」等の特殊な関係節以外の普通の制限節では繰り上げ分析は想定していないので，繰り上げ分析を支持する証拠を検討しておく必要がある．まず次例を見てみよう．

(20) a. The picture of himself which I thought Sam would resent was destroyed in the fire. (Grinder 1970: 310)
    (サムが腹を立てるだろうと私が思ったサム自身の絵は，火事で消失した)

  b. Mary likes the picture of himself Tom had framed.
    (トムが額縁に入れたトム自身の絵をメアリーは気に入っている)

  c. I tore up the recommendations of each other that you and he wrote.
    (あなたと彼が互いに書きあった推薦書を私は破いてしまった)

(Reed (1975: 156))

先行詞には，再帰代名詞 (reflexive pronoun) や相互代名詞 (reciprocal pronoun) が含まれていることからこの種の例は制限節の繰り上げ分析を支持する証拠とみなされてきた (cf. Schachter (1973), Chomsky (1973), etc.)．

しかし，これは制限節の繰り上げ分析を支持する決定的な証拠とは必ずしもならない (cf. Grosu (1981), Safir (1999))．Grosu によれば，この種の照応形 (anaphor) は非制限節の先行詞にも生起できる．

---

[15] 例えば，Åfarli (1994) は wh-relative と that-relative を区別し，後者に対して繰り上げ分析を採用することを示唆している．この点については後で詳細に論じる．

(21) a. That ugly portrait of himself, which John painted when he was only five years old, was staring him right in the face.
（ジョンのその醜い肖像画は，わずか5歳のときに描いたものだが，彼を真正面からみつめていた）

b. This uncontrollable interest in each other, which John and Mary have demonstrated on so many occasions, is downright embarrassing.
（ジョンとメアリーのお互いへの関心は抑え切れないもので，幾度となくみせつけられてきたのだが，極めてばつの悪いものである）

(Grosu (1981: 111))

非制限節は摘出により派生される構造とは通常考えられていないことに注意されたい．[16] また，Grosu は次のような例も指摘している．

(22) a. Upon entering his bedroom, John had the shock of a lifetime. That ugly portrait of himself was staring him right in the face.
（寝室に入るとすぐジョンは生涯に二度とないほどのショックを受けた．自分のあの醜い肖像画が真正面からみつめていたからだ）

b. John and Mary's behaviour is incomprehensible. This uncontrollable interest in each other is shocking to most people.
（ジョンとメアリーの行動は理解しがたい．彼らのお互いへの抑え切れない関心は，大半の人にとってショッキングである）

(Grosu (1981: 111))

上例の照応形はいかなる表示レベルにおいても先行詞によって構成素統御（c-command）されているとは考えられない．そうであるならば，照応形の振る舞いは制限節の繰り上げ分析を支持する証拠とは必ずしもならない．

---

[16] ただし，Kayne (1994) は例外的で，非制限節についても摘出分析を採用している．Kayne (1994) 分析については Bianchi (1999) も参照されたい．また，Kayne (1994) 分析の問題点の議論については Borsley (1997)，Büring and Hartmann (1997)，Rochemont and Culicover (1997)，Bianchi (2000) 等を参照されたい．

(22)の照応形の振る舞いを説明する然るべきメカニズムによって制限節における照応形の振る舞いも説明されてしまうからである.

次に交差効果（crossover effects）に関する議論を検討してみよう. Åfarli (1994) は英語の母国語話者のなかには, wh 制限節では弱交差効果（weak crossover effects）は見られないのに対し, that 制限節では見られるとする人がいるという. 例えば, (23a) の wh 制限節の his は the man を指し得るが, (23b) の that 制限節では指せないとする話者がいるという.

 (23) a. The man who his mother loved best ...
    b. The man that his mother loved best ...

Åfarli によれば, この事実は that 制限節の繰り上げ分析を支持する証拠となりえると示唆している.

また, Safir (1999) は第二交差効果（secondary crossover effects）が制限節に見られることを証拠として繰り上げ分析を支持している. 第二交差効果とは次例に見られるように, wh 移動された要素と代名詞との関係ではなく, wh 句のなかに含まれる数量詞（quantifier）と代名詞との同一指示関係のことをいう (cf. Postal (1993), Higginbotham (1980), Safir (1984, 1986, 1996)).

 (24) a. *[Which reviews of every poet's$_i$ book]$_j$ does he$_i$ try to forget t$_j$?
    b.??[Which analysis of every poet's$_i$ book]$_j$ is his$_i$ mother most afraid of t$_j$ (The Fredian one)
    c. ?[Which reviews of every poet's$_i$ book]$_j$ t$_j$ give him$_i$ the most satisfaction? (Safir (1999: 601))

(24a), (24b) はそれぞれ第二強交差効果, 第二弱交差効果の例である. 第二交差効果は (24) のように, quantifier が補部内に生じている場合にはみられるが, 次例のように付加詞内に生じている場合にはみられないという.

 (25) a. [Which book on every poet's$_i$ shelf]$_j$ is he$_i$ particularly proud of t$_j$?
     （各詩人別の書架にある本のなかで, それぞれの詩人は特にどれを誇

b. [Which book on every poet's_i shelf]_j is his_i mother most proud of t_j?　(The one dedicated to her)
(各詩人別の書架にある本のなかで，各詩人の母親はどれを最も誇りに思っているのであろうか？)

c. [Which book on every poet's_i shelf]_j t_j gives him_i lasting satisfaction?
(各詩人別の書架にある本のなかで，各詩人にとってずっと満足のいくものはどれであろうか？)

(Safir (1999: 602))

これと同じことが制限節の wh 句内に生じた quantifier にもいえる．(26) は quantifier が補部に生じた場合で，(27) は付加詞に生じた場合であり，後者のほうが容認度が高いという．

(26) a. *I respect [any writer] [whose depiction of everyone_i]_j he_i will object to t_j.

b. *?I respect [any writer] [whose depiction of everyone_i]_j his_i mother surely wouldn't recognize t_j.

c. ?I respect [any writer] [whose depiction of everyone_i]_j t_j will offend him_i.

(Safir (1999: 602))

(27) a. ?Can you think of [a single politician] [whose picture in any civil servant's_i office]_j he_i is truly proud of t_j?　(Safir (1999: 602))

b. ?I can think of [several politicians] [whose picture in any civil servant's_i office]_j his_i job depends upon t_j.　(Safir (1999: 602))

c. ?There is [at least one politician] [whose picturte in any civil servant's_i office]_j t_j shows he_i is a Republican.

(Safir (1999: 603))

この補部と付加詞の相違と全く同じことが quantifier が先行詞内に生じた場

合にもみられるという.

(28) a. *[Pictures of anyone$_i$]$_j$ which he$_i$ displays t$_j$ prominently are likely to be attractive ones.
b.*?[Pictures of anyone$_i$]$_j$ that his$_i$ agent likes t$_j$ are likely to be attractive.
c. [Pictures of anyone$_i$]$_j$ which t$_j$ put him$_i$ in a good light are likely to be attractive ones.
（どんな人の絵でも，その人自身によい印象を与える絵は魅力的な絵であろう）

(Safir (1999: 611))

(29) a. [Pictures on anyone's$_i$ shelf]$_j$ which he$_i$ displays t$_j$ prominently are likely to be attractive ones.
（どの人の棚の絵でも，その人自身が目立つように陳列した絵は，魅力的な絵であろう）
b. [Pictures on anyone's$_i$ shelf]$_j$ that his$_i$ agent likes t$_j$ are likely to be attractive.
（どの人の棚の絵でも，その人の代理人が気に入った絵は，魅力的であろう）
c. [Pictures on anyone's$_i$ shelf]$_j$ which t$_j$ put him$_i$ in a good light are likely to be attractive ones.
（どの人の棚の絵でも，その人自身によい印象を与える絵は，魅力的な絵であろう）

(Safir (1999: 612))

このように，wh句の場合と全く同様な再構築効果が先行詞にもみられるのであるから，wh句が制限節内から移動により節頭の位置に動くと考えられるように，先行詞も制限節内の位置から主要部の位置に繰り上げられると考えざるを得ないという. そうでなければ, 両者の類似性は捉えられないという.

しかし，このような交差効果の現象は繰り上げ分析を支持する決定的な証

拠とはならないであろう．第一に，制限節の場合には，wh 疑問文等とは異なり，交差効果に関する容認度の判断が人により相当程度異なるからである（この点については Åfarli (1994) も認めている）．例えば，Chomsky (1982) は制限節では弱交差効果はみられないといい，次例を挙げている．

(30) a. the man who his$_i$ mother loved t$_i$ best
　　 b. *who did his$_i$ mother love t$_i$ best

(Chomsky (1982: 93))

Sportiche (1983)，Aoun (1983) も Chomsky と同様な見解を示している．

(31) a. This is a man$_i$ that his$_i$ enemies praise e$_i$.

(Sportiche (1983: 160))

　　 b. the kid$_i$ that his$_i$ mother cares for e$_i$
　　 c. *who$_i$ does his$_i$ mother care for e$_i$

(Sportiche (1983: 119))

一方，Higginbotham (1980) は，非制限節には弱交差効果はみられないが，制限節ではみられるといい，次例をあげている．(32a) では his は the man を指せるが，(32b) では指せないという．

(32) a. The man, who I know his wife loves, admires Mozart.
　　 b. The man who I know his wife loves admires Mozart.

(Higgimbotham (1980: 702))

同様な見解は，Safir (1984, 1986)，Lasnik and Stowell (1991) にもみられ次例を挙げている．

(33) a. John, who his$_i$ wife loves e$_i$, arrived early.
　　 b.*?A man who his$_i$ wife loves e$_i$ arrived early.

(Safir (1986: 667))

(34) a. Gerald$_i$, who$_i$ his$_i$ mother loves t$_i$, is a nice guy.
　　 b. This book$_i$, which$_i$ its$_i$ author wrote t$_i$ last week, is a hit.

c. *the man$_i$ who$_i$ his$_i$ mother love t$_i$

   d. *the book$_i$ which$_i$ its$_i$ author read t$_i$

(Lasnik and Stowell (1991: 608))

このように，弱交差効果現象については全く異なる判断がなされているのであるから，これを証拠として議論を組み立てるのはかなり慎重を要すると思われる．少なくとも，事実関係をさらに詳細に調査しなければならないことだけは明らかであろう．

さらに，Safir (1999) の分析に限っていえば，問題はこれだけではない．非制限節の場合には通常の弱交差効果は一般にみられない．この点は，制限節には弱交差効果がみられるとする学者においても意見が一致している．Safir 自身も (33) で示したように，この点は認めている．しかし，wh 句に関する第二弱交差効果は Safir も認めているように，制限節のみならず非制限節でもみられる．

(35) a. *John, [whose depiction of everyone$_i$]$_j$ he$_i$ will object to t$_j$ ...

   b.*?John, [whose depiction of everyone$_i$]$_j$ his$_i$ mother surely wouldn't recognize t$_j$ ...

   c. ?John, [whose depiction of everyone$_i$]$_j$ t$_j$ will offend him$_i$ ...

(Safir (1999: 602))

(36) a.??Bill, [whose picture in any civil servant's$_i$ office]$_j$ he$_i$ is sure to be very proud of t$_j$ ...

   b.??Bill, [whose picture in every civil servant's$_i$ office]$_j$ his$_i$ supervisor requires t$_j$ ...

   c. ?Bill, [whose picture in any realtor's$_i$ office]$_j$ t$_j$ testifies to his$_i$ political connections ...

(Safir (1999: 602))

このことは第二弱交差効果現象は通常の弱交差効果現象とは異なり，先行詞自体とは基本的には直接関係のない現象であることを示している．したがって，先行詞自体の性質（例えば，移動・繰り上げの有無）の議論にこの現象を

使うことはできない.

　さらに，Safirの繰り上げ分析を仮に採用したとしても，先行詞がどのような操作を経て主要部の位置に至るのかがよく分からない．例えば，(26c)を具体例として考えてみもよい．先行詞 any writer が繰り上げにより主要部の位置を占めるとすると，派生のどこかの段階で，any writer's depiction of everyone が一つのNPを成していると考えざるを得ない．そして，その後のどこかの段階で，any writer がその名詞句の外へ摘出されると考えられる．そうであるならば，この操作はRoss (1967) の左枝の条件（Left Branch Condition）を破る操作であることになり都合が悪い．

　このように，繰り上げ(摘出)分析を支持する証拠にはいくつか問題点があり，これをそのまま採用することはできないことが分かる．

　本書では，「headway関係節」を代表とする特殊な関係節を除き，通常の制限節には繰り上げ分析を採用しないが，しかし，繰り上げ分析が仮に正しい仮説であったとしても，そのこと事態が本分析に，少なくとも直接的に，影響を与えることはないということに注意しなければならない．というのは，本分析にとって重要なのは，命題函数としての制限節が最終的に二つの異なる先行詞と異なる統語構造を成していることであり，その構造が繰り上げ分析によるものか否かは本分析にとってそれほど重要な意味は持たないからである．

　以上，本節では関係節の従来の分析を支持するとして挙げられてきた証拠が，本書の分析にとって必ずしも問題となることはないということを示した．

第 6 章

範囲指定の関係節

　ここまで考察の対象としてきた制限節は，名詞的表現が先行詞である点では一致していた．その意味でこれら関係節は制限的関係節の中でも中核 (core) 的な関係節であると言ってよい．そして，前章までは，この中核的な制限節の中で先行詞の「大きさ」が異なる二種類の制限節を区別する必要があることを論じた．しかし，関係節の中にはこれら中核的な制限節とはやや性質の異なる周辺的 (peripheral) な関係節も見られる．表面形式上は制限節の形をしているが，名詞的表現を先行詞としているとは考えられないものがある．本章ではその一つとして「範囲指定の関係節」とも呼ぶべき関係節があることを論じる．

6.1. 範囲指定の関係節とは

　まず次例を見てみよう（括弧 [ ] は筆者）．

　（1）a. "In a case [I know of], the behaviour became obsessional, and possibly deviant," Wilson says.

　　　　　　　　　　　　　　　　　　　（*The Sunday Times* <<941218>>）

　　　　（「私の知っている一事例では，行動が脅迫観念的になり，事によると常軌を逸することもあった」とウィルソン氏は述べている）

209

b. In §6.4.1, I will discuss a few of the many pieces of confirming evidence [that I know of], and in §6.4.2, I will discuss all the disconfirming evidence that has come to light thus far.

(John R. Ross, *Infinite Syntax*, 272)
(6.4.1節では，私の知っているたくさんの肯定的証拠のいくつかについて論じ，6.4.2節では，これまでに明らかになった否定的証拠のすべてについて論じる)

これらの例の (that) I know of は名詞表現を先行詞としていると考えられる．例えば，(1a) では「私の知っている一事例（では）」といった意味になり，通常の制限節と同じ働きをしている．しかし，次例の (that) I know of は多義的 (ambiguous) で，普通の制限節にも解釈できるが，副詞節 as far as I know (「私の知る限りでは」) の意味にも解釈できる．

(2) a. I must say that the descriptions of, in particular, English that this list of rules gave us worked pretty well—better than any description of English [that I know of now].

(Howard Lasnik and Juan Uriagereka, *A Course in GB Syntax*, 6)
(この一連の規則による，特に英語の記述はとても満足のいくものであったし，私が現在知る限り，英語の記述のどれよりもそうであったと言わざるをえない（副詞的解釈))

b. No semantic theory [that I am aware of] (with the possible exception of Schank's (1972)) offers the machinery for accomplishing this, but at least we have an inkling of one direction in which we should move.

(William Orr Dingwall (ed.), *A Survey of Linguistic Science*, 153)
(これを成し遂げる道具立てを示している意味理論は私の知る限り（例外となりえそうな Schank (1972) を除き）ないが，少なくとも進むべき方向はおおよそ見当がついている（副詞的解釈))

例えば，(2a) は「現在私が知っている英語の記述のどれよりも」と解する

第6章 範囲指定の関係節

こともできれば,「私が現在知る限り,英語の記述のどれよりも」と副詞的に解することもできる. (2b) の that I am aware of も同様で,「私の知っている意味理論はどれも (〜ない)」と普通の制限節の意味にもとれるが,「私の知る限り,意味理論はどれも (〜ない)」と副詞的に解釈することもできる. 後者の解釈の (that) I know of, (that) I am aware of 等の関係節をここでは「範囲指定の関係節」と呼ぶことにする. (2) では範囲指定の関係節は名詞句の内部に生起している.

範囲指定の関係節は名詞句内だけでなく名詞句外にも生起可能で,次のような否定辞 not と共起した例はよく知られている (cf. Jespersen (1927), 長原 (1990)).

(3) a. "And has she made one of these suicide attempts or phoney suicide attempts before?" "Not [that I know of]," said Rosenberg.
(Kingsley Amis, *Jake's Thing*, 262)
(「それから,このような自殺行為や見せかけの自殺行為を彼女がこれまでにしたことはありますか?」「私の知る限りはありません」とローゼンバーグは言った)

b. Has he ever been in danger? Well, not [that I know of].
(*The Times* <<940316>>)
(これまでに彼が危険な目にあったことはありますか? そうですね,知ってる限りではありませんね)

(3) の that I know of は (2) の範囲指定の関係節がさらに副詞化し,意味的のみならず統語的分布上も副詞としてのステイタスを完全に確立した例であると思われる. 辞書によっては, (3) の Not that I know of を全体として意味と表現形式が固定した一種のイディオムとして掲載しているものもある. (3) のような例については後でまた考察することとし,ここではまず, (2) におけるような名詞句内部に生じた範囲指定の関係節について先に考えてみよう.

(2)におけるような名詞句内部に生じた範囲指定の関係節でまず問題となるのは,この種の関係節を本当に通常の制限節とは異なる関係節として位置

づける必要があるのかということである．この点については従来の関係節の分析ではその必要はないと考えられてきたと思われる．というのは，その必要性を明確に論じた分析はこれまでのところ見あたらないからである．意味上はともかく，統語上は (2) の範囲指定の関係節は，(3) とは異なり，明らかに名詞句内に生起しているのであるから，そのように考えられてきたのも無理はない．しかし，よく調べてみると，この種の関係節を通常の制限節とは異なる関係節として位置づけねばならない証拠があることが分かる．次節ではその証拠を見てみよう．

6.2. 範囲指定の関係節の証拠

6.2.1. 先行詞

まず先行詞における相違から見てみよう．Jespersen (1927) は，(that) I know of 等の表現は否定辞なしに生じることはきわめてまれであると述べている．しかし，筆者の調査によれば，否定辞 (not, no) 以外の場合にも生起可能で，(the) only，最上級，序数，all, every, most, any, a lot of, few 等の数量詞，数詞，等を伴う場合にもしばしば生起する．次例を参照されたい（下線と括弧 [ ] は筆者）．

(1) I have no enemies [I know of].　　　　　(*The Times* <<930702>>)
（私の知る限り敵などひとりもおりません）

(2) "This is the only country [I know of] where we would permit children access to weapons that make them better armed than police forces," the president said at a "town hall" meeting in California.　　　　　(*The Times* <<931005>>)
（「子供が容易に武器を手に入れられ，警察よりも重装備してしまうような国は，私の知る限り我が国以外にありません」と大統領はカルフォルニアの市役所会議で語った）

(3) "These are the most marvelous and patient fans [I know of]," he said.　　　　　(*Los Angeles Times* <<950413>>)

第6章　範囲指定の関係節　　　　　　　　　　　213

(「私の知る限りこれほどすばらしく忍耐強いファンはおりません」と彼はいった)

(4) "This is <u>the first</u> one [I know of], and hopefully it's the last," Garagliano said.　　　　　(*Los Angeles Times* <<950603>>)
(「私の知る限りこれが最初で，願わくば最後であってほしいのだが」とガラグリアーノは述べた)

(5) I think we have acted faster in this case than in <u>any</u> other comparable case [that I know of].　(*Los Angeles Times* <<950627>>)
(今回ほど迅速な行動をとったケースは私の知る限りないと思います)

(6) a. <u>All</u> schools [I know of] could use a great deal more funding.
　　　　　　　　　　　　　　　(*Los Angeles Times* <<951229>>)
(私の知る限りどんな学校でももっとずっと豊かな財源を使えるはずです)

b. Almost <u>every</u> major university [that I know of] has had to deal with one or the other major scandal.
　　　　　　　　　　　　　　　(*Los Angeles Times* <<950627>>)
(主要な大学は私の知る限りほとんどどれも，あれやこれやの大きなスキャンダルをこれまでに処理しなければならなかったはずです)

c. Such a proposition would be acceptable in <u>most</u> religious systems [that I know of].　　　(*The Times* <<930927>>)
(そのような主張は私の知る限りほとんどの宗教制度で受け入れられるであろう)

d. There's <u>a lot of</u> people [I know of] that are a lot bigger rock stars, at least in their own mind, than me.
　　　　　　　　　　　　　　　(*Los Angeles Times* <<951022>>)
(私よりもずっと大物のロックスターであると少なくとも心の中で思っている人は，私の知る限り大勢います)

e. "There are very <u>few</u> cities [I know of] where people seeing a black woman walking down the road with her children stop and yell 'get out of here, nigger bitch'," Tom Oxford, Mr Simpson's

lawyer, told US Today newspaper.　　（*The Times* <<930904>>）
(「子供づれの黒人女性が道を歩いているのを見た人が立ち止まって，「ここからうせろ，黒人女め」と叫ぶような都市は私の知る限り極めて少ない」とシンプソン氏の弁護士であるトム・オックスフォードが US Today 紙に語った)

(7)　There have been <u>six</u> recent offences of indecent assault or indecent exposure [that we now know of].　　（*The Times* <<931026>>）
(強制猥褻犯罪や公然猥褻犯罪は現在掌握している限りで，最近 6 件ありました)

しかし，範囲指定の関係節はどんな場合でも生起可能かというとそうではなく，先行詞に上記のような要素が含まれている場合に，そしてその場合に限って通常生起可能となる．この点で範囲指定の関係節は普通の制限節とは異なる．

6.2.2.　関係詞

範囲指定の関係節は関係詞についても普通の制限節とは異なる特徴を示す．Jespersen (1927) によれば，範囲指定の関係節では that が常に用いられるという．Jespersen (1927) は接触節（contact clause）の可能性については触れていないが，上例からもすでに明らかなように，ゼロ形の関係詞も頻繁に用いられる．しかし，wh 形の関係詞は that やゼロ形と比較すると相対的に頻度は低い．[1] この点でも普通の制限節とは明らかに異なる．巻末の補足データリストも参照されたい．

---

[1] 次例は稀な例で wh 形の関係詞が用いられている．筆者がこれまでに目にしたこの種の例は標準英語においてはこの一例のみである．
　　(i)　I think Morris Halle was the only linguist in the 1950s who I can remember who thought it was ever worth pursuing.
　　　　　　　　　(Chomsky, *Generative Enterprise*, p. 43)（長原 (1990: 144)）
なお，長原は上例をここでの趣旨とは異なる文脈で挙げている．

6.2.3. 内部構造

範囲指定の関係節の述語（predicate）にも一定の制約がみられる．通常の制限節で用いられる述語がすべて可能であるわけではない．次例を見てみよう．

(8) a. "It is the most leaky cabinet [I can recall]," says one member.
   　　　　　　　　　　　　　　　　　　　　（*The Sunday Times* <<930214>>）
   （「これほどまでに秘密を守れない内閣は，私の記憶ではこれまでにない」とある閣僚は述べている）

   b. "The team spirit which grew in a party missing several of our representative players was the best [I can remember]," he said.
   　　　　　　　　　　　　　　　　　　　　　　　（*The Times* <<930906>>）
   （「何人かの中心選手を欠いた仲間の中で盛り上がったチームの士気は私の知る限り最高であった」と彼は言った）

   c. The only theatre people [I can think of] who have it are Audrey Hepburn and Betty Bacall.　　　　（*The Times* <<930819>>）
   （それを持っている映画関係者は思いつく限りでは，オードリー・ヘップバーンとベティ・バコールだけです）

   d. In Laurel Plaza, there's no team effort [that I can see].
   　　　　　　　　　　　　　　　　　　　　（*Los Angeles Times* <<940713>>）
   （ローレル・プラザではチーム努力は私の知る限り一切ない）

上例とこれまでの例から分かるように，範囲指定の関係節では，know (of), be aware of, recall, remember, see, think of 等のような「知る」「覚えている（思い出す）」「思いつく」といった種類のごく限られた述部しか許されない．また，これらの述部が否定形になることも通常ない．少なくとも手元の資料にはそのような例は一例もない．この点でも普通の制限節とは異なる．

6.2.4. 分布

最後に分布について検討してみよう．まず，範囲指定の関係節が通常の制限節と共起した場合の生起順序から見てみよう．

6.2.4.1. 制限節との生起順序

一つの名詞句内に，範囲指定の関係節と通常の制限節の二つの関係節が同時に生起した場合には，つまり，いわゆる多重関係節 (stacked relative) 構造をなす場合には，範囲指定の関係節のほうが通常の制限節よりも前にくるのが普通である．

(9)　範囲指定の関係節　＞　通常の制限節

次例を見てみよう ((6d), (6e), (8c) と巻末の補足データリストも参照)．

(10) a.　The only transformation [I know of] [that requires a similar filter] is relative clause formation, which is blocked if non-identity obtains between the relativized word and the head of the NP containing the relative clause.
　　　　　　　　　　　　　　　　(Jackendoff (1972b: 86 地の文))
(私の知る限り，同様なフィルターを必要とする唯一の変形は関係節形成規則で，この規則は，関係詞化される語と関係節を含む名詞句の主要部が同一性の条件を満たさなければ，阻止される)

b.　Switzerland is the only country [I know of] [which is hospitable and yet has preserved its own identity, both physical and psychological].　　　　　(*The Sunday Times* <<940911>>)
(寛容であるが独自のアイデンティティーを物理的にも精神的にも保持している国は，私の知る限りスイスだけだ)

これらは範囲指定の関係節 (that) I know of が普通の制限節の前に生起している例である．of のない (that) I know の形もあるが，これも普通の制限節の前に生起する．

(11) a.　Agnes is the only person [I know] [who could be remotely described as international jet set, a breed that was born in Cannes in the early 1960s].　　　　(*The Sunday Times* <<940522>>)
(1960 年代初頭にカンヌで誕生したタイプの国際的なジェット族とで

第6章　範囲指定の関係節　　　　　　　　　　　　　　217

も間接的に評せる人物は，私の知る限りアグネスだけだ）

b. She was the only auditor [I know] [that spent more time round our factories than many of our executives].

(*The Times* <<940917>>)

（多くの管理職よりも工場周辺で多くの時間を費やした会計検査官は，私の知る限り彼女だけでした）

以下，上記以外の範囲指定の関係節の例を挙げる．どれも普通の制限節の前に生起していることに注目されたい．

(12) a. They haven't hurt my pride too badly, but this is the first time [I can remember] [when a young man has complained after I invited them to give me a kiss]. (*The Times* <<941217>>)

（彼らは私のプライドをそれほど傷つけることはなかったが，キスしてと頼んだときに一人の青年が不満を言ったのは私が覚えている限り，この時が初めてだった）

b. It is also the first American cop drama [I can remember] [in which the black cop is allowed to be unpleasant].

(*The Sunday Times* <<931121>>)

（それはまたアメリカの警官ドラマのなかで不愉快な黒人役の警察官が許された，私の知る限り最初のものである）

c. The only thing [that I could think of] [that England's bootless peasantry would so willingly queue all day for] would be Cup Final tickets. (Dick Francis, *Trial Run*, 130)

（英国の貧しい農民が一日中いそいそと行列をなして購入しようとするものは，思いつく限りではカップ・ファイナルのチケットぐらいであろう）

次例は多重関係節構造全体が外置されている例であるが，この場合にも範囲指定の関係節が通常の制限節の前に生じていることに注意しなければならない．

(13) "Nothing has occurred [that I'm aware of] [that has caused either party to believe their respective interests are not still served by continuing live television coverage of the case]."

(*Los Angeles Times* <<950823>>)

(その裁判をテレビで生放送し続けると,自分達の利益にはつながらないとどちらの側にも思わせてしまうようなことは,私の知る限り何も起こらなかった)

　仮に,範囲指定の関係節を認めず,通常の制限節と同じ種類の関係節として扱うならば,上記の事実を捉えることはできない.(9)のような形で言語事実を正しく捉えるためには,範囲指定の関係節を通常の制限節とは異なる関係節として位置づけねばならない.[2]

　長原(1990)は,名詞句の修飾句には,主要部の談話(discourse)との関わりを述べるものと,主要部そのものの特徴を述べるものとの二種類あり,これらはこの順で生起するという(cf. Fox (1987)).この区別自体はおそらく正しいものと思われるが,しかし,この区別によって問題の事実を捉えることはできないであろう.というのは,(9)は,問題の多重関係節がどのような文脈に生起しようとも成り立つからである.つまり,範囲指定の関係節と通常の制限節の二つの関係節が同時に生起した場合には,談話の流れとは無関係に,前者のほうが後者よりも前に生じるのが普通であるからである.

　ここまで見てきた多重関係節は二つの関係節が生起している二重制限(double restriction)の例であったが,範囲指定の関係節を含めて三つの関係節が生起している三重制限(triple restriction)の例もある.

---

　[2] 範囲指定の関係節が通常の制限節の後に来ている例は筆者の手元の資料には次の一例しかない.

(i) I just don't remember that there was anything [that went down in the '70s] [that I can remember right now as I'm talking to you]. (*Los Angeles Times* <<940120>>)

しかし,この例の範囲指定の関係節内には as 節が生じており,全体としてかなり「重い」要素となっていることに注意しなければならない.この場合にも文体上の要因が関与していることはまず間違いないと思われる(5.2節参照).

(14) a. She is the only writer [I can think of] [who has become consistently better] and is the only writer [I know] [who makes me laugh] [who has any real pretensions as a novelist].

(*The Sunday Times* <<940313>>)

（常に進化している作家は思いつく限りでは彼女だけであり，また，私を笑わせ小説家としての真の自負を持つ作家は，私の知る限り彼女しかいない）

b. I think there are many [that we know] [that are alive now] [who will never see another Sunday].

(Ernest Hemingway, *For Whom the Bell Tolls*, Scribner Paperback Fiction Published by Simon & Schuster, p. 89)[3]

（今生きていても次の日曜日にはお目にかかれない人が我々の知る限り大勢いると思います）

(14a) の and で接続された第一等位項では，二つの関係節が生起しており，これまでの例と同じであるが，第二等位項では，範囲指定の関係節を含めて三つの関係節が生起している．後者においても範囲指定の関係節が第一関係節の位置を占めていることに注意されたい．(14b) でも同様に三つの関係節が生起しているが，第一関係節の位置を占めているのはやはり範囲指定の関係節である．このように，(9) の原則は，関係節が三つ生起している場合にもあてはまる一般性の高い原則であるといえる．とはいえ (9) はこのままでは記述的一般化にすぎない．(9) を含め範囲指定の関係節のもつ諸特徴については後で一括して説明する．

6.2.4.2. 補部との生起順序

次に，補部との生起順序について見てみよう．補部（complement）という概念は X-bar 理論では広義にも狭義にも用いられる．広義では，指定部（specifier）に対する概念として用いられ，狭義では制限的修飾句，非制限的修飾句に対する概念として用いられる．後者の意味の補部は，主要部の意

---

[3] この例は大室剛志氏の指摘による．

味的な空所を埋める要素としての補部のことである．ここで問題とする補部はこの後者の意味の補部である．

補部はいろいろな形態をとり得る．代表的なのは前置詞句（PP），to 不定詞，関係節である．以下，この順に考察する．

6.2.4.2.1. 補部の前置詞句との生起順序

Jackendoff（1977b）の X-bar 理論に従えば，NP の補部は N′ に直接支配される位置に，また，制限節は N″ に直接支配される位置に生成されるのであるから，補部が外置等の操作を受けない限り，補部 ＞ 制限節の順に生起することが予測される．次例を見てみよう．

(15) a. Since there is no way [of deriving (28e)] [that does not involve a violation of this constraint], the sentence is correctly predicted to be ill-formed.　　　　　　　　　(Baker (1978: 211 地の文))
（この制約に抵触せずに（28e）を派生することはできないので，その文は正しく不適格と予測される）

b. THE IRA has developed a new way [of remotely detonating bombs from long distance] [which is so sensitive that explosives could accidentally be set off by members of the public], the RUC warned yesterday.　　　　(*The Guardian* <<940316>>)
（アイルランド共和軍は爆弾を遠隔起爆する方法を開発したが，それはとても感度がいいので一般民間人が偶発的に起爆してしまう可能性があると，北アイルランド警察庁は昨日警告した）

c. BT has fought back (thanks to the wonders of digitalisation and compression) by experimenting with a way [of sending video films down existing copper cables] [which doesn't seem to transgress the legal restrictions].　　(*The Guardian* <<940225>>)
（法的制約に触れないような形でビデオフィルムを今ある銅ケーブルに送信する方法を実験化することにより，（デジタル化と圧縮という驚くべき物のお陰で）英国電信電話会社は応戦した）

第 6 章　範囲指定の関係節

これらの例から分かるように，補部 PP が通常の制限節と生起した場合には，補部 PP ＞ 制限節の順に生起するのが普通である．

では，範囲指定の関係節が補部 PP と共起した場合はどうであろうか．次例を見てみよう．

(16) a. The only way [I know] [of dealing with the problem] is to stop it at source; that is to have international agreement and to limit and, ideally, completely stop the use of these harmful chemicals.
(*The Sunday Times* <<940626>>)
(この問題に対処する唯一の方法は，私の知る限りもとを断ち切ることだ．つまり，国際的合意を得て有害化学物質の使用を制限し，理想的には完全にやめることだ)

b. Then there is the sending of invitations to a party, "the cheapest way [I know] [of attaining the sensation of true lordliness]."
(*The Times* <<930101>>)
(次にパーティーの招待状を送る．これは「真の威厳の感覚を達成する私の知る限り最も安上がりな方法です」)

c. 'The best way [I know] [of keeping the ball] is to only use players who are comfortable with it at their feet,' he said.
(*The Observer* <<970202>>)
(「私が知る限りボールをキープする最良の方法は，ボールが足元にあると心地よくなる選手を使うこと，ただそれだけさ」と彼は語った)

範囲指定の関係節の場合には，純粋な制限節とは異なり，補部 PP にさえ先行可能であることが分かる．ただし，補部 PP の後に範囲指定の関係節が生じている例ももちろんある．

(17) ...: there's no technical term [for this] [that I know of], but if you've had a wipeout, a lot of sea water ends up washing around in your sinuses.　(*The Sunday Times* <<970824>>)
(私の知る限りこれには専門用語はないが，転覆すると鼻に大量の海水が

入ってきてしまう)

　ここで重要なのは,範囲指定の関係節は補部 PP の前の位置に生起可能であり,そして,純粋な制限節との比較でいえば,その位置に生起するほうがむしろ自然であるということである.この点でも範囲指定の関係節は純粋な制限節とは異なる.

　上例では way を主要部とする例しか挙げなかったが,同様なことは way に限らず一般的にあてはまることである.

(18) a. "The only reason [I can think of] [for being on the list] is that I preached at an ANC funeral."　　　(*The Times* <<940414>>)
 (「思いつく限りでは,リストに載った唯一の理由は,私がアフリカ民族会議の葬儀で唱導したからです」)

　　b. That's the only reason [I can think of] [for the questions being asked].　　　(*Los Angeles Times* <<940318>>)
 (思いつく限りではその質問がなされた唯一の理由はそれだ)

これらは reason の補部である for で始まる PP の前に範囲指定の関係節が生起している例である.以下,その他の例を挙げておく.

(19) a. This contrast is about the strongest argument [I know of] [for the notion "Accessible SUBJECT."]　(Howard Lasnik and Juan Uriagereka, *A Course in GB Syntax*, 6,地の文)
 (この対比は「接近可能な拡大主語」という概念を支持する議論の中で,私の知る限りまず最強のものである)

　　b. HealthMed has no affiliation [that I know of] [with Scientology].
　　　　　　　　　　　　　　　　　　　　　　　　　　(*Time* <<910506>>)
 (ヘルスメッド社は私の知る限り,サイエントロジーとはつながりがない)

　　c. The worst punishment [I can think of] [for them] is having to put their own ideas into practice.　　(*The Guardian* <<940318>>)
 (思いつく限りでは彼らに対する一番の罰は,彼らが自分らの考えを

実行に移さざるを得なくすることだ）

d. It's the best cure [I can think of] [for adultery].

(*The Observer* <<940123>>)

（思いつく限りでは，不貞を治す最良の方法はそれだ）

e. Writing was the only other means [I knew] [of supporting my family]. (*The Sunday Times* <<931121>>)

（著作活動は私が知る限り家族を養う他の唯一の手段であった）

f. The most charitable comment [I can think of] [concerning Kirschner's views] is that he is somewhat confused.

(*Los Angeles Times* <<941022>>)

（思いつく限りでは，キルシュナーの見解に対する最も思いやりのある評言は，彼はやや混乱しているというものだ）

次例については少し解説が必要かもしれない．example, instance, case といった語彙項目は「何の例」，あるいは，「どのような例」であるかが了解されてはじめて意味をなす単語である．ただ例といってもそれが何の例，どのような種類の例であるのかが分からなければ意味をなさない．「何の」，「どのような」にあたる部分が言語表現によって表されていない場合にも，それが何の例，どのような例であるのかは少なくとも了解されていなければならない．その意味でこれら語彙項目は少なくとも意味的には補部を要求する語であるといえる．「何の」にあたる部分はいろいろな表現手段によって表されるが，次例では of ではじまる PP によって表されている．

(20) a. ... this was by far the worst example [I can remember] [of the media acting in a way which might prejudice a fair trial].

(*The Times* <<930930>>)

（公正な裁判をゆがめるような形でメディアが動いた，私の知る限り断然最悪な例がこれだ）

b. 'Goal scoring is an instinct,' Lemaire said. 'The best example [I know] [of that] was Bossy.' (*The New York Times* <<960227>>)

（「ゴール得点は天性の才能なのさ」とルメールは語った．「ボッスィー

が私の知る限りその一番良い例だ」）

重要なことは，これらの例でも範囲指定の関係節は補部 PP の前に生じているということである．

6.2.4.2.2. 補部の to 不定詞との生起順序

補部 PP と同様なことは補部の to 不定詞についてもあてはまる．補部の to 不定詞が普通の制限節と共起した場合には前者が後者の前に来るのが一般的である．

(21) a. American scientists are investigating a novel way [to treat coronary artery disease] [which could overcome the need for heart surgery and other invasive techniques].

(*The Observer* <<940417>>)

（アメリカの科学者たちは，心臓手術や他の切開技術を必要としない，冠状動脈病の新治療法を研究している）

b. They found a way [to bet on the country's most popular sport] [which avoided the risk of players being bribed to throw away victory].　　　　　　　　　　　　(*The Times* <<940526>>)

（国内で一番人気のスポーツで賭けをする方法で，買収された選手がわざと試合に負ける危険性を避けた方法を彼らは見つけた）

しかし，範囲指定の関係節が補部の to 不定詞と共起した場合には，補部の to 不定詞の前に生起することが可能で，その位置のほうがむしろ一般的である．

(22) a. It is a long and difficult enterprise, but it is the only way [I know of] [to make the case in a responsible manner].

(Lakoff (1987: 378 地の文))

（それは長くて困難な大仕事であるが，責任をもって擁護論を展開する方法は，私の知る限りそれしかない）

b. Perhaps it is not the best way, but it is the only way [I know of] [to get to something that is as close as possible to life].

(*The New York Times* <<960710>>)
(それは，生命に限りなく近いものに到達する最良の方法ではないだろうが，私の知る限り唯一の方法だ)

これらは way を主要部とする例であるが，以下これ以外の例を挙げておく．

(23) a. In Chapter 2, I will discuss the only previous attempts [I know of] [to limit the power of variables]—Chomsky's A-over-A principle and two conditions subsequently proposed by him—and demonstrate that they are too strong in some respects and too weak in others. (John Robert Ross, *Infinite Syntax,* 7-8 地の文)
(2 章では，変項の力を制限する試みで，私の知る限りこれまでで唯一のもの——チョムスキーのエーオーバーエー原理とその後彼が提案した二つの条件——について論じ，それら条件がある点では強すぎ，ある点では弱すぎるということを示すことにする)

b. The only reason [I can think of] [to do it, at some fire-sale price,] is that no one right now has the nerve to buy an apartment in New York—it's so obviously a risky thing to do.

(*Time* <<900910>>)
(大特価価格で販売しようとする，考えられる唯一の理由は，ニューヨークのアパートを現時点であえて買おうなどと思っている人は誰もいないからです．そんなことしたらリスクがあるのは十分わかってますから)

これらの例においても範囲指定の関係節は補部の to 不定詞の前に生じていることに注意されたい．

6.2.4.2.3. 補部の関係節との生起順序

長原 (1990) によれば，関係節のなかには形式上は関係節の形をとっているが意味的には補部として機能しているものがあるという．例えば，次例の

括弧で括られた部分は，way や reason の「～の仕方」,「～の理由」の「～」の部分にあたり，補部として機能しているという．この種の関係節を長原は補部の関係節と呼ぶ．

(24) a. Posture is not only a means of punctuating a conversation, it is also a way [in which people can relate to each other when they are together]. (長原 (1990: 99))
(姿勢は会話の効果を高める手段であるだけでなく，人が一緒にいるときに互いの関係を築き上げる手段でもある)

b. One would go to the effort of saying *pale red* instead of *pink* only if there were some reason [why *pink* would be inappropriate]. (長原 (1990: 105))
(pink ではなく pale red を無理してでも使おうとするのは，pink が適切でない理由が何かある場合に限られる)

長原によれば，補部の関係節と制限節が共起した場合には，この順で生起することが X-bar 理論によって予測されるが (cf. (25))，しかし，この予測される順序は (26) に見られるようによく逆転する，という．

(25) In addition to language there are other ways [in which man communicates] [that either reinforce or deny what he has said with words].
(長原 (1990: 100))
(人間の意思伝達手段で言葉で表現したことを強めたり否定したりする方法は，言語以外にもあります)

(26) a. Juanita, is there any way [you can think of] [that anyone, *anyone at all*, could have taken the money out of your cash drawer]?
(アニータ，あなたの現金入れ引き出しからお金を誰かが持ち出す方法なんて，何か思いつく限りある？)

b. It's the only reason [I can possibly think of] [why she should have been killed].
(渡辺ほか (1976: 824)) ((a), (b) とも長原 (1990: 131) より)

第6章 範囲指定の関係節　　　　　　　　　　227

(彼女が殺されるべき理由は私が思いつく限り，それしかない)

　(25)と(26)の例をよく検討してみると，両者では関係節の組み合わせが異なっていることに気がつく．(25)では，補部の関係節と本書でいう「通常の」制限節が共起しているが，(26)では，補部の関係節と本書でいう「範囲指定の関係節」が共起している．前者の組合せでは，補部の関係節＞「通常の」制限節の順に生起するが，後者の組合せでは，「範囲指定の関係節」＞補部の関係節の順に生起する．補部の関係節との生起順序においても，「範囲指定の関係節」は「通常の」制限節とは異なる振る舞いを示すことが分かる．以下，同様な例を挙げておく．

(27) a. There are also countless instances of different ways [a given sequence of words can be interpreted] [that correspond to different structural relations among the parts of the sentence], e.g., ...　　　　　　　　　　　　　(McCawley (1988: 8 地の文))
(また，文の要素間の異なる構造関係に対応して，与えられた単語列を解釈する方法はいろいろあることを示す例は，無数にあります)

b. There may be instances [in which markers are not applied] [that we are not aware of because context does not clearly mark the deviancy].　　　　　　　　　　　　(Menyuk (1969: 59 地の文))
(標識が付いてない例で，その逸脱性が文脈によって明確に示されていないために，見過ごしてしまう例があるかもしれない)

(27a)では主要部 ways の後ろに補部の関係節と「通常の」制限節がこの順に生起している．(27b)では instances が主要部で，すでに述べたように，example, instance, case 等は補部を要求する語彙項目であり，この場合 in which で始まる第一関係節は長原(1990)の意味での補部の関係節であると考えられる．そして，その後に，that に導かれた「通常の」制限節が続いている．補部の関係節と「通常の」制限節が同時に生起した場合には，補部の関係節＞「通常の」制限節の順になることが分かる．

　次例は補部の関係節と範囲指定の関係節が共起している例で，この場合は，

範囲指定の関係節＞補部の関係節の順に生起する．

(28) a. There is only one case [that I know of] [in which a constraint might be attributed to the doubtful status of a filler].

(Fordor (1978: 447, n. 17 地の文))

（制約がフィルターの疑わしいステイタスのせいにされてしまう可能性のある例が，私の知る限り一つだけある）

b. The only case in English [that I am aware of] [in which a suffix is attached to a noun specified as [−Masculine] to render it [+Masculine]] is *widow* versus *widower*, ...

(Langendoen (1969: 39 地の文))

（[−男性] の指定を持つ名詞に接尾辞をつけると [+男性] になる英語の例は，私の知る限り，widow 対 widower しかありません）

c. But that's the only instance [I know of directly] [where there's been an impact].　　　(*Los Angeles Times* <<950918>>)

（しかし，それはインパクトのあった，私の知る限り唯一の例である）

以上，補部の関係節と通常の制限節が共起した場合には，

(29)　補部の関係節　＞　通常の制限節

の順に生起するのが普通であり，また，補部の関係節と範囲指定の関係節が共起すると，

(30)　範囲指定の関係節　＞　補部の関係節

の順に生起するのが一般的であることを示した．

(29) と (30) を掛け合わせると，3種類の関係節が共起した場合には，

(31)　範囲指定の関係節　＞　補部の関係節　＞　通常の制限節

の順に生起することが予測される．そして実際，そのような三重制限の実例が見つかっている．

(32) "We love the place so much because it is the only place [we have come across] [where we can live with the racehorse] [that looks vaguely like Scotland]," said Deirdre.

(*The Sunday Times* <<941016>>)

(「その場所がとても気に入った理由は，競走馬と一緒に暮らせてどことなくスコットランドに似ている場所は，今まで体験した中でそこしかなかったからである」とディアドレは言った)

この例では，that で始まる第三関係節が通常の制限節であるというのはまず問題ないと思われるが，第一関係節と第二関係節については少し解説が必要かもしれない．ゼロ関係詞で始まる第一関係節から考えてみよう．

第一関係節は一見すると，その述語動詞がこれまでのような know (of), remember, think of といった動詞ではなく come across であることから通常の制限的関係節のように思われるかもしれないがそうではない．know (of) のような述部は「知識の世界」「記憶の世界」「思考の世界」等を定めることによって命題の真が保証される範囲を指定するが，come across のような述部は「経験の世界」「体験の世界」等を定めることによって真なる命題が保証される範囲を指定しているのである．come across のような述部は，「知っている，思い出す，思いつく」といった概念的な範囲の指定ではなく，もう少し具体的な経験・体験等に基づいた範囲の指定をする動詞なのである．また，上例では come across のような出来事動詞が最も範囲の指定をしやすい完了形の形態となっている点にも注目しなければならない．出来事動詞は状態動詞と異なり，単純時制のままでは時間軸上のある一点における出来事しか表すことができず範囲の指定がしにくい動詞である．範囲の指定をしやすくするためには，「これまでの経験」という範囲の意味を明確に表現できる完了形の形態をとるのが一番都合がよいのである．さらに，次節 6.3 で論じるように，先行詞には範囲の指定を要求する語彙項目，only，があることを見落としてはならない(議論の詳細は，6.3 節を参照)．このように考えてくると，第一関係節は出来事動詞が完了形となることにより範囲の指定が可能となった関係節，つまり範囲指定の関係節，であることになる．

この種の範囲指定の関係節は，一見するとまれな関係節であるかのように思われるかもしれないが，決してそんなことはない．例えば，最上級と共によく起こる関係節などはこれと同じ種類の関係節である．

(33) a. Kim is the most enthusiastic supporter [I've come across].
   　　　　　　　　　　　　　　　（Huddleston and Pullum（2002: 1165））
   （キムはこれまで出会った中で最も熱狂的なサポーターである）
 b. It was the biggest fish [I had ever seen].
   　　　　　　　　　　　　　　　（Huddleston and Pullum（2002: 838））
   （それは私がこれまでに見た中で最大の魚であった）

最上級の関係節は，Quirk et al.（1985）のように，通常の制限節とみなす向きもあるかもしれないが，実はそうではなく，範囲指定の関係節の一種であると考えたほうがよい．ここではその証拠を一つだけ挙げておく．最上級の関係節は先行詞に名詞表現がない場合にも生起できる．

(34) a. The system seems to be working the most efficiently [that it has ever worked].　　　　（Huddleston and Pullum（2002: 1169））
   （そのシステムは，これまでで一番効果的に機能しているようだ）
 b. Perlman played "Tzigane" the most beautifully [that I've ever heard it played].　　　　　　　　　　（McCawley（1988: 739））
   （パールマンは「ツィガーヌ」をいままで聴いたなかでは一番美しく演奏した）

通常の制限節であるとすれば，先行詞となる名詞表現がなければならないが，上例には先行詞となるべき名詞表現は表面上どこにもないし，また，派生のどの段階においてもそのような名詞表現を想定することはできない．にもかかわらず，問題の関係節は生起している．したがって，通常の制限節ではありえない．範囲指定の関係節と考えれば，先行詞に名詞表現がなくても問題はない．というのは，範囲指定の関係節の先行詞は，次節 6.3 で示すように，名詞表現ではなく，範囲指定を要求する要素であるからである．この場合でいえば，最上級の most, -est あるいはそれらが表す概念，が範囲指定を要

第6章 範囲指定の関係節 231

求する要素であり,それが先行詞となる(議論の詳細は,6.3節を参照).したがって,上例のような名詞表現がない場合でも生起可能となるのである.ちなみに,この種の例は,範囲指定の関係節の先行詞が実は名詞表現ではないということを明確に示す,決定的な証拠となる例であり,本分析にとっては極めて重要な意味をもつ例であることになる.

次に,where で始まる第二関係節について考えてみよう.関係詞が where であることから先行詞は place であることはまず問題ない.問題はこの関係節がどのような種類の関係節であるかということである.place という語彙項目は,少なくとも意味的には補部を要求する語彙項目である.例えば,「ここは場所である (This is a place.)」といっても,それが「どんな場所」なのか,「何の場所」なのかが分からなければほとんど意味を成さない.「どんな」「何の」にあたる部分が言葉で表現されていない場合でも,それが「どんな場所」なのか「何の場所」なのかが,少なくとも意味的には,了解されていなければならない.その意味で,place は,少なくとも意味的には,補部を要求する語である.「どんな」「何の」にあたる補部を表現する言語手段はいろいろありえるが,上例では where で始まる第二関係節がその役割を果している.つまり,第二関係節は place を先行詞とする補部の関係節であることになる.

このように,上例は三種類の異なる関係節,範囲指定の関係節,補部の関係節,通常の制限節,がこの順に同時に生起した関係節であり,それら関係節の生起順序は本書の予測どおりとなっていることに注目しなければならない.

ちなみに,6.2.4.1節で挙げた三重制限の例 (14) は,範囲指定の関係節の後に通常の制限節が二つ続いた例であり,ここで問題としている例ではない.

ついでながら,ここでの考察は,すでに明らかなように,多重関係節研究との関連でも大変重要な意義をもつことに注意されたい.というのは,ここでの考察が正しければ,多重関係節 (stacked relative) には,従来の分析では指摘されることのなかったいくつかのパターン,下位類があることになるからである.二重制限の例に限っていえば,すでに3種類の組合せがあることを示した.しかも,重要なのは,その3種類の組合せのそれぞれにおいて,

関係節の生起順序はおおむね定まっているということである.

実は二重制限には少なくとももう一つの下位類がある. それは通常の制限節が二つ連続して生起しているタイプである.

(35) a. It is the purpose of this book to explain the many other features [that these expressions share] [which are not so apparent at first glance]. 　　　　　　　　　　　　(Levi (1978: 2 地の文))
(これら表現が共有する他の多くの特徴で, 一見するとすぐには分からないものを説明することが, 本書の目的である)

b. ... we could never exhaustively list all the sentences of a language, because no matter how many sentences we had on the list, there would always be other sentences [that were longer] [that we had not put on the list].
　　　　　　　　(Akmajian, Demers and Harnish, *Linguistics*, 163 地の文)
(ある言語の文をもれなくすべて列挙することはできない. というのは, いくら文を列挙したとしても, それよりも長くて, 列挙しなかった文がほかに常にあるからだ)

c. There is, obviously, some information [that is available to some language users in the linguistic community] [that is not available to others]. 　　　　　　　　　　　　(Menyuk (1969: 2 地の文))
(言語社会において, ある言語使用者には使えるがある言語使用者には使えない情報があることは明らかだ)

d. He recalled a woman [who worked for him] [who was aghast when he acted on a complaint she had made].
　　　　　　　　　　　　(Deborah Tannen, *Talking from 9 to 5*, 224)
(彼が思い出したのは, 彼に仕えていた女性で, 彼が彼女の苦情にしたがって行動したら仰天してしまった女性のことだ)

したがって, 英語の二重制限には少なくとも四つの異なる下位類があることになる. ここで注意すべきは, これら四つの異なる二重制限のタイプを区別するためには, 範囲指定の関係節を通常の制限節や補部の関係節とは異なる

関係節として認めなければならないということである．範囲指定の関係節を通常の制限節と区別しない従来の分析では上記のような形で言語事実を捉えることはできない．

6.2.4.3. 同格節との生起順序

同格節（appositive clause）と通常の制限節とが共起した場合には，同格節＞通常の制限節の順であることもあれば（cf. (36)），その逆の順であることもある（cf. (37)）．

(36) Any suspicion [that John was red-headed in his youth] [that you might be harboring] is certainly false. (Emonds (1976: 63))
(ジョンは若かりし頃髪が赤毛であったという，あなたが抱いているかもしれない疑いは，間違いなく誤解です)

(37) a. However, I reject the position [that I once subscribed to] [that surface combinatoric restrictions are only a reflection of semantic combinatoric restrictions and lead no life of their own].
(McCawley (1983: 364 地の文))
(しかし，表層の結合制約は意味的な結合制約の反映に過ぎず，それ独自の役割は何も担っていないという，かつて私が採用していた立場を採用しないことにする)

b. Strictly, the speaker is appealing to the knowledge [the hearer shares with him] [that the referent is part of such a set], but there is also a looser usage, in which the definite description actually informs the hearer that the referent is part of a particular shared set. (Lyons (1980: 94 地の文))
(厳密には，話者は，指示物がそのような集合の一部であるという，聴者と共有の知識に訴えるが，しかし，より厳密さを欠く用法もあり，その用法では定記述表現は聴者に指示物が特定の共有された集合の一部であることを実際に伝える)

範囲指定の関係節が同格節と共起している次例では，前者が後者の前にきて

いる．

(38) a. It is the only occasion [I can recall] [that the company was divided in this way]. (*The Times* <<930707>>)
（会社がこのように分裂してしまったのは，私が知る限りその時だけです）

b. He's been in jail for 13 months and there is no suggestion [I know of] [that he's a threat to anyone in Britain]. (*The Observer* <<960602>>)
（彼は13ヶ月間拘置されており，大ブリテン島の人にとって脅威となるような気配は私の知る限りない）

しかし，範囲指定の関係節が同格節と共起している例は，筆者の手元にはこの2例しかないので通常の制限節との異同について定かなことをいうことはできない．しかし，少なくとも，範囲指定の関係節は同格節よりも前に生起可能であるということだけは (38) の例からいえる．

以上，名詞句内部に生起する範囲指定の関係節のさまざまな統語的特徴について見てきた．これら諸特徴は範囲指定の関係節を統語的にも通常の制限節とは明確に区別しなければならないことを示している．次節ではこれら諸特徴をどのように捉えたらよいのかを考えてみよう．

6.3. 範囲指定の関係節の「先行詞」

範囲指定の関係節は，先行詞に含まれる要素，関係詞の種類，関係節の内部構造，関係節の分布，といったあらゆる統語的特徴において，純粋な制限節とは異なることが分かったが，では，これらの特徴は一体どこからくるのであろうか．この点を次に考えてみよう．

範囲指定の関係節の先行詞には通常，否定辞，(the) only，最上級，序数といったある特定の要素が含まれていることはすでに論じた．これらの要素がもつ共通の特徴からまず考えてみることにしよう．例えば，only を例として考えてみると，「唯一の」という概念は，その「唯一」というのが「ど

の範囲」で唯一であるのかが明確でなければ意味をなさない概念である．つまり，「唯一」という概念はそれが適用される範囲が定まってはじめて意味をなす概念である．その範囲の指定が言葉によって表現されていない場合でさえ，「唯一」という概念を使った場合にはそれが適用される範囲が定まっていなければならず，少なくともそれが了解されていなければならない．最上級の場合も同様である．言語手段によって表現するしないにかかわらず，「一番〜」，「最も〜」という概念を用いた場合には，「どの範囲」で一番なのか，「どの範囲」で最もなのかが定まっていなければ意味をなさない．全世界でなのか，アジアでなのか，日本でなのか，が定まっていなければ真理値を決めようがない．最高記録樹立といっても世界記録なのか，アジア記録なのか，日本記録なのか，が明確でなければ真偽を定めようがない．これと同様なことが，否定辞，序数のような他の要素にも，程度の差こそあれ，あてはまる．範囲指定の関係節の先行詞には，「範囲指定」を必要とする概念が用いられていることになる．

　そして，その「範囲指定」を言葉で表現する場合には，さまざまな言語手段が用いられる．例えば，PP であったり，副詞であったり，あるいは，形容詞，不定詞，といった実にさまざまな表現手段が用いられる．そのような表現手段の一つとして考えられるのが，いまここで問題としている関係節，すなわち，範囲指定の関係節，である．このように考えると，範囲指定の関係節の「先行詞」は，実は，名詞表現ではなく，否定辞，only，最上級，序数，といった要素であることになる．より正確にいえば，範囲指定の関係節の修飾対象（被修飾部）は，名詞表現でなく，否定辞，only，最上級等であることになる．この点で，範囲指定の関係節は，名詞表現を被修飾部とする中核的な制限節とは明らかに異なるのである．

　範囲指定の関係節の修飾対象（被修飾部）が，名詞表現でなく，否定辞，only，最上級等であるとすれば，上で観察した範囲指定の関係節の諸特徴が導ける．まず，範囲指定の関係節が，通常，否定辞，only 等の要素が含まれている場合に，そしてその場合に限って，生起可能となるのは，範囲指定の関係節が否定辞，only 等が要求する範囲指定を言葉で表した表現形であるからである．範囲指定の関係節は，範囲の指定をする表現形であるから，

範囲の指定を要求する要素がなければ基本的に生起できないことになる．また，関係詞が that，ゼロ形に限られ，wh 形が許されないのは，修飾の対象が人や物を表す名詞表現ではなく，否定辞，only 等の要素であるからである．関係節の述語が know (of), recall, see 等の一定の範囲の述語に限られるのは，範囲指定の表現形では一般にその種の述部が用いられるからである．範囲指定の表現形の一つである "as far as I know" のような as far as で始まる副詞節でも，この種の述部が典型的に用いられることは言うまでもないであろう．また，述部が否定形になれないのは，範囲指定表現の述部は一般に否定形になることはないからである（as far as I (*don't) know）．範囲指定の関係節が通常の制限節の前に生起したり，あるいは，補部の関係節の前の位置にさえ生起可能となるのは，名詞句内の修飾の順序関係と関係がある．これについては少し解説が必要かもしれない．

　一般に，名詞句内の後位修飾語の生起順序は，それが修飾する要素の生起順序によって決まる．例えば，後位修飾語 X, Y がそれぞれ異なる要素 A, B を修飾している場合には，X と Y の名詞句内の生起順序は，A, B が A ＞ B の順で生起していれば X ＞ Y の順となり，B ＞ A の順であれば Y ＞ X となる．具体的に考えてみよう．否定辞（no），only，最上級（形容詞），序数といった要素は主要部名詞の前に位置している．範囲指定の関係節は否定辞（no），only 等の要素を修飾し，制限節や補部の関係節は主要部名詞表現を修飾する．したがって，先程の原則により，範囲指定の関係節 ＞ 通常の制限節，範囲指定の関係節 ＞ 補部の関係節という順で生起するのが一般的であることになる．

　以上，否定辞，only，最上級，序数といった概念はそれが適切に用いられるためには，範囲の指定が，言語表現によろうがよるまいが，必要であることをまず示した．そして，これらの要素が要求する範囲の指定を言葉で表現する手段はいろいろあり，その一つとして範囲指定の関係節が考えられることを示した．そう考えることにより，範囲指定の関係節の諸特徴がすべて統一的に説明できることを示した（cf. 河野（2000b））．

6.4. 名詞句外の範囲指定の関係節

前節までは名詞句の内部に生起する範囲指定の関係節について考察してきたが，ここでは名詞句の外部に生じる範囲指定の関係節について考えてみよう．

6.4.1. イディオム説

名詞句内に生起した範囲指定の関係節については，これまで完全に無視されてきたが，名詞句の外部に生起した次例のような関係節については，これまでにいくつかの分析可能性が考えられてきた (cf. 長原 (1990))．

(1) a. Aren't there a lot of other such hidden shady deals going on between you and industry? Not [that I know of].

(Gavin Bantock, *Asking and Answering*, 27)

(産業界との間にそのようないかがわしい闇取引が他にもたくさんありはしませんか？ 知る限りはありません)

b. Did he hit him? "I don't know," Gretzky said, giggling and shaking his head. Hill wasn't sure either, saying: "Not [that I know of]." (*Los Angeles Times* <<951027>>)

(奴は彼のことを殴ったのか？「わかりません」とグレツキーは忍び笑いで首をふりながら言った．ヒルもはっきりしないようで，「記憶ではありません」と言った)

その一つに，"Not that I know of" を全体として形式と意味とが固定した一種のイディオム表現として語彙部門 (lexical component) に記載するという方法がある．辞書によっては実際 "Not that I know of" をイディオムの一種として扱っているものもある．ここではまずこのイディオム説が正しくないことを示す．

名詞句の外部に生起した Not that I know of を一種のイディオムとして扱うとすると，これが，これまで考察してきた名詞句内に生起した範囲指定の関係節と基本的には同一の関係節であることが捉えられなくなる．というの

は，イディオムとして扱うということは，そこにある要素を挿入したり，一部を他の要素と入れ換えたりすることが基本的にはできないことになるが（イディオムとは定義上そういう性質のものである），すでに明らかなように，名詞句内に生起した範囲指定の関係節ではかなり自由に要素を入れ換えたりすることができるからである．例えば，名詞句内に生起した範囲指定の関係節では，すでに述べたように，関係詞は that に限られるわけではなくゼロ形も許されるし，また，述語も know of に限られるわけではなく一定の範囲でかなり自由に know of 以外の述語が許される．さらに，関係節内部に now や directly といった副詞を挿入することもできる．

(2) a. But that's the only instance [I know of directly] where there's been an impact. (*Los Angeles Times* <<950918>>)
(しかし，インパクトのあった例は直接知っている限りでは，それだけです)

b. There have been six recent offences of indecent assault or indecent exposure [that we now know of].
(*The Times* <<931026>>)
(強制猥褻や公然猥褻犯罪は現在掌握している限りで，最近6件ありました)

Not that I know of をイディオムとするならば，これが名詞句内に生起する範囲指定の関係節と同じ種類の関係節であることが捉えられなくなり，都合が悪い．

また，Not that I know of 自体も部分的に様々な要素と入れ換えることができ，イディオムとはみなしにくい．まず，「先行詞」は not に限られるわけではない．

(3) a. "Where would anybody obtain ricin?" The doctor shook his head. "Nowhere [that I know of]."
(Douglas Clark, *Premedicated Murder*, 36)
(「リシンの入手場所は？」医師が首を振った．「知る限り，どこにも

第6章 範囲指定の関係節　　　　　　　　　　　　　　　239

　　ありません」)

b. "Have there been abductions of children from the area?" "<u>None</u> [that I know of]." 　　　　(*Los Angeles Times* <<951103>>)

(「この地域から子供を連れ去る事件は今までにありましたか？」「私の知る限り一件もありません」)

c. What have I lost? <u>Very little</u> [that I know of].

(*The Observer* <<971012>>)

(失ったもの？ 記憶ではほとんどないね)

また，述語も know of に限られるわけではなく，名詞句内に生起する範囲指定の関係節の場合と同じ種類のものが生起可能である．

(4) a. "She spoke to you about me?" "Not [that I <u>remember</u>]," Rudolph said. 　　　(Irwin Shaw, *Rich Man, Poor Man*, 142)

(「私のこと彼女あなたに話した？」「ないと思うよ」とルドルフは言った)

b. "You did not change gloves between the collection of each sample, did you?" Scheck asked. "Not [that I can <u>recall</u>], no," Fung said. 　　　　(*Los Angeles Times* <<950412>>)

(「サンプルの収集ごとに手袋をかえなかったのか？」とシェックが尋ねた．「かえてないと思うが，そうかえなかった」とファングは答えた)

c. Is there anyone outside the government who believes for a nanosecond that this will make the slightest difference? Not [that I can <u>discover</u>]. 　　　　(*The Sunday Times* <<940313>>)

(これで少しでも変わると一瞬でも思った人は政府関係者以外にいますか？ 知る限りおりません)

d. Is Katzenberg owed an additional payment? "Not that I <u>see</u>," Eisner says. 　　　　(*Los Angeles Times* <<950326>>)

(ほかにカッツェンベルクに借金はある？「ないと思う」とアイズナーは言った)

また，これらの例からすでに明らかなように，法助動詞 can も生起可能であ

る.

　このような考察から，名詞句の外部に生じた範囲指定の関係節を完全に凍結したイディオムとして扱うのは妥当でないことが分かる.

6.4.2. 副詞節の証拠

　次に，名詞句外に生起した範囲指定の関係節が統語的に副詞節として機能している証拠を見てみよう.

　一つは，すでに明らかなように，否定辞の直後に範囲指定の関係節が生起できるという事実である. 純粋な制限節は否定辞の直後に生起することはできない. 範囲指定の関係節が否定辞の直後に生起できるという事実は，範囲指定の関係節が副詞節として機能しているということを示している. それは，ちょうど，純粋な範囲指定の副詞節である as (so) far as I know が否定辞の直後に生起できるのと同様である.

(5) a. Has Gott been involved with him? Not [so far as we know].

(*The Times* <<941209>>)

（ガットは彼とかかわりがあったのか？ 知る限りありません）

b. The cleric shrugged. 'No, not [as far as I know].'

(COBUILD CD)

c. Never, never [as far as I know]. (COBUILD CD)

d. "And they didn't know about the kidnap, what was in the bag, why Cruba was there?" "Not [so far as I know]."

(David Williams, *Copper, Gold & Treasure*, 153)

（「それで，誘拐について彼らは知らなかったと，バッグに入っていた物とか，クルーバがそこにいた理由とか？」「知る限りでは知らなかったと思う」）

これらの as (so) far as I know を副詞節とみなすのであれば，同様に，否定辞の直後に生起した範囲指定の関係節も副詞節とみなさなければならない.

　いま一つの証拠は，範囲指定の関係節は，文中の他の部分とポーズ（書き言葉ではコンマ等）を使って区切ることができるという事実である.

第6章　範囲指定の関係節　　　　　　　　　　　　　　　241

(6) a. I mean, animals don't laugh or smile, [that I know of].

　　　　　　　　　　　　　　　　　(*Los Angeles Times* <<950327>>)

　　　(つまりその，動物は私の知る限り，笑ったり微笑んだりしないのです)

　b. Another advocate, Alexander Murray, later Lord Henderland, 'did not venture to say any thing, [that I remember],' observed Boswell, ...　　　　　　　　　　　　　　(COBUILD CD)

　　　(もうひとりの擁護者であるアレクサンダー・マレー，後のヘンダーランド卿，は「私の記憶では，あえて発言しようとはしなかった」とボズウェルは述べた)

　c. This is one of the first attempts, [that I'm aware of], that seeks to globalize the kind of care these people need.

　　　　　　　　　　　　　　　　　(*Los Angeles Times* <<941210>>)

　　　(この人たちが必要とする援助を広めようとする，私の知る限り最初の試みの一つがこれである)

　d. That's not written ― [that I know of] ― in any institution.

　　　　　　　　　　　　　　　　　(*New York Times* <<990106>>)

　　　(そのことは，私の知る限り，どんな機関でも書かれていない)

ポーズで区切ることができるということは，範囲指定の関係節が副詞節としての地位を確立したことを意味する．それは，ちょうど純粋な範囲指定の副詞節がポーズで区切ることができるのと同様である．

(7) a. [As far as I know], our relations are still sound.

　　　　　　　　　　　　　　　　　(*Los Angeles Times* <<950223>>)

　　　(私が知る限り，私たちの関係は依然として強固です)

　b. We're a clean company doing a clean business, as far as I know.

　　　　　　　　　　　　　　　　　(*Los Angeles Times* <<940412>>)

　　　(私が知る限り，当社は健全な事業を展開する健全な企業である)

　c. (The rock group) Genesis, as far as I know, are not interested in putting out this material.　　(*Los Angeles Times* <<941222>>)

　　　((ロックグループ) ジェネシスは，私が知る限り，この資料を公表す

ることに関心がない）

　純粋な制限節では，その直前に先行詞を受ける同格表現，挿入表現，等がない限り，ポーズを入れることは通常できないことに注意されたい．範囲指定の関係節がポーズで区切れるという事実は，それが純粋な形容詞節としての制限節ではもはやなくなり，副詞節としての資格を得たことを示している．
　さらに，先行詞となるべき名詞的表現が見当たらない例がある．

(8) a. 'This has never been done [that I know of],' Irvin's attorney, KEVIN CLANCY, said. 　　(*The New York Times* <<960329>>)
（「こんなことがなされたことは，私が知る限りこれまでにない」とアービンの弁護士ケビン・クランシーは言った）

b. He doesn't get rattled by very much [that I can see].
 (*Los Angeles Times* <<950611>>)
（私の知る限り，彼にはそんなに動じた様子はない）

c. He has been revived twice [that I know of], brought back from the brink of death after inhaling his vomit, a common cause of death among heroin addicts. 　　(*The Guardian* <<970502>>)
（これまでに彼は，私の知る限り2度生き返り，ヘロイン常用者によくある死因の嘔吐物吸入による死の淵からよみがえったのだった）

d. In the 34 years I have lived in a section of La Crescenta that is now part of the city of Glendale, our stretch of Foothill Boulevard has been repaved or resurfaced four times [that I can recall]. 　　(*Los Angeles Times* <<940110>>)
（現在グレンデール市の一部であるラ・クレセンタ地区で暮らしたこの34年間で，フットヒル・ブルバード大通りは，これまでに私の記憶では4回ほど再舗装や改修工事がなされた）

　上例では，先行詞となり得る名詞的表現は文中のどこを探してもない．これらの例は制限節の外置例とも解釈できないことに注意されたい．問題の関係節は副詞節として統語的に機能していると解釈せざるを得ない．

また，名詞句の外部に生じた完全に副詞化した範囲指定の関係節では，ゼロ形の関係詞は許されず that を必ず用いなければならない．

(9) a. Not *(that) I know of.
　　b. Not *(that) I can recall.
　　c. Not *(that) I can think of.

(9) や (6) のような例の that を削除することは通常できない．少なくとも範囲指定の解釈では許されない．名詞句内に生起した範囲指定の関係節ではゼロ形が許されるのとは対照的である．完全に副詞化した範囲指定の関係節ではなぜ that の削除が許されないのであろうか．それは範囲指定の関係節が副詞節化したことと関係がある．純粋な副詞節を導く標識（従属接続詞）は通常削除することはできない．(9) や (6) のような例で that が削除できないという事実は，これらの例の関係節が副詞化していることを示している．

以上，範囲指定の関係節が副詞節として機能している証拠のいくつかをみた．その他の証拠についてはこの後すぐ触れる．

6.4.3. 副詞節の性質と関係節の性質

名詞句外に生起する範囲指定の関係節が完全に副詞としての資格を得たといっても，純粋な副詞節と全く同じ振る舞いをするわけではない．範囲指定の関係節が副詞化された後でも，制限節としての性質を完全に失ってしまうわけではない．この辺が範囲指定の関係節の最も興味深いところである．具体例をいくつか見てみよう．

純粋な範囲指定の副詞節は，文頭，文中，文末の位置に生起できる(cf. (10))．しかし，範囲指定の関係節は完全に副詞化した後でも，文末の位置が最も自然であり，文中位置にも生起可能であるが，文頭に生起することはできない (cf. (11))．少なくとも，筆者の手元の資料にはそのような例は一例もない．

(10) a. "[As far as I know] Mr. Boone has never given New Era any money," Maureen Marta said.　　(*Los Angeles Times* <<950520>>)
　　（「私の記憶では，ブーン氏がニューエラ社に現金を渡したことはこれ

までにない」とモーリン・マルタは言った)

b. The Second Amendment, [as far as I know], has never been about duck hunting or legitimate sporting purposes only.
(*Los Angeles Times* <<950203>>)
(第二修正案は, 私の知る限り, カモ猟や合法的な遊猟問題に関してだけではなかった)

c. There could be pink elephants out there on the field [as far as I know]. (*Los Angeles Times* <<950530>>)
(私の記憶では, グラウンドでは幻覚症状がみられてもおかしくない)

(11) a. "There's no spot like it on the West Coast, [that I know of], where you can come, park your car at no charge, and stay as long as you want and do something good," he says.
(*Los Angeles Times* <<951206>>)
(「ウエストコーストには, 車で行って, 駐車料無料で, 好きなだけいられて楽しめてしまう, そんな観光地は, 私の知る限りありません」と彼は言う)

b. I mean, animals don't laugh or smile, [that I know of].
(*Los Angeles Times* <<950327>>)
(つまり, 動物は私の知る限り, 笑ったり微笑んだりしないのです)

c. He doesn't have any enemies in Baltimore [that I know of].
(*Los Angeles Times* <<950226>>)
(私の知る限り, 彼にはバルチモアに敵などおりません)

d. "There hasn't been an emergency declared [that I know of]," spokesman Vincent Moreno said. (*Los Angeles Times* <<951216>>)
(「非常事態宣言が発令されたことは, 私の記憶ではこれまでありません」とビンセント・モレノスポークスマンは言った)

範囲指定の関係節は, なぜ完全に副詞化した後でも文頭には生起できないのであろうか. それは, 範囲指定の関係節がもとをたどれば制限的関係節であったと考えれば説明がつく. 英語の制限節は, 周知のごとく, 先行詞の前に生

第6章 範囲指定の関係節

起することはできず，必ず先行詞の後に生起しなければならない．つまり，英語の制限的関係節は後位修飾表現である．これは英語の制限的関係節のもつさまざまな属性の中でも最も基本的な属性の一つであると考えてよい．英語の制限節でこの属性をもたないものはまずないといえるほど基本的な属性である．範囲指定の関係節がもとは制限的関係節であったとすれば，副詞化されたとしても，この本来の最も基本的な属性を失うとは考えられない．範囲指定の関係節が文末，文中に生起できるのに，文頭に生起できないのはこのような理由による．

ここで問題としている言語事実は，かなり特異な現象であることに注意しなければならない．文全体を修飾する副詞節は，若干の例外を除き，文中は別としても，文頭と文末の位置には少なくとも通常生起できる．if にしろ，when にしろ，because にしろ，若干の例外を除けば，すべて文修飾の副詞節は文頭と文末の位置には生起できる．as far as I know のような範囲指定の副詞節もすでに見たように例外ではなかった．名詞句外に生起した範囲指定の関係節は，すでにいくつか証拠を挙げて示したように，完全に副詞節としての資格を得ていると考えてよい．したがって，予測される事態は，文頭にも文末にも等しく生起できるはずである．しかし，現実には，文末には生起できるが，文頭には生起できないのである．しかも，驚くべきことに，基本的位置である文頭に生起できないにもかかわらず，文中には生起できるのである．これは，冷静に考えれば不思議な現象といわざるを得ない．言語現象はどの構文においてもこのような状況になっていると思われる．つまり，一見特異と思われるような現象が一般的な現象なのである．ここで重要なのは，このような特異な現象が上で述べたような派生プロセスを考えれば，それほど特異な現象ではなくなるということである．逆にいえば，上記ような派生プロセスを想定しない限り，特異な現象は依然として特異な現象として扱わざるをえないということである．この辺のことについてはまた後で触れる．話を言語事実に戻そう．

先ほど，範囲指定の関係節が文末，文中には生起できるが，文頭には生起できない理由を示した．これと関連する言語事実をここで見ておこう．文修飾の副詞節は，すでに述べたように，通常文全体を修飾対象とする．しかし，

場合によっては，文中のある特定の要素とのみ意味的に結びつくことがある．そのような場合には，副詞節はその本来の位置だけでなく，その特定の要素（以下，ターゲット）を統語的に直接修飾する位置にも生起できるようになる．この現象を局地化（localization）と言う（cf. Kajita (1977)）．例えば，条件のif節などは局地化されることがあることはよく知られている．純粋な範囲指定の副詞節も例外ではなく，よく局地化される．次例を見てみよう．

(12) a. I was dead tired and slept soundly, [as far as I know] <u>dreamlessly</u>.
(BROWN 24-1300)
（ぐったり疲れてしまい，ぐっすりと，そして記憶では夢など見ずに，熟睡してしまった）

b. As for the pipes, he played, [so far as I know], <u>no musical instrument</u>; ... (John Cheever, *The Stories of John Cheever*, 386)
（管楽器は，私の記憶では彼は一切演奏しなかった）

(13) a. Though my hypothesis has <u>not</u> [so far as I know] been explicitly announced in the literature of linguistics, there are a few hints of it. (Bolinger 1965: 281, n. 3 地の文))
（私の仮説が言語学の文献で明確に述べられたことは，私の記憶ではこれまでありませんが，そのヒントはいくつかあります）

b. But <u>none of these names</u>, [as far as I can ascertain], had appeared in the language before this date. (LOB J22-144)
（確認できる限りでは，このような名称がこの時代より前にその言語に出現したことはなかった）

これらの例から分かるように，純粋な範囲指定の副詞節が局地化される場合には，ターゲットの前の位置にも（cf. (12)），後の位置にも（cf. (13)），局地化可能である．

範囲指定の関係節も実は局地化されることがある（この事実自体，範囲指定の関係節が副詞節化されていることの証拠となる）．しかし，範囲指定の関係節の場合には，通常，ターゲットの前ではなく後に局地化される．次例を見てみよう．

(14) a. But there is no non-ad hoc way, [that I can see], to analyze such examples as (58) in terms of the Nom S analysis.

(McCloskey (1979: 23 地の文))

(しかし，(58) のような例をノムエス分析によって分析する，その場限りでない方法など，私の知る限りありません)

b. Timothy Singer also testified that he saw King hit six times, and "all of the blows except one, [that I can recall], struck him in the head." (*Los Angeles Times* <<940326>>)

(キングが6回殴られるのを見ましたが，「記憶では一回以外はすべて頭を殴られました」とティモシー・シンガーはさらに証言した)

c I knew Brian for nearly 50 years, and never, [that I can remember], spent an unhappy day in his company, ...

(*The Times* <<940106>>)

(ブライアンと知りあって50年ほどになりますが，彼と一緒にいて楽しくなかったことなど記憶では一度もありません)

この事実は，範囲指定の関係節が完全に副詞節化したあとの段階で，さらにそれが局地化される場合にも，後位修飾表現としての性質を失わないということを示している．範囲指定の関係節が，局地化においても通例後位修飾節としてしか許されないという事実は，範囲指定の関係節がもとは制限的関係節であったと考えればそれほど不思議な現象ではなくなる．

次に，関係節の性質を示す第三の証拠を見てみよう．先程，完全に副詞化した範囲指定の関係節では，例えば (6) や (9) では，関係詞として，that 形は許されるがゼロ形は許されないことを見た．しかし，完全に副詞化していると思われるにもかかわらず，ゼロ形が許される場合もある．まず，次例から考えてみよう．

(15) For the first time [that clerks to the House of Commons can recall], a petition is being disseminated by newspapers in order to reach the widest possible audience. (*The Times* <<930329>>)

(新聞が嘆願を大きく取り上げ，できるだけ多くの読者に伝えようとしているのは，下院上級官吏の記憶ではこれが初めてだ)

この例で重要なことは，for the first time は全体で「初めて」という意味の副詞的なイディオムなので，問題の関係節は制限的関係節ではありえず，副詞的な範囲指定の関係節とみなさなければならないということである（このこと自体，範囲指定の関係節が副詞化していることの証拠となる）．それはちょうど，次例の so far as 節が for the first time を副詞的に修飾しているのと同様である．

(16) For the first time, [so far as one can recall], a simple hand-starter is provided in the pilot's cockpit, and when I went up with Mr. Hubert Broad, the pilot merely pulled a lever twice in his cockpit and the engine began to tick over gently.　　　(*The Times* <<930303>>)
(パイロット操縦室に単純な手動の始動機が装備されていたのは，記憶ではこれが初めてであったが，ヒューバード・ブロード氏と一緒に搭乗し，パイロットが操縦室のレバーを2回引くだけで，エンジンは静かに遊転しはじめた)

この例の so far as 節を副詞節とみなすならば，上例の関係節も副詞節とみなさねばならない．上例の関係節では that が用いられているが，しかし，ゼロ形が用いられている例もある．

(17) a. For the first time [people can remember], farmers and factories cannot sell everything they produce.　　　(*Time* <<900611>>)
(農産物や工場製品がどれも販売できないのは，記憶ではこれが初めてだ)

　　 b. Lindsay said: "I think he was feeling a bit of tiredness and strain, and, for the first time [I can remember], he was actually admitting to it."　　　(*The Sunday Times* <<941120>>)
(「彼には疲労感と緊張感がややみられ，そして私の記憶では初めて，実際にそれを認めていたと思う」とリンジーは言った)

これらの範囲指定の関係節は副詞化していると思われるにもかかわらず，なぜ (6) や (9) と異なり，ゼロ形の関係詞が許されるのであろうか．それは，範囲指定の関係節がもともと制限的関係節であったことと関係していると思われる．制限的関係節は先行詞である名詞表現と隣接していて（つまり，外置されてなくて），関係詞が目的格の場合には通常ゼロ形が許される．これは，制限的関係節の関係詞の用法の最も基本的な規則である．つまり，先行詞名詞表現と隣接している目的格の関係詞にゼロ形が許されるというのは，制限的関係節のもつ最も基本的な属性であると考えてよい．そして，ある構文のもつ最も基本的な属性は，一般に，特別な事情がない限りそのまま保持される．範囲指定の関係節が完全に副詞化した後もこの性質をもち続けるとすれば，(17) と (6)，(9) の違いが説明できる．というのは，(17) では (6)，(9) とは異なり，関係節は（先行詞の一部である）名詞表現と隣接しているからである．

　ここまでは，名詞句の外部に生起した範囲指定の関係節が，完全に副詞化されたあとでも純粋な副詞節と全く同じ振る舞いをするわけではないことを見てきた．つまり，完全に副詞化されたあとでも純粋な副詞節とは異なり，分布が制約されることを見てきた．次に，この逆のケースもあるので見てみよう．例えば，範囲指定の関係節が名詞句内に生起している場合には許されなかったことが，名詞句外に生起し完全に副詞化されることによって許されるようになることもある．この例を次に見てみよう．

　名詞句内に生起する範囲指定の関係節の先行詞には，通常ある特定の要素（否定辞，最上級，only 等）が含まれていることはすでに述べた．純粋な制限節は先行詞にこれらの要素が含まれている場合に，そして，その場合に限って，純粋な範囲指定の副詞節と同等な解釈を受け，範囲指定の関係節となり得る．つまり，範囲指定の関係節が可能となるための条件の一つは，純粋な制限節の先行詞にこれらの要素が含まれていることである．これが範囲指定の関係節のいわば出発点となる．逆に言えば，範囲指定の関係節が名詞句内に生起していれば，先行詞に範囲の指定を要求するこれらの要素が通常含まれている．

　完全に副詞化し名詞句外に生起できるようになった範囲指定の関係節の場

合もその多くは，これらの要素が含まれている文に生起する．これはすでに挙げた例を見れば明らかであろう．しかし，なかには文中にこれらの要素がない例も見られる．

(18) a. "When my parents were gone on vacation, he came to help me move the trash can to the street," she said. "He's a Christian boy, [that I know]. He's quite religious."

(*Los Angeles Times* <<951219>>)

(「両親が休暇で不在中に，彼がやってきてゴミ箱を道へ移動するのを手伝ってくれたの．彼は私の知る限りキリスト教徒でとても敬虔な信者なの」と彼女は言った)

b. "I like music that sticks to me, [that I remember]," Hargrove says, "... the kind of song I hear everyday, all day, whether I'm playing or just walking around."

(*Los Angeles Times* <<951124>>)

(「記憶では私はどうもしょっちゅう聴いている音楽が好きなようだ．演奏していようとただぶらついている時だろうと毎日，一日中耳にするような歌がね」とハーグローブは言う)

名詞句内に生起する範囲指定の関係節と異なり，名詞句外に生起する関係節ではなぜ否定辞等がなくても許されるのであろうか．それは，範囲指定の関係節が副詞化したことと関係がある．純粋な範囲指定の副詞節でも同様な事例が見られる．

(19) a. [As far as could be checked], he was telling the truth.

(*The Sunday Times* <<941009>>)

(調査の限りでは，彼は真実を語っていた)

b. It isn't merely that hers is an airport novel whereas his is not, nor that his won the Booker Prize whereas hers did not: it's the fact, as everybody must know by now, that she did not write *Swan* whereas, [as far as anybody knows], he did write *How*

Late It Was, How Late.　　　　　(*The Sunday Times* <<941113>>)
(単に，彼女のが空港小説で彼のはそうでないとか，彼のはブッカー賞を受賞したのに，彼女のは受賞しなかった，ということではない．重要なのは，今では誰もが知ってるように，彼女はスワンを執筆しなかったのに対し，彼は誰もが知る限り，ハウレイトイットワズハウレイトを本当に書いたということだ）

　純粋な範囲指定の副詞節は，文全体を修飾対象とし，その文が表す命題が，少なくともある特定の世界，例えば，「自分が知っている世界」，「自分が覚えている世界」，では真であるということを保証する機能をもつ．そのままでは嘘の発言となってしまう恐れがある場合に，つまり，会話の公理（maxim of conversation）（cf. Grice (1975)）を破ってしまう可能性がある場合に，その発言の成立する世界を限定することにより，嘘とならない発言を保証する機能がある．純粋な範囲指定の副詞節は，嘘とならない発言を保証するための言語手段であるので，それが修飾する文のなかに否定辞や only のようなかなり強い断定的要素を含む場合にしばしば生起するが，しかし，名詞句内に生起する範囲指定の関係節とは異なり，否定辞や only 等の存在は，範囲指定の副詞節が生起するための必要条件ではないので，それらの要素がない場合にも生起できる．要するに，純粋な範囲指定の副詞節の場合は，命題の真を問題としていればよいのである．

　名詞句内に生起する範囲指定の関係節が副詞化し，完全に副詞節となったとすれば，その後の段階で，その関係節が，純粋な範囲指定の副詞節がそうであるように，文全体を新たな被修飾部とし，その文全体が表す命題の真の可能性を保証する表現手段に変わるということが有り得る．範囲指定の関係節が完全に副詞化したあとの段階では，否定辞や only 等の要素がない場合にも生起できるようになるのは，このような理由による．

6.5. 範囲指定の関係節の派生

　名詞句の外部に生じた範囲指定の関係節は，名詞句の内部に生起する範囲指定の関係節と基本的には同じ種類の関係節であり，後者が名詞句の内部から名詞句の外部の位置にまで生起できるようになったものにすぎない．本来は名詞句の内部にしか生起できなかった範囲指定の関係節が名詞句の外部にまで分布を広げることができたのは，名詞句の内部に生起する範囲指定の関係節が as far as I know のような範囲指定の副詞節と同じ意味を表しているからであり，意味上のみならず，統語上も範囲指定表現一般のもつ副詞としての資格を獲得したからである．

　ここでの考え方によれば，範囲指定の関係節は大きくわけて三つの段階を経て副詞節としての資格を獲得するまでに至る．最初は，純粋な制限節が純粋な制限節としての意味だけを表している段階．この段階では制限節は外置等の操作を受けない限り，名詞句内にしか生起できない．次に，純粋な制限節が純粋な制限節としての意味のみならず，場合によっては範囲指定の意味をも表せるようになる段階．この段階でもまだ関係節は名詞句内にしか生起できない．そして，この段階での後者の意味を表す関係節をここでは純粋な制限節と区別して，範囲指定の関係節と呼んだ．この段階の範囲指定の関係節は純粋な制限節と同様依然として，名詞句内にしか生起できないが，しかし，すでに示したように，純粋な制限節とは統語的にも様々な点で異なり，純粋な制限節と明確に区別しなければならない．そして，最後が，名詞句内にしか生起できなかった範囲指定の関係節が，統語的に完全に副詞節としての資格を獲得し，名詞句の外部の位置にまで生起できるようになる段階．このような三つのステップを経て生成される構造の一つが Not that I know of のような表現形である．

　範囲指定の関係節がこのような段階を踏んで派生されると考えるのにはそれなりの理由がある．上記のような段階を経て範囲指定の関係節が生成されるとすれば，その生成された関係節は，純粋な制限節の性質をもちながら純粋な制限節とは異なり，また，純粋な範囲指定の副詞節の性質をもちながら純粋な範囲指定の副詞節とは異なる，という部分的な二面性をもった関係節

であることになる．そして，実際，範囲指定の関係節はそのような部分的，二面的性格を同時に持ちあわせている．

例えば，純粋な制限節は関係節内に名詞句に相当する空所を通常もっているが，Not that I know of, Not that I am aware of においても同様な空所があると考えられる．というのは，know of, be aware of という述語は NP によって下位範疇化される語彙項目であるからである．しかし，「先行詞」は名詞表現ではなく，この点では純粋な制限節とは異なる．また，副詞節の性質について言えば，すでに述べたように，純粋な範囲指定の副詞節はポーズで区切ることができるように，副詞化した範囲指定の関係節もポーズで区切ることが可能である．しかし，副詞化した範囲指定の関係節は文末，文中位置には生起できるが，純粋な範囲指定の副詞節とは異なり，文頭の位置に生起することはできない．

このように，範囲指定の関係節は，純粋な制限節の性質の一部と純粋な範囲指定の副詞節の性質の一部を同時に持ちあわせた二面的性格の構文であることが分かる．範囲指定の関係節を最初から純粋な副詞節として生成したり，あるいは反対に，最後まで純粋な制限節としてみなしたのでは，この種の部分的，二面性を説明することはできないか，あるいはできたとしても，かなりその場限りのことを言わざるを得ないであろう．範囲指定の関係節にみられるこの種の部分的二面的性格を説明するためには，どうしても上記のような段階を踏んだ派生プロセスを想定せざるを得ないのである．

しかし，このような派生プロセスが仮に正しいとしても，このままではいくつか問題が残る．次節では，このような派生プロセスにおける問題点について考察することにする．

6.6. 派生プロセスの精密化

前節で概略した範囲指定の関係節の派生プロセスに従えば，すでに示したように，この構文の持つ属性をすべて説明できるのであるから，そのようなプロセスが実際に働いていると考えて差し支えない．しかも，その中には，細部にわたる極めて微妙な言語事実まで含まれているのであるから，そう考

えざるを得ない．そうでないというのであれば，ここで示したすべての言語事実を，ここでのプロセスと少なくとも同程度自然な形で説明できる代案を示さなければならない．そのような代案が示されない限り，ここでのプロセスを基本的に正しいものとして採用せざるを得ない．

とはいうものの，ここで提案している三段階の分析には，問題点が全くないかというとそうではない．なるほど，そのような三段階のプロセスを想定すれば，範囲指定の関係節のすべての言語事実を説明できるのであるから，そう考えざるを得ないが，しかし，これでは，そのようなプロセスを単に規定（stipulate）しているのと変わりはない．というのは，そのような三段階を考えれば確かに言語事実は説明できるが，しかし，そもそもなぜそのような過程を経て範囲指定の関係節が生成されるのか，というより根本的な問いについては答えていないからである．この問いに答えない限り，ここでの分析は規定（stipulation）の域を完全に脱しているとはいえない．本節ではこの問題について考えることにする．

ここで問題としている「規定の問題」は，大きくわけて次の二点の問題に集約することができる．一つは，第一期の段階から第二期への移行がなぜ許されるのかという問題である．いま一つは，第二期の段階から第三期への移行がなぜなされるのかという問題である．まず前者から考えてみよう．

第一期の段階では，純粋な制限的関係節が純粋な制限節としての意味しか表していない．この段階ではまだ範囲指定の関係節は生成されていない．しかし，純粋な制限節の中には，先行詞の中に否定辞や最上級等を含むものがあり，そのような場合には，制限節は制限節としての第一の解釈に加えて，第二の解釈，つまり，範囲指定の解釈も表すことが可能となる．問題は，なぜこの第二の範囲指定の解釈がそもそも可能となるのかということである．

この問題を解くにあたり非常に参考となる指摘がKajita (1977) によってなされている．Kajita (1977) の提案する「統語構造と意味のずれ」(syntactico-semantic discrepancy) に基づく派生プロセスでは，ある構造がそのプロセスの適用を受けるためには，問題の構造が第一の解釈に加えて第二の解釈が可能である場合に限られており，しかも，その可能となる第二の解釈は第一の解釈と意味上の実質的な一致が見られる場合に限定されてい

第6章　範囲指定の関係節

る．つまり，第二の解釈が可能となるのは，それが第一の解釈と実質上一致している場合に限定される．その後の多くの実証的研究をみても，問題の派生プロセスが適用される構造では，そのすべてにおいて，第一の解釈と実質上同じ解釈の場合にのみ第二の解釈が許されている．[4] ここで問題としている構造も例外ではない．例えば，6.1節の例 (2) はすでに述べたように多義的で，制限的関係節の意味にも範囲指定の副詞節の意味にもとれるが，両解釈には実質上の相違はみられない．

　このようにある構造がそれが表す元の意味に加えて第二の意味を表すことができるのは，第二の意味が第一の意味と実質解釈上の相違がみられない場合に限られることが分かる．しかし，問題はなぜ実質解釈上の相違がみられない場合にのみ第二の解釈が許されるのかということである．この問いに答えない限り「規定の問題」は回避できたことにならない．

　自然言語にはコミュニケーションの手段としての機能があることを否定する人はまずいないであろう．英語にしろ日本語にしろ自然言語はすべて我々の社会生活の大半の場面においてコミュニケーションの道具として使われている．新聞にしろ，テレビにしろ，あるいは大学での講義にしろ，そのほとんどの場面において言語はコミュニケーションの手段として用いられており，自然言語がコミュニケーションの道具として用いられていない場面のほうを思い浮べるほうがむしろ大変である．

　自然言語はコミュニケーションの手段として人間の社会生活のなかで実際に使われていくうちに徐々に変化していく．ここで問題としている変化もこのような視点からみれば理解しやすい．自然言語にはコミュニケーションの手段として機能があるのであるから，それが人間によって実際に意志伝達の道具として適切に用いられるためには，その意志伝達に支障があるような事態が生じることは許されない．自分の伝えようとしている内容が相手に正しく伝わらなくなるような事態が生じることは許されない．さもなくば，自然言語はコミュニケーションの手段としての機能を果たし得なくなってしまうからである．第二の解釈が第一の解釈と実質上同じ意味を表しているならば，

---

[4] 例えば，河野 (1984b)，Omuro (1985) 等を参照されたい．

コミュニケーションに支障をきたすことはない．つまり，相手がそのように解釈しても支障はない．自分の意図する内容は相手に正しく伝わるからである．しかし，第二の解釈が第一の解釈と実質上同じ意味を表していないとすれば，自分の意図する内容は相手に正しく伝わらなくなり，コミュニケーションに支障をきたす．したがって，第一の解釈に加えて，第二の解釈が可能となるのは，第二の解釈が第一の解釈と実質的な意味上の相違がない場合であり，そして，その場合に限られることになる（cf. 河野(1991)）．ここで問題としている制限的関係節構造において，第二の解釈，すなわち範囲指定の解釈が可能となるのは，それが第一の解釈と実質上相違がなく，したがってコミュニケーションに支障が生じないからである．こうして生成されたのが名詞句内に生起する範囲指定の関係節である．ここでの考え方によれば，問題の制限的関係節がなぜ範囲指定の解釈を，そして，その解釈のみを，第二の解釈としてもつようになるのかが説明されたことになる．これで第一の問題点は「一応」解消できた．「一応」というただし書きをつけた理由についてはこの後すぐに説明する．次に，第二の問題点について考えてみよう．

　制限的関係節は，今述べた理由により，第一の解釈に加えて第二の解釈を表すことができるようになり，範囲指定の関係節が生成される．こうして生成された名詞句内の範囲指定の関係節が，その後なぜ副詞節としての資格を得るに至るのであろうか．つまり，第二段階からさらに第三段階への移行はなぜなされるのであろうか．名詞句内に生起する範囲指定の関係節の解釈は as far as I know 等の表現と同じ意味を表すので，その同じ意味を表す as far as I know 等にならって副詞化されるのである，といっただけでは十分ではない．というのは，では，そもそもなぜ as far as I know 等にならって副詞化されなければならないのか，と尋ねられたならば，それ以上答えることはできないからである．実際には，範囲指定の関係節は，すでに示したように，副詞化されていることはほぼ間違いない．それはここでの観察が正しければ事実である．しかし，事実がそうなっているということと，なぜ事実がそうなってるのかということとは別である．ここではなぜ事実がそうなっているのかということを問題としているのである．範囲指定の関係節は as far as I know 等にならって副詞化されると述べただけでは，単に言語事実を記述し

たのと大差ない．なぜ言語事実がそうなっているのかという肝腎な問いには答えていないからである．この問いに答えなければ，「規定の問題」を回避できたことにはならない．

　この問いに答えるためには，まず，言語習得に課せられる一般原理について触れておく必要がある．自然言語は意味（M）と形式（F）のペアからなるが，その対応関係は一対一が原則であると思われる（以下，一対一の原則）．例えば，Bolinger (1977) は，幾多の例を挙げて意味と形式の対応関係は一対一であることを実証している．また，Pinker (1984) にも同様な主張がみられる．一対一の原則は成人の文法に課せられる制約として考えることもできるが，むしろ始発状態から成人の文法に至るまでの習得過程全般を律する言語習得の一原理と考えるのがよい（cf. 河野 (1991, 1995)）．大人の文法は言語習得過程の最終産物であるから，その最終産物において一対一の原則が守られているとすれば，それは最終産物に至るまでの習得の過程でその原則が働いていたからにほかならないからである．そう考えなければ成人の文法が，基本的には，一対一の原則を守った構造になっている理由が説明できない．一対一の原則が成人の文法ではなく言語習得過程に課せられる制約であるならば，それを言語習得を律する原理として改めて述べ直す必要がある．

　（I）　一対一の習得原理
　　　　言語習得の全過程において，意味（M）と形式（F）の対応関係は一対一が原則である．

（I）が言語習得の一原理であるならば，何らかの事情により一対一の原則に抵触するような構造が文法習得の過程で生じた場合には，その構造を一対一の原則に従う構造に変えようとする力が働くのは自然である．そのような力が新たな構造・構文を習得する一つの原動力として働く．

　（II）　一対一の原理に基づく習得プロセス
　　　　ある言語jのある習得段階iにおける文法 G^j_i が一対一の原則に抵触する構造を生成するならば，次の段階の文法 G^j_{i+1} においてその構造を一対一の原則を遵守する構造に変える規則が可能となる．

一対一の原則を破る場合，二つの下位類，「異形同義」と「同形異義」，が考えられる．前者はある一つの意味を二つ以上の異なる形式が表している場合で，後者はある一つの形式が二つ以上の異なる意味を表している場合である．(II) はしたがって，次の二つのサブケースに分かれる．

  (III) a. ある言語 j のある習得段階 i における文法 G_i^j が異形同義を生成するならば，次の段階の文法 G_{i+1}^j においてその異形同義を一対一の原則を遵守するような構造に変える規則が可能となる．
         b. ある言語 j のある習得段階 i における文法 G_i^j が同形異義を生成するならば，次の段階の文法 G_{i+1}^j においてその同形異義を一対一の原則を遵守するような構造に変える規則が可能となる．

(III) はある中間段階の文法が異形同義や同形異義またはその両方を生じた場合に，次の段階の文法でその異形同義性や同形異義性を解消する力が働き，一対一の原則を守る新たな構造の習得が可能となるということを述べている．

  言語習得過程には，さらにもう一つ別の原理が働いていると思われる．Aronoff (1976), Clark and Clark (1979), 等が指摘しているように,「阻止」(blocking) と呼ばれる現象では，先に習得されている構造が新たに可能となる構造を阻止するが，この原則が言語習得過程においても働いていると思われる (cf. 梶田 (1983))．

  (IV) 既習構造優先の原則
        他の条件が同一であるならば，事実と矛盾しない限り，先に習得された構造のほうが後で習得された（あるいは，習得される）構造よりも優先的にその構造を保持する権利がある（ここでいう構造とは，意味と形式のペアのことである）．

  Aronoff (1976), Clark and Clark (1979), 等が指摘している「阻止」という現象を説明するためには，実は，(IV) だけでは十分でなく，一対一の原則が別に必要となることに注意しなければならない．というのは，(IV) は，一対一の原則を前提として立てられた仮説であるからである．(IV) は，あ

第6章 範囲指定の関係節 259

る一つの意味を表す形式が二つ以上あってはならないとする仮説を前提としていることに注意されたい．「阻止」の現象を説明するためには，ある一つの意味を二つ以上の互いに異なる形式が表す可能性を原理的に排除しなければならない．この可能性を原理的に排除するためには，一対一の原則が (IV) とは別に必要となる．したがって，自然言語に「阻止」と呼ばれる現象があるという事実は，本書が主張するように，一対一の原則が言語習得の一原理として言語習得過程において間違いなく働いているということを示している．

　以上の一般論を踏まえた上で，第二の問題点について考えてみよう．第二段階における制限的関係節 (F1) は，制限節としての意味 (M1) と範囲指定の意味 (M2) との二つの異なる意味を表しており，同形異義をなす．範囲指定の意味 (M2) を表す構造として，関係節 (F1) とは別に as far as I know のような範囲指定の副詞節 (F2) があるので異形同義もなす．第二段階においては，同形異義と異形同義が形成されており，一対一の原則が破られていることになる．習得プロセス (II)（したがって (III)）により，次の段階，つまり，第三段階，において問題の同形異義性と異形同義性を解消する力が働く．制限的関係節が表す制限節としての意味 (M1) と範囲指定の意味 (M2) とでは，前者 (M1) のほうが後者 (M2) よりも先に制限節構造と結びついて習得されると考えられる．これが正しいことは，制限的関係節の中には M1 は表すが M2 は表さないものがあり，その逆がないことからもわかる．同形異義性と異形同義性を同時に解消し一対一の原則を守る構造にするためには，(IV) により，M2 を表す制限節構造を範囲指定の副詞節の構造に変える必要がある．そのためには，M2 を表す制限節構造を範囲指定の副詞節と同じ副詞節 (F2) とする規則を導入すればよい．この規則が実際に文法に導入されると，M2 を表す制限節構造は副詞節の構造 (F2) となり，問題の同形異義性と異形同義性が同時に解消される．というのは，制限節構造 (F1) は専ら M1 を表す構造となり，また，M2 を表す構造は F2 のみとなり，もはや同形異義，異形同義を形成しなくなるからである．

　このように考えれば，第二段階から第三段階への移行がなぜなされるのかが説明されたことになる．その移行がなされる究極の理由は，すでに明らか

なように，(I)で述べた一対一の習得原理が言語習得の全過程において働いているからである．

　最後に，第一の問題点の解消の際に用いた「一応」というただし書きについて説明しなければならない．「一応」とのべた理由は，第一段階の制限節（F1）が第二段階になると，制限節の意味（M1）だけでなく範囲指定の意味（M2）も表せるようになるが，しかし，これは一対一の原則に明らかに違反している．一対一の習得原理が働いているにもかかわらず，第二の意味がそもそもなぜ可能となるのであろうか．この問いに答えない限り，第一の問題点を完全に解消したことにはならない．

　すでに述べたように，一般に，ある構造が第一の意味に加えて第二の意味を表せるようになるのは，第二の意味が第一の意味と実質上の相違がない場合に限られる．ここで問題としているのは，実質上の相違がない場合にはなぜ一対一の原則に抵触しないのか，ということである．この問いに答えない限り「規定の問題」は回避できたことにならない．

　この問題を解くためには，言語能力（competence）のレベルと言語運用（performance）のレベルを明確に区別する必要がある．言語能力のレベルでは，第二の意味が第一の意味と異なれば一対一の原則に抵触する．しかし，言語運用のレベルでは，事情が異なる．言語運用のレベルの意味にとって一番重要なことは，その意味が相手に正しく伝わるか否かである．言語運用のレベルの意味にとって最大の関心は，コミュニケーションに支障をきたすか否かである．文法のレベルでは異なる二つの意味が，仮に言語運用のレベルでどちらの意味に解釈してもコミュニケーションに支障をきたさないとすれば，その二つの意味は言語運用のレベルでは同一の意味として扱われる．つまり，文法のレベルでは一対一の原則に抵触するその二つの意味は，言語運用のレベルでは一対一の原則に抵触しないのである．したがって，言語運用のレベルでは，第二の意味が第一の意味と実質上同一であるならば，その場合に限り，一対一の原則に抵触せず，第二の意味が許されることになる．しかし，文法のレベルでは，一対一の原則に抵触しているので，次の段階で一対一の原則を守る構造に変える力が働くことは言うまでもない．これで第一の問題点は完全に解消できたことになる．

文法のレベルで許されないことが，言語運用のレベルで許されてしまうというのは，従来の見方からすればかなり驚くべきことである．というのは，文法というのは必要条件の集合と普通みなされているからである．しかし，すでに述べたように，自然言語にはコミュニケーションの手段としての機能があり，また，実際に，自然言語は我々の社会生活の大半の場面においてコミュニケーションの道具として使われていることを考慮すればそれほど驚くべきことではないかもしれない．というのは，言語運用において第一義的に重要なのはコミュニケーションであり，コミュニケーションにとって一番重要なのは相手に正しく自分の意図する内容が伝わるか否かであるからである．文法のレベルで意味が同一であろうがあるまいが，言語運用においては，とりわけ，コミュニケーションにとっては，二義的な問題にすぎないのである．

制限的関係節が第二段階で第二の解釈を許したというのは，語用論（pragmatics）レベルでの話であったということになる．そうであるならば，これは理論上大変興味深い問題を提起する．文法の解明に語用論が決定的に関わっていることになるからである．語用論レベルでの意味的同一性のために第二の解釈が許され，そしてその第二の解釈が生じたために，その後の文法が変わり得るのであるから，文法の決定に語用論が周辺的にではなく，かなり根本的に関与していることになるからである．

6.7. 言語習得の原理とその説明

梶田（1999年度TECにおける講義）によれば，言語学における説明の仕方にはいくつかのタイプがあるという．例えば，言語学における法則が，他の抽象度の異なる分野（例えば，心理学や神経生理学）の法則に還元できるというのが一つであるし，また，言語学における法則が，研究対象の異なる他の分野（例えば，視覚や聴覚の分野）の法則に還元できるというものもある．このようないくつかある説明のタイプの極限が，種の保存・進化（evolution）に還元できるタイプのものであるという．

生物は人間を含めなんといっても生存競争に打ち勝ち，種を保存していか

なければならない．種を保存していくためには，生物は生存競争を勝ち抜けるような性質，特徴をもたなければならない．逆に言えば，そのような性質，特徴をもったものしか生き残ることはできない．生物のもつある特定の性質，特徴が種の保存・進化に還元できるものであるならば，それは究極のタイプの説明であることになる．

このような視点から，ここで少し自然言語の性質について考えてみたい．自然言語は人間という種に固有の特徴である．種に固有（species-specific）の特徴である人間言語には人間が生き残るために必要な性質，特徴が反映されている可能性が高い．特に，自然言語が人類史上主にコミュニケーションの手段として用いられ続けてきたことを考えれば，その可能性はますます否定できなくなる．しかも，自然言語のもつ様々な性質，属性のなかでもかなり基本的なところでそれが反映されていることが予測される．というのは，種の保存あるいは個体の生命に直接的に関わってくるからである．

前節で，言語習得過程で働く原理として一対一の習得原理を提案した．自然言語の意味と形式の対応関係は基本的には一対一が原則であり，習得の結果としての成人の文法で一対一の原則が守られているとすれば，それは習得の過程において一対一の原則が働いていたからに他ならないとするものであった．もちろん，成人の文法において一対一の原則が守られているというのは，厳密に言えば，正しくない．例えば，単語などは明らかにこれに反するものが多いし，また，統語論においても，すでに本書でも例を挙げているように，多義的な文はいくらでもある．[5] しかし，すでに紹介した Bolinger

---

[5] 本書で問題としている多義性は，一対一の原則を破る場合を対象としていることに注意しなければならない．例えば，次例は一般に多義的な文であると言われているが，本書の意味では，これらは多義的な文ではない．というのは，これらの文の表す二つの異なる意味は，それぞれ互いに異なる統語構造と結びついており，一対一の原則を破っていないからである．

(i) a. Flying planes can be dangerous.
　　b. Old men and women are singing.

この種の例を除いていくと，一対一の原則を破った真の意味での多義的な文は，従来考えられてきたほど多くないことになる．このように考えると，真の意味の多義的な文は，本文で述べたような，言語運用のレベルにおける同義性の条件を満たした場合，そして，その場合に限られるのではないだろうか．しかも，この場合でさえ，言語運用のレベルでは，依然として一対一の原則を守っていることに注意しなければならない．

第6章　範囲指定の関係節　　　　　　　　　　　　　　　　263

(1977) や Clark and Clark (1979) 等の研究からも分かるように，自然言語はおおむね一対一の原則を守った構造であると考えて差し支えないであろう．

　生成文法研究では，これまでにいくつもの制約 (constraint)，条件 (condition)，あるいは原理 (principle) や媒介変数 (parameter) が提案されてきた．これらのなかには，文法以外の要因，例えば，解析の機構など，に還元できると主張されているものもなくはないが，しかし，その多くはこれまで普遍文法 (universal grammar) に属するとされ，人間の生得的な言語知識の一部とみなされてきた．そして，ある特定の原理なり制約などがなぜ普遍文法にあるのか，といったことはこれまで問題とされることはほとんどなかった．問題とされなかったのは，それが生成文法の研究対象ではないからである．生成文法研究の目標は，言語知識，その獲得，その使用，の3点を解明することであり，ここでは，なぜその特定の原理なのか，なぜその特定の制約なのか，といったことは問題とされない．しかし，生成文法の研究目標とは別に，自然言語を研究するからには，なぜその特定の原理なのか，なぜその特定の制約なのか，といったことを問題とし，そして，それが説明できるならばそれに越したことはない．[6]

　このような観点から，本書で提案した一対一の習得原理を考えてみると，この原理が梶田のいう進化の過程に還元できる究極のタイプの原理である可能性がある．具体的に考えてみよう．今仮に，ある一つの言語形式 (F1) が20の互いに異なる意味 (M1, M2, ..., M20) を表すと仮定してみよう．そして，F1が表す20の意味の一つに「危ない，逃げろ」という意味が含まれているとしよう．背後から猛獣に襲われそうになっていることに全く気がついていない人が，F1と言われた場合どうであろうか．その人は，20の意味の中から自分が何を言われたのかを状況から判断しなければならない．この場合，自分が襲われそうになっていることには全く気づいていない状況であるから，その人は下手をすれば，猛獣の餌食となってしまう危険性がある．

---

[6] 最近の Chomsky 理論（ミニマリスト・プログラム）では，この種の問題が取り上げられるようになってきており，これは歓迎すべき傾向であるといえる．

少なくとも，F1が「危ない，逃げろ」という一つの意味しか表さない場合と比較すれば，その可能性は極めて高い．これでは個体の生命・種の保存はおぼつかない．このように考えれば，自然言語の意味と形式が一対一に対応している理由が説明できる．本書で主張する一対一の習得原理は，人間という種の保存・進化にその説明を還元できる究極タイプの原理であると思われる．

また，既習構造優先の原則も，一対一の習得原理と同様，種の保存・進化にその説明を還元できる究極タイプの原理である可能性がある．言語習得過程は保守的であるとしばしば指摘されているが，既習構造優先の原則も大きくみれば，この保守性の枠におさまる原理である．言語習得過程が保守的であるというのは，子供が言語を習得する際に，それまでに習得した中間段階の文法を次の段階で，大幅に変更したり，全面的に入れ換えるといったことはしないということである．既習文法を大きく変更するということは，世代間の断絶につながる．世代間で意思の疎通が成り立たなくなれば，生命の危険にさらされる可能性はそれだけふえる．こう考えれば，既習構造優先の原則も種の保存・進化にその説明を還元できるタイプの原理とみなせなくもない．

6.8. 範囲指定の関係節と強束縛

範囲指定の関係節のもつ理論的意味合いについて考えてみよう．その一部についてはすでに触れるところがあった．ここでは，Chomsky (1995) の主張する強束縛（strong binding）との関連をみてみよう．強束縛とは，変項（variable）はすべて，限量詞（quantifier）によって束縛されるか，あるいは，その値が適切な先行詞によって決定できるものでなければならない，とするものである．Chomsky (1995) は，自然言語では開放文（open sentence）は許されず，変項はすべて強束縛されていなければならないと主張する．例えば，制限的関係節でいえば，関係節に含まれる変項は，限量詞によっては束縛されていないが，変項の値が先行詞によって決定できるので，強束縛されている．

第6章 範囲指定の関係節

範囲指定の関係節の場合はどうであろうか．ここでの主張が正しければ，範囲指定の関係節には，制限的関係節と同じ変項が含まれているはずである．このことは，範囲指定の関係節の述語に名詞句によって下位範疇化される know of, be aware of 等が含まれていることからも分かる．この場合，その変項は強束縛されているのであろうか．まず，制限節と同様，限量詞による束縛の可能性はない．先行詞によって値が決定される可能性はどうであろうか．本書の主張が正しければ，範囲指定の関係節の「先行詞」は名詞表現ではなく，指定辞，only，最上級といった要素，あるいは概念である．これらの要素（概念）は変項の値となることはできない．これらが仮に適切な値であるとすると，その値を変項の部分にあてはめれば，適切な文が得られるはずであるが，実際にはその文は意味をなさないからである．

もっとも逃げようと思えば，いくつか逃げ道は考えられる．例えば，否定辞，only 等を限量詞とする可能性が一つ考えられる．しかし，これでは，範囲指定の関係節の「先行詞」が否定辞，only であることは捉えられなくなる．また，それはおいても，否定辞，only ならまだしも，最上級の場合にはこれではうまくいかないであろう．限量詞となるのはこの場合，「形容詞＋est」から形容詞を除いた est の表す概念であるが，これが限量詞であるとすると，それによって束縛される変項の範疇は形容詞であることになり，関係節内の変項と一致しなくなるからである．あるいはまた，目に見えないなんらかの空範疇を新たに設定するという可能性もあるだろう．しかし，このような明らかにその場限りのデバイスを用いて表面上説明できたとしても，それを問題の本質を正しく捉えた分析として歓迎する人はまずいないであろう．

そうであるならば，範囲指定の関係節は，強束縛されていない構文であることになり，自然言語では開放文は許されないとする Chomsky の主張はこのままでは成立しなくなる可能性があり，理論上極めて興味深い問題を提起する．

第7章

本分析の理論的意味合い

　本分析の持つ理論的意味合いについてはすでに何度か触れるところがあった．本章ではさらに広い意味での本書のもつ理論的意味合いについて考えてみたい．

　Chomsky は 1980 年代に入り（Chomsky (1981) 参照），それまで採用してきた規則体系（rule-system）のアプローチから原理と媒介変数のアプローチへと方向転換し，その後もこのアプローチを基にして研究を進め今日のミニマリスト・プログラムに至っている．原理と媒介変数の理論によれば，個別言語の規則はもはや存在せず，したがって個別言語における各種構文も記述的用語として以外はもはや存在しない．言語習得は規則体系の習得ではなく，UG の原理体系にある媒介変数の値の指定であることになる．このアプローチによれば，個別言語の規則や構文は存在しないのであるから，ある特定の構文に固有の原理（construction-specific principle）も許されないことになる（Chomsky (1995: 129) 参照）．

　Chomsky は原理と媒介変数の理論によって扱えない言語現象はすべて周辺（periphery）に追いやり，言語の核（core）の部分を正しく捉えられる原理と媒介変数の体系の解明を当面の目標として研究を進めてきた．この目標設定自体は，核がこのアプローチによって正しく捉えられるならば特に問題とはならない．しかし，問題はその中身である．原理と媒介変数の理論が完成していない現状では，言語のどの程度の範囲を核として扱うことができる

のかははっきりとしたことは言えない．しかし，仮に，英語の関係節を周辺として扱わざるを得ないとすれば，核に収まる言語現象は相当限定された範囲のものになると言わざるをえない．

では，原理と媒介変数の理論は本当に英語の関係節を核として扱うことができるのであろうか．本書の考察が正しいとすると，これは相当難しいと言わざるを得ない．英語の関係節は，純粋な制限節に限ってみても一枚岩ではない．NP，個体，を先行詞とするものもあれば，N′，類，を先行詞とするものもある．また，関係節には名詞表現を先行詞としない範囲指定の関係節まである．このように，本書で扱った関係節には少なくとも3種類の異なる先行詞があることになるが，これを原理と媒介変数の理論で扱うとすれば，関係節構造に原理と媒介変数を認め，媒介変数の値として，NP先行詞，N′先行詞，名詞表現以外の先行詞，の三つを設定するということにおそらくなるであろう．しかし，この種の述べ方は，実は，原理と媒介変数の理論では許されない．規則体系から原理と媒介変数の体系へ移行した時点で，構文と言う概念は記述的用語として以外にはもはや存在しないからである．つまり，関係節構造に言及し，それに固有の原理を述べることはもはやできないのである．したがって，原理と媒介変数の理論では，関係節を核として扱うことはできず，周辺に追いやらざるを得なくなる．英語の関係節までも核として扱えない原理と媒介変数の理論が核として扱える対象領域とは一体どの程度のものになるのであろうか．英語の関係節が核でないとすると，従来考えられてきた以上に核の領域は狭まるはずである．今後さらに研究が進むと，言語の核に属する部分はほんのわずかで，ややもすると限りなくゼロに近くなる可能性さえあるかもしれない．関係節までも核として扱えないとすると，その可能性は否定できない．本書の分析は，その可能性が理論的可能性としてではなく，かなり現実味をおびてきていることを示している．これが本書の持つ理論的意味合いの第一である．

原理と媒介変数の理論には，さらに根本的な問題がある．それは，この理論では，一般文法理論を構築することは原理的にできないということである．この理論では，UGを構成するのは原理と媒介変数とその値であり，この情報を子供は生まれながらにして脳内に収めていることになる．ある情報が脳

内に収まるためには，その情報は有限な情報でなければならない．しかし，原理と媒介変数とその値の情報は有限の情報ではありえない．その理由を説明しよう．

　自然言語はどれも時の経過につれて変化している．その変化には，基本的なものから末梢的なものまで含まれているが，その中に基本的には UG によって説明されるべき変化があると仮定しよう．例えば，英語は OE から現代英語に至るまで同じ言語とはとても思われないほど基本的な部分でいろいろと変化してきている．話を簡単にするために，今仮に，OE から ME までの変化の中に UG によって説明されるべき変化があり，その変化を説明するために必要な原理が三つで，その原理に付随する媒介変数がそれぞれ一つで，各媒介変数の値がそれぞれ二つあり，これが UG の中身のすべてであると仮定しよう．UG によって許される文法の数は，各原理で許される値の組み合わせの数の掛け算であるから，この場合 2 × 2 × 2 で，8 個であることになる．つまり，OE から ME への変化はこの 8 個の文法の中に収まっていることになる．しかし，ME から現代英語に至るまでの変化はこの 8 個の文法では捉えきれないと仮定しよう．そうすると，この変化を説明するためには UG の中に少なくとも一つ原理，媒介変数，値を追加しなければならなくなる．人間の言語は人類が生き続ける限り使われ続けるであろうから，人間の言語は永久に変化し続けることになる．したがって，変化のたびに原理や媒介変数あるいはその値を追加していくと，その数は限りなく無限個に近づくことになる．しかし，既述のように，人間は無限の情報あるいは限りなく無限に近い情報を脳内に収めることはできない．したがって，原理と媒介変数の理論では，人間言語の一般文法理論を構築することはできない．

　人間言語を説明するためには，一般文法理論はそれが許す可能な文法の数が原理的に無限個であることを許す特徴を持たなければならないということである．これは一般文法理論にとっては致命的な問題となるように思われるかもしれない．というのは，一般文法理論は，可能な文法を事実と矛盾しない限り，なるべく狭く定義しなければならないからである．可能な文法を狭く定義するということは，数からいうと可能な文法はできるだけ少ないほうがよいということである．この互いに矛盾する二つの条件を同時に満たす一

般文法理論の構築が要求されていることになる.

　この二つの相反する条件を同時に満たせる一般文法理論は,私の知る限り,現在一つしかない.Kajita (1977, 1997) の提唱する動的文法理論である.

　Kajita (1977) は,それまでに提案されてきた一般文法理論の多くが暗黙裏に前提としている最も基本的な仮説が誤りであることを認識し,それを修正しようとした試みである.一般文法理論は,人間が自然と習得できる文法,即ち「可能な文法」,をできる限り狭く定義しなければならない.さもなければ,人間が乏しい資料に基づき,短期間で,意図的努力なしに,どんな自然言語でも,容易に習得できるという事実を説明しにくくなるからである.Kajita が問題とした暗黙の仮説とは,その「可能な文法」を定義する際に,言語習得過程の結果・出力としての大人の文法自体の特徴のみを使って規定できるとするものである.梶田 (2004) はこれを「可能な文法」に関する「出力説」と呼ぶ.これに対し,Kajita が示した代案は,「可能な文法」は習得の出力としての大人の文法自体の特徴のみでなく,習得の過程をも考慮に入れなければ定義できないとするもので,これを「過程説」と呼ぶ(梶田 (2004) 等参照).「出力説」を前提とする理論の一つが,上で問題とした原理と媒介変数の理論である.「過程説」を前提とする理論の一つが動的文法理論である.動的文法理論は「過程説」を前提とする理論のうち,次のような展開の法則を使用する理論のことを指す.

(A)　もし言語 L の,ある習得段階の文法 G^L_i が属性 P を持つならば,次の段階の文法 G^L_{i+1} は,属性 P′ を持ちうる.
　　　(但し,P は文法の属性または文法によって生成される構造の属性で,P′ は文法の属性である.)

(梶田 (2004: 11))

ここでの議論にとって,展開の法則 (A) で一番重要なのは,時間軸を使用しているという点である.この時間軸の使用が,上で述べた一般文法理論に課せられる,相反する二つの条件を満たす,鍵となる.二つの条件とは,一般文法理論は,(ア) 可能な文法をできる限り狭く定義しなければならず,また,(イ) 可能な文法は,原理的に,無限個であることを許すように規定

第 7 章 本分析の理論的意味合い

しなければならない，ということであった．

まず，（ア）から考えてみよう．展開の法則（A）は 'If X, then Y' という形式を持った法則である．子供が展開の法則（A）を使って言語を習得するとすれば，ある習得段階（i）において，前件のXの条件が満たされた場合にのみ，次の段階（i+1）において，後件のYの条件を満たす文法が可能となるというのであるから，段階（i）において前件のXが満たされなければ，次の段階（i+1）において，Yの条件を満たす文法は可能とはならない．Yの条件を満たす文法が「可能な文法」から排除される分だけ「可能な文法」はより狭く定義できる．つまり，ある習得段階にある子供にとって「可能な文法」とは次の段階で可能となる文法のみであり，また，次の段階の文法は前件のXが満たされなければ排除されてしまうのである．したがって，（A）を使う動的文法理論は，原理的に「可能な文法」をその段階ごとに狭く定義することができる．

一方，出力説を前提とする原理と媒介変数の理論は，そもそも時間軸を使用しないのであるから，このような規定はできず，子供は習得のあらゆる段階において，所定の許された文法のすべてを常に「可能な文法」としなければならず，「可能な文法」が習得の途中で上記のような形で狭まる可能性はない．

したがって，「過程説」を前提とし（A）の展開の法則を採用する動的文法理論の方が，「出力説」を前提とする原理と媒介変数の理論よりも，「可能な文法」を，原理的に，より狭く定義できるはずである．

（イ）についてはどうであろうか．展開の法則（A）は，前件のXの条件が満たされれば，習得途中のいかなる段階でも適用することができる．（A）を一回適用したら二度と適用してはならないという制約はない．前件のXの条件が満たされさえすれば，何度でも適用して構わないのである．したがって，展開の法則（A）を前提とする動的文法理論は，「可能な文法」を無限個許すことが，原理的には，可能となる．

「出力説」を前提とする原理と媒介変数の理論ではそうはいかない．原理と媒介変数の理論で立てられる原理と媒介変数とその値の数は，必然的に，有限個であるから，それによって許される「可能な文法」の数も有限個にな

らざるを得ない．

　このように，動的文法理論は，一般文法理論が満たすべき，互いに矛盾する二つの条件を満たすことができる理論であることになるが，これは特に注目に値する．というのは，この二つの相反する条件を同時に満たせる一般文法理論は，筆者の知る限り，ほかにないからである．

　第6章で示した「範囲指定の関係節」の分析は，動的文法理論の枠でしか述べることができない．特に，6.6節の（II）と（III）の法則は上述の（A）の形式に則ったものであり，動的文法理論の枠内でしか述べられない展開法則である．仮に，第6章で提示した「範囲指定の関係節」の分析が正しい分析であるとすれば，それは（A）の展開法則を想定する理論，即ち動的文法理論，を支持する証拠を提供することになるであろう．これが，本書の分析の持つ第二の理論的意味合いである．

　梶田は30年以上も前に，生成文法理論における暗黙の仮説を問題とし，「可能な文法」についての「出力説」では人間言語を正しく捉えられないことを示し，「出力説」に替わる「過程説」の必要性を説いた．暗黙の仮説のなかにも，最も基本的な仮説から末梢的な仮説までいろいろあるが，梶田はその中でも文字どおり最も基本的な仮説を問題としその修正を迫った．

　本書で問題とした「単一構造仮説」は，梶田が問題とした仮説ほど基本的ではないが，しかし，暗黙の仮説であることからも分かるように，具体的な言語現象に関する仮説と比較すれば，相当程度基本的な仮説である．本書では，この「単一構造仮説」に従っていては言語を正しく説明することは不可能であり，「複数構造仮説」を採用する必要があるということを英語の関係節を例として，部分的には仏語のような英語以外の言語にも言及しながら示した．

　梶田にしろ，本書にしろ，生成文法理論を基盤とする言語研究においては，具体的な仮説はもちろんのこと，暗黙の仮説というかなり基本的な部分にも常に注意を払いながら研究を進める必要があるということを示しており，この点においては，両者は軌を一にしている．

補足データリスト

以下の例は，範囲指定の関係節と通常の制限節が共起している例で，本文中で挙げなかった例である．すべての例において，(I) 範囲指定の関係節を導く関係詞はゼロ形か that のみで wh 形は見られず (6.2.2 節参照)，また，(II) 範囲指定の関係節のほうが通常の制限節の前に来ている (6.2.4.1 節参照) 点に注目されたい．

(1) The only people [I can think of] [who change height that quickly in the course of their work] are RAF pilots, who shrink noticeably each time they eject through the canopy.　　　　　　　(*The Sunday Times* <<930131>>)

(2) Although there are a few things [I can think of] [that I would enjoy doing], there are not many as much as golf.　　　　　　　(*The Times* <<930723>>)

(3) Too bad, because this show—the first time [I am aware of] [that an art museum has taken on the subject of air travel]—presented an uncommon opportunity to examine the infrequent attempts made in the last generation to design better airports.　　　　　　　(*The New York Times* <<961103>>)

(4) It is the only seaside town [that I know] [where you can paddle, stretch out on golden sands, listen to a brass band, waste an hour or two on the putting green, have a beer followed by an ice-cream dessert so big you need a degree in advanced mountaineering to tackle it and not have to walk more than 100yds].　　　　　　　(*The Sunday Times* <<930613>>)

(5) Barbara Cartland, Raine's mother, is the only woman [I know] [who stuffs her handbag full of press releases before she leaves home].
　　　　　　　(*The Sunday Times* <<930718>>)

(6) "It was the only version [we could find] [that was completely neutral]," Nick Moon,the polling director of NOP, says.　(*The Sunday Times* <<941218>>)

(7) He is the only manager [I know] [who can pull off a player 20 minutes into a match, then substitute the substitute].　(*The Sunday Times* <<940327>>)

(8) Of the three, Brookside seems easily the most depressing; it's the only soap opera [I know] [in which you can tell the really posh ones by their Led

Zeppelin T-shirts]. (*The Sunday Times* <<940424>>)

(9) Indeed, it is the only hotel [I know] [which looks notably better in real life than in the artist's impressions in the brochure].

(*The Sunday Times* <<940529>>)

(10) She is also the only person [I can think of during my time as a reporter] [who shamelessly bribed me and I didn't even notice I'd been had].

(*The Times* <940604>>)

(11) While several of his little-Englandist contemporaries traded on the Movement tag, Gunn is the only one [I can think of] [who did move on any meaningful levels, and of his own accord]. (*The Times* <<940702>>)

(12) I'm the only dad [I know] [who kept my girlfriend's name for our daughter].

(*The Sunday Times* <<940703>>)

(13) Lady Blemley replied that your lack of brain power was the precise quality which had earned you your invitation, as you were the only person [she could think of] [who might be idiotic enough to buy their old car].

(*The Times* <<940708>>)

(14) "George is the only guy [I know] [who went to Brazil for a day]," he says.

(*The Times* <<940813>>)

(15) The Aga Khan is the only man [I know] [who has fewer friends than, say, James Hewitt]. (*The Sunday Times* <<941009>>)

(16) Well, in my opinion they're not and we're not; the only people [I can think of] [who find vampirism at all interesting] are locked safely away in Laughing Academies or shut up in their bedrooms listening to Cure records.

(*The Sunday Times* <<941106>>)

(17) And his wit shines from every page: "Mr Heseltine is the only politician [I know] [whose peroration starts in the third sentence]."

(*The Sunday Times* <<941120>>)

(18) Christopher Jowett, group solicitor at the Halifax, said the Mildenhall case was the only criminal prosecution [he knew of] [that had resulted from claims of phantom withdrawals at a Halifax ATM].

(*The Sunday Times* <<940327>>)

(19) Marks and Spencer said: "At the time the German supplier was the only one [we could find] [that was able to provide fish fingers made from cod that was filleted and frozen on board ship within hours of being caught]."

(*The Times* <<940819>>)

補足データリスト 275

(20) "Skinner is the only guy [I know] [who showed up at the White House mess just to hang out]," cracked a senior official. (*Time* <<911216>>)

(21) There isn't a judge [I can think of] [who is held in great public esteem].
(*The Sunday Times* <<940213>>)

(22) Ingrams, from the very beginning, has always had a superb eye for the correct target to aim at and there is nobody [I can think of] [whom he has aimed at undeservedly]. (*The Sunday Times* <<941218>>)

(23) "The North Tipperary society is the only one [I know of] [that has come out and said their members support fox-hunting]," he said.
(*The Sunday Times* <<961110>>)

(24) All churches [I know of] [that require people to show public evidence of faith before a baptism] offer an alternative service of blessing and thanksgiving to those who will not make this commitment.
(*The Times* <<970423>>)

(25) It might have been a moment for a smug look back at how liberal we've become and how hypocritically righteous we were, except that I was nagged by the thought that this is the last bill [I can remember] [that actually freed people to do something they hadn't been allowed to do before], and it reminded me that we are now living under a regime that boasts its freedom-loving liberality to the rafters but is using its mandate to bring in legislation against pursuits it deems immoral. (*The Sunday Times* <<970706>>)

(26) Best of all, there were no trees in which to lose your ball and no bunkers to trap it—it was the only round [I can remember] [where I didn't lose a ball]!
(*The Times* <<970926>>)

(27) This is the first serious restaurant [I can remember] [that has a photo of a girl's naked bottom covered with sand on the inside of the gents' lavatory door]. (*The Sunday Times* <<960114>>)

(28) We will be obtaining information from the only source [I am aware of] [that is reliable]—the police national computer—towards the end of the month when I think we can get a much better picture.
(*The Sunday Times* <<970914>>)

(29) 'There is no information [that I am aware of] [that suggests that anyone was authorized to occupy the structure in question for legal or illegal purposes],' said Mr. Brafman, who is representing Glencord's owner, Joseph Cincotta.
(*The New York Times* <<960207>>)

(30) "There are at least two journalists [I know of] [whose wives have given birth back in Japan to children the journalists themselves have yet to see]," Mari Amano said. (*The Guardian* <<970329>>)

(31) There's no research [I know of] [that supports this]. (*The Guardian* <<970521>>)

(32) 'There's no law [that I know of] [that says, 'Well, in this particular instance, you may forget the Immigration Act for six months while this guy gives you some help'].' (*The Guardian* <<970203>>)

(33) The Internaional Astronoical Union, of which I am a member, is the only organisation [I know] [that always has been totally international]. (*The Guardian* <<970424>>)

(34) (Obviously I try to avoid politics with Rowena: she's the only person [I know] [who voted Conservative], except for the (black) man with the peaked cap on the door of the building—name forgotten—but what can you expect?) (*The Guardian* <<970613>>)

(35) When he joined Sky, Michael Grade said, 'Kelvin is the only person [I know] [who could take Sky downmarket].' (*The Observer* <<970511>>)

(36) Here is a non-conformist whose distaste for convention goes well beyond the political: he's the only man [I know] [who will whip out a camera, photograph the person he's having lunch with, and then point it at diners on nearby tables]. (*The Guardian* <<970813>>)

(37) The only serial narrative [I know] [that currently aspires to the same dizzying scope] is a monthly American comic strip called Cerebus, which recounts the saga of a sword-and-sorcery aardvark, part Conan-style barbarian, part Balzacian social climber. (*The Guardian* <<971114>>)

(38) 'The only other person [I know] [who does that],' someone mutters, 'is the window-cleaner.' (*The Observer* <<970824>>)

(39) He's the only man [I know] [who has to shield his eyes when it's down to 50 yards visibility]. (*The Guardian* <<970422>>)

(40) "The only other people [I know] [who have been evicted over drugs] were heroin and cocaine dealers who had been to prison," said Mrs Wakeman. (*The Guardian* <<970925>>)

(41) Besides, there isn't one person [I know] [who hasn't experienced chaos at one point in their life]. (*The Guardian* <<970501>>)

(42) He's the only one [I know] [who has survived more than 30 novels and 18

補足データリスト 277

screen adaptations]. (*The Guardian* <<971213>>)

(43) In fact, the Philippines is the only country [I know of] [where being a half-caste is considered as a step-up from being indigenous].
(*The Guardian* <<960903>>)

(44) The only residential premises [I know of] [that fall within 353] are rent-controlled flats on the top floors of chambers buildings, occupied by eminent judges and senior barristers, which cannot be bought or rented by outsiders. (*The Guardian* <<961112>>)

(45) Its news section is the only electronic football fanzine [I know of] [that is written by a professional journalist], and it carries up-to-date commentary on all Gunners matters as covered in the national media.
(*The Guardian* <<961205>>)

(46) He is the first chairman of selectors [that I can recall] [who is not an establishment man]. (*The Observer* <<940313>>)

(47) Van Gogh is the only other painter [I can think of] [who fills portraits with yellow, thus making them artificial suns]. (*The Guardian* <<940307>>)

(48) About the only word [I can think of] [that can be used only for men] is the word manly. (*Los Angeles Times* <<950417>>)

(49) "The only thing [I can think of] [that's left] is for a hurricane to blow right through here, and everybody will probably call it Hurricane Bud."
(*Los Angeles Times* <<950901>>)

(50) That's the only motive [I can think of] [that would fit].
(*Los Angeles Times* <<950902>>)

(51) It's the only profession [I can think of] [that is virtually ungoverned in terms of power]. (*Los Angeles Times* <<951209>>)

(52) But this is the only method [I know of] [that seems to work].
(*Los Angeles Times* <<950129>>)

(53) "There isn't a school [I know of] [that would have the ability to repay something like this]," said Reid Wagner, Palmdale athletic director.
(*Los Angeles Times* <<950920>>)

(54) This is the first time [I know of] [that a (junior) tennis tournament is considered an incentive for tourism]. (*Los Angeles Times* <<950409>>)

(55) It's the only award [I know of] [that says something for your whole athletic program, girls and boys, top to bottom]. (*Los Angeles Times* <<950328>>)

(56) 'This is the first time [I'm aware of] [that the dread scenario has occurred],'

said Victor Dricks, a spokesman for the commission, 'that a region is now going to be hard pressed to provide electricity for millions of people. This is a scenario that everybody's always talked about for last 20 years but has never really come to pass.' (*The New York Times* <<960627>>)

(57) Los Angeles defense lawyer Gigi Gordon agreed: "There are no circumstances [I know of][that would allow this]. To grant this request would be to grant O.J. Simpson a privilege no other criminal defendant I know of has gotten. I'm sure they would all love it."
(*Los Angeles Times* <<950124>>)

(58) "Of course, there are a few others [I know of] [who might have been killed], it is a small place," Sawamatsu said, visibly upset and speaking slowly.
(*Los Angeles Times* <<950118>>)

(59) "I'm thrilled to be a part of something so important because this is the first time [that I know of] [where a Latino family has been portrayed so nicely, as just a regular family with ups and downs]," she said.
(*Los Angeles Times* <<940203>>)

(60) "There's no one in the valley [that I know of] [that discriminates against any color whatsoever]." (*Los Angeles Times* <<940213>>)

(61) "Without 1732 (reimbursement) we need to probably come up with different options," he said. "There's no decision [I know of] [that's supporting the project without 1732]." (*Los Angeles Times* <<940306>>)

(62) He's the only Irish writer [I know of] [who's actually read by the kids he writes about in Dublin]. (*Los Angeles Times* <<940323>>)

(63) 'It's the only situation [I'm aware of] [where classical music is presented to such a mass audience], so it has to have a positive effect,' Mr. Cossette said.
(*The New York Times* <<960414>>)

(64) "This is the only industry [I know of] [where they say you must subsidize your tenants]," said Jim Murdock, a board member of the Western Mobilehome Assn. and property manager who oversees the 219-unit Royal Duke park in Oxnard. (*Los Angeles Times* <<940418>>)

(65) "This is the only government program [I know of] [that lets you be creative]," he says. (*Los Angeles Times* <<940526>>)

(66) "Everybody's seen the movies," he said. "Hammett made it in all media. He had radio shows. All were successful. The only thing [I know of] [that flopped] was a Nick and Nora musical that bombed."

補足データリスト 279

(Los Angeles Times <<940605>>)

(67) The only girl [I can think of] [who had sex at 11] was Lolita and she was dead by the time she was 17, so it is probably not an advisable approach.

(The Sunday Times <<940918>>)

(68) However, no chimneys [I know of] [that were properly braced] failed last January, and, given the small investment of time and money relative to the possible pay back, most building inspectors, architects and engineers would agree that it makes sense. *(Los Angeles Times* <<940731>>)

(69) "Whether or not it's traditional or on the cutting edge, it's the only talk show [that I know of] [which is hosted by two people who are still basically in their 20s and are minorities]." *(Los Angeles Times* <<941106>>)

(70) This is the first set of psychological variables [that I know of] [where heritability plays such a small role]. *(Los Angeles Times* <<941126>>)

(71) 'This is a very important breakthrough and the first publication [I know of] [that has agreed to systematically pay writers],' Paul Aiken, executive director of the Authors Guild, said of the move by Harper's, which is owned by the Harper's Magazine Foundation. *(The New York Times* <<960202>>)

(72) 'Connecticut's program is the only one [I know of] [that asks these men to renounce their membership in gangs in writing].'

(The New York Times <<960129>>)

(73) 'There isn't a seasoned airline official [I know of] [who doesn't tell you that].' *(The New York Times* <<960313>>)

(74) PK (= the Promise Keepers, the all-male, all-Christian movement―T. K.) is the only movement [I know of] [where blacks, whites, Hispanic and Asian-Americans come together to keep the Rev. Dr. Martin Luther King Jr.'s message alive]. *(The New York Times* <<960929>>)

(75) 'This is the first time [that I know of] [that four churches were recommended to be disfellowshipped at once],' he added.

(The New York Times <<960208>>)

(76) About the only Hollywood stars [I can remember] [who didn't smoke or drink alcohol in their films] had names like Bambi, Willy or Old Yeller.

(Los Angeles Times <<940318>>)

(77) "It's the first time [I can remember] [that (a politician) said he would get something done and then he did it]." *(Los Angeles Times* <<950815>>)

(78) However, there was no time [I can remember] [that she was not conscious].

(79) 'This is the first time [that I can remember] [that the Mets are going into spring training with a couple guys who can steal bases, with Lance Johnson and Bernard Gilkey in the front part of our lineup],' Green said.
(*Los Angeles Times* <<950509>>)
(*The New York Times* <<960212>>)

(80) 'This is the first time [I can remember] [when so many cycles have peaked simultaneously],' he said. (*The New York Times* <<960513>>)

(81) There were no lawsuits probably until into the 70's and John R. Williams in New Haven was the first attorney [I can remember] [that sued the Madison police department, for improper searches]. (*The New York Times* <<960526>>)

(82) Many actors of that generation had been in World War II and they'd seen life, and most actors today can't fill their shoes—Harvey Keitel, Sean Penn and Larry Fishburne are the only ones [I can think of] [who have that kind of weight], and Michael has it in spades. (*Los Angeles Times* <<940206>>)

(83) In the '70s this same dish (under the Russian name sedlo) was the specialty of a now-departed San Francisco restaurant named Bali's, and the tender rack at Zov's is the only one [I can think of] [that comes close to that standard]. (*Los Angeles Times* <<940224>)

(84) The only guy [I can think of] [that has those kind of hands] is Largent.
(*Los Angeles Times* <<940423>>)

(85) The only person [I can think of] [who makes films at all like this] is Eric Rohmer. (*Los Angeles Times* <<940428>>)

(86) The only woman [I can think of] [who might have accurately made such a claim, had she been singing at a key moment], is Lorena Bobbitt.
(*Los Angeles Times* <<940803>>)

(87) "I've spoken to about everybody [I can think of] [who was close to this case], because we need to do our own soul-searching," Bessada said.
(*Los Angeles Times* <<940803>>)

(88) "The only thing [I can think of] [that would be driving this] is (Proposition) 187," Bradley said Tuesday night. (*Los Angeles Times* <<941109>>)

(89) To care is the only thing [I can think of] [that separates us from any other assemblage of molecules, atoms and cells that happens to be in some unified whole]. (*Los Angeles Times* <<941114>>)

(90) "There's nothing [I can think of] [that would link the water supply to something like that]," said Tim Freeman, a city environmental specialist.

(91) There just aren't any other topics [that I can think of] [where we care so much, get bombarded so heavily—and know so little]. (*Los Angeles Times* <<940909>>)

(92) 'The only thing [that I can think of] [that might have affected the stock] was that he said the PC business was weak in North America—but all the large computer stocks seemed to reverse.' (*Los Angeles Times* <<941013>>)

(93) His novel 'The Manticore,' for instance, is the only work of fiction [I can think of] [that presents an entirely believable dramatization of the internal process of analysis—and what's more, within the context of a rippingly good yarn]. (*The New York Times* <<960305>>)

(94) 'There are other large pieces of property but none [that I can think of] [where the estate house has always been lived in and is in such good condition].' (*The New York Times* <<960218>>)

(95) Birdsall, who runs a UFO magazine, has made himself into an expert on aviation— "so when something doesn't correlate, I can justifiably say that's nothing [I'm aware of] [that can be explained]." (*The New York Times* <<960707>>)

(96) This is the first thing [I'm aware of] [that she's done this well]. (*Los Angeles Times* <<951225>>)

(97) The Fulfillment Fund is the only local effort [I am aware of] [that sticks with kids long-term]. (*Los Angeles Times* <<950326>>)

(98) "There was nothing [I am aware of] [that could have prevented the landslide]," she said. (*Los Angeles Times* <<951230>>)

(99) "There are just no cases [that I know of] [that can be attributed to the sport itself] .... I think there have been a few suspected cases, but none really demonstrated." (*Los Angeles Times* <<950517>>)

(100) "Baseball is the only business [that I'm aware of] [that sets its budget," Brown said, "before it knows its cost]." (*Los Angeles Times* <<950223>>)

参 考 文 献

Aarts, Bas and Charles F. Meyer, eds. (1995) *The Verb in Contemporary English*, Cambridge University Press, Cambridge.
Åfarli, Tor A. (1994) "A Promotion Analysis of Restrictive Relative Clauses," *The Linguistic Review* 11, 81-100.
Allan, Keith (1973) "Complement Noun Phrases and Prepositional Phrases, Adjectives and Verbs," *Foundations of Language* 10, 377-397.
Allwood, Jens, Lars-Gunnar Anderson and Östen Dahl (1977) *Logic in Linguistics*, Cambridge University Press, Cambridge.
Anderson, Stephen R. and Paul Kiparsky, eds. (1973) *A Festschrift for Morris Halle*, Holt, Rinehart and Winston, New York.
Andrews, Avery D. (1975) *Studies in the Syntax of Relative and Comparative Clauses*, Doctoral dissertation, MIT.
Aoun, Joseph (1983) "Logical Forms," *Linguistic Inquiry* 14, 325-332.
荒木一雄 (1959) 「関係詞」『英文法シリーズ 第一集』, 437-538, 研究社, 東京.
Aronoff, Mark (1976) *Word Formation in Generative Grammar*, MIT Press, Cambridge, MA.
Ayres, Glenn (1974) "I Daresay!," *Linguistic Inquiry* 5, 454-456.
Bach, Emmon (1968) "Nouns and Noun Phrases," in Emmon Bach and Robert T. Harms (eds.), 90-122.
Bach, Emmon and Robert T. Harms, eds. (1968) *Universals in Linguistic Theory*, Holt Rinehart and Winston, New York.
Bache, Carl and Leif Kvistgaard Jakobsen (1980) "On the Distinction between Restrictive and Nonrestrictive Relative Clauses in Modern English," *Lingua* 52, 243-267.
Baker, Carl L. (1968) *Indirect questions in English*, Doctoral dissertation, University of Illinois.
Baker, Carl L. (1978) *Introduction to Generative-Transformational Syntax*, Prentice-Hall, Englewood Cliffs, NJ.
Baltin, Mark R. (1989) "Heads and Projections," *Alternative Conceptions of Phrase Structure*, ed. by Mark R. Baltin and Anthony S. Kroch, 1-16, University of Chicago Press, Chicago.
Bianchi, Valentina (1999) *Consequences of Antisymmetry: Headed Relative Clauses*,

Mouton de Gruyter, Berlin.

Bianchi, Valentina (2000) "The Raising Analysis of Relative Clauses: A Reply to Borsley," *Linguistic Inquiry* 31, 123-140.

Bolinger, Dwight L. (1965) "Linear Modification," *Forms of English: Accent, Morpheme, Order*, ed. by Isamu Abe and Tetsuya Kanekiyo, 279-308, Hokuou Publishing Company, Tokyo.

Bolinger, Dwight L. (1967) "Adjectives in English: Attribution and Predication," *Lingua* 18, 1-34.

Bolinger, Dwight L. (1977) *Meaning and Form*, Longman, London.

Borsley, Robert D. (1992) "More on the Difference between English Restrictive and Non-restrictive Relative Clauses," *Journal of Linguistics* 28, 139-148.

Borsley, Robert D. (1997) "Relative Clauses and the Theory of Phrase Structure," *Linguistic Inquiry* 28, 629-647.

Büring, Daniel and Katharina Hartmann (1997) "Doing the Right Thing," *The Linguistic Review* 14, 1-42.

Carlson, Greg N. (1977a) "The English Bare Plural," *Linguistics and Philosophy* 1, 413-456.

Carlson, Greg N. (1977b) *Reference to Kinds in English*, Doctoral dissertation, University of Massachusetts.

Carlson, Greg N. (1977c) "Amount Relatives," *Language* 53, 520-542.

Chiba, Shuji (1972) "Another Case for 'Relative Clause Formation Is a Copying Rule'," *Studies in English Linguistics* 1, 1-12.

Chomsky, Noam (1970) "Remarks on Nominalization," *Readings in English Transformational Grammar*, ed. by Jacobs and Rosenbaum, 184-221, Ginn and Company, Waltham, MA.

Chomsky, Noam (1973) "Conditions on Transformations," in S. R. Anderson and P. Kiparsky (eds.), 232-286. Also in Chomsky (1977), 81-160.

Chomsky, Noam (1976) "Conditions on Rules of Grammar," *Linguistic Analysis* 2, 303-351.

Chomsky, Noam (1977) *Essays on Form and Interpretation*, North Holland, New York.

Chomsky, Noam (1981) *Lectures on Government and Binding*, Foris, Dordrecht.

Chomsky, Noam (1982) *Some Concepts and Consequences of the Theory of Government and Binding*, MIT Press, Cambridge, MA.

Chomsky, Noam (1986) *Knowledge of Language*, Praeger, New York.

Chomsky, Noam (1995) *The Minimalist Program*, MIT Press, Cambridge, MA.

Chung, Sandra and James McCloskey (1983) "On the Interpretation of Certain Island Facts in GPSG," *Linguistic Inquiry* 14, 704-713.

Cinque, Guglielmo (1982) "On the Theory of Relative Clauses and Markedness," *The*

Linguistic Review 1, 247-294.
Clark, Eve V. and Herbert H. Clark (1979) "When Nouns Surface as Verbs," *Language* 55, 767-811.
Coates, Jennifer (1995) "The Expression of Root and Epistemic Possibility in English," in Bas Aarts and Charles F. Meyer (eds.), 145-156.
Cole, Peter and Jerry L. Morgan, eds. (1975) *Syntax and Semantics* 3: *Speech Acts*, Academic Press, New York.
Collins, Peter C. (1991) *Cleft and Pseudo-cleft Constructions in English*, Routledge, London.
Culicover, Peter W. (1971) *Syntactic and Semantic Investigations*, Doctoral dissertation, MIT.
Culicover, Peter W., Thomas Wasow and Adrian Akmajian, eds. (1977) *Formal Syntax*, Academic Press, New York.
Culicover, Peter W. and Louise McNally, eds. (1998) *The Limits of Syntax, Syntax and Semantics* 29, Academic Press, New York.
Delorme, Evelyne and Ray C. Dougherty (1972) "Appositive NP Constructions: *we, the men; we men; I, a man; etc.*," *Foundations of Language* 8, 2-28.
Diesing, Molly (1992) *Indefinites*, MIT Press, Cambridge, MA.
Diessel, Holger (2004) *The Acquisition of Complex Sentences*, Cambridge University Press, Cambridge.
Doherty, Cathal (1993) "The Syntax of Subject Contact Relatives," *CLS* 29.1, 155-169.
Dowty, David R., Robert E. Wall and Stanley Peters (1981) *Introduction to Montague Semantics*, D. Reidel, Dordrecht.
Dowty, David and Belinda Brodie (1984) "The Semantics of "Floated" Quantifiers in a Transformationless Grammar," *WCCFL* 3, 75-90.
Emonds, Joseph (1976) *A Transformational Approach to English Syntax*, Academic Press, New York.
Emonds, Joseph (1979) "Appositive Relatives Have No Properties," *Linguistic Inquiry* 10, 211-243.
Emonds, Joseph (1985) *A Unified Theory of Syntactic Categories*, Foris, Dordrecht.
Fabb, Nigel (1990) "The Difference between English Restrictive and Non-restrictive Relative Clauses," *Journal of Linguistics* 26, 57-78.
Fairclough, Norman (1973) "Relative Clauses and Performative Verbs," *Linguistic Inquiry* 4, 526-530.
Fetta, Michael S. (1974) *The Syntax of English Restrictive and Appositive Relative Clauses*, Doctoral dissertation, New York University. Ann Arbor, Michigan: University Microfilms International.
Fillmore, C. J. and D. T. Langendoen, eds. (1971) *Studies in Linguistic Semantics*, Holt

Rinehart and Winston, New York.
Fordor, Janet Dean (1978) "Parsing Strategies of Constraints on Transformations," *Linguistic Inquiry* 9, 427-474.
Fox, Barbara A. (1987) "The Noun Phrase Accessibility Hierarchy Reinterpreted: Subject Primacy or the Absolutive Hypothesis?" *Language* 63, 856-870.
福地肇 (1985)『談話の構造』新英文法選書第 10 巻, 大修館書店, 東京.
福地肇 (1995)『英語らしい表現と英文法―意味のゆがみをともなう統語構造―』研究社, 東京.
Gamut, L. T. F. (1991) *Logic, Language, and Meaning*, Volume I: *Introduction to Logic*, University of Chicago Press, Chicago.
Gazdar, Gerald (1981) "Unbounded Dependencies and Coordinate Structure," *Linguistic Inquiry* 12, 155-184.
Gibson, Edward (1998) "Linguistic Complexity: Locality of Syntactic Dependencies," *Cognition* 68, 1-76.
Greenbaum, Sidney (1996) *Oxford English Grammar*, Oxford University Press, Oxford.
Grice, H. P. (1975) "Logic and Conversation," in Peter Cole and Jerry L. Morgan (eds.), 41-58.
Grimshaw, Jane (1990) *Argument Structure*, MIT Press, Cambridge, MA.
Grinder, John T. (1970) "Super equi-NP Deletion," *CLS* 6, 297-317.
Grosu, Alexander (1981) *Approaches to Island Phenomena*, North-Holland, Amsterdam.
Grosu, Alexander and Fred Landman (1998) "Strange Relatives of the Third Kind," *Natural Language Semantics* 6, 125-170.
Guéron, Jacqueline (1980) "On the Syntax and Semantics of PP Extraposition," *Linguistic Inquiry* 11, 639-677.
Guéron, Jacqueline and Robert May (1984) "Extraposition and Logical Form," *Linguistic Inquiry* 15, 1-31.
Hale, Kenneth L. (1975) "Gaps in Grammar and Culture," *Linguistics and Anthropology (in Honor of C. F. Voegelin)*, ed. by M. Dale Kinkade, Kenneth L. Hale and Oswald Werner, 295-315, Peter de Ridder Press, Lisse.
原田かづ子 (1971)「冠詞と関係詞節の相互関係」『英語学』第 6 号, 86-101, 開拓社.
Hawkins, John A. (1978) *Definiteness and Indefiniteness: A Study in Reference and Grammaticality Prediction*, Croom Helm, London.
Heycock, Caroline and Anthony Kroch (1999) "Pseudocleft Connectedness: Implications for the LF Interface Level," *Linguistic Inquiry* 30, 365-397.
Higginbotham, James (1980) "Pronouns and Bound Variables," *Linguistic Inquiry* 11, 679-708.
Hooper, Joan and Sandra A. Thompson (1973) "On the Applicability of Root Transformations," *Linguistic Inquiry* 4, 465-498.

Hopper Paul J. and Elizabeth Closs Traugott (1993) *Grammaticalization*, Cambridge University Press, Cambridge.

Hornstein, Norbert (1990) *As Time Goes By*, MIT Press, Cambridge, MA.

Huck, Geoffrey J. and Younghee Na (1990) "Extraposition and Focus," *Language* 66, 51-77.

Huddleston, Rodney D. (1971) *The Sentences in Written English: A Syntactic Study Based on an Analysis of Scientific Texts*, Cambridge University Press, Cambridge.

Huddleston, Rodney (1984) *Introduction to the Grammar of English*, Cambridge University Press, Cambridge.

Huddleston, Rodney and Geoffrey K. Pullum (2002) *The Cambridge Grammar of the English Language*, Cambridge University Press, Cambridge.

Hudson, Richard (1990) *English Word Grammar*, Basil Blackwell, Oxford.

Jackendoff, Ray S. (1972) *Semantic Interpretation in Generative Grammar*, MIT Press, Cambridge, MA.

Jackendoff, Ray S. (1977a) "Constraints on Phrase Structure Rules," *Formal Syntax*, ed. by Peter W. Culicover, Thomas Wasow and Adrian Akmajian, 249-283, Academic Press, New York.

Jackendoff, Ray S. (1977b) $\bar{X}$ *Syntax: A Study of Phrase Structure*, MIT Press, Cambridge, MA.

Jacobs, Roderick A. and Peter S. Rosenbaum, eds. (1970) *Readings in English Transformational Grammar*, Ginn and Co., Waltham, MA.

Jespersen, Otto (1924) *The Philosophy of Grammar*, W. W. Norton & Company, New York.

Jespersen, Otto (1927) *A Modern English Grammar on Historical Principles*, Part III, Allen and Unwin, London.

Jespersen, Otto (1933) *Essentials of English Grammar*, George Allen & Unwin, London.

Just, M. A. and P. A. Carpenter (1992) "A Capacity Theory of Comprehension: Individual Differences in Working Memory," *Psychological Review* 99, 122-149.

梶田優 (1968)「変形文法における関係詞節の問題」『英語教育』第17巻3-4号.[『変形文法理論の軌跡』217-236, 大修館書店, 東京.]

Kajita, Masaru (1968) *A Generative-transformational Study of Semi-auxiliaries in Present-day American English*, Sanseido, Tokyo.

梶田優 (1976)『変形文法理論の軌跡』大修館書店, 東京.

Kajita, Masaru (1977) "Towards a Dynamic Model of Syntax," *Studies in English Linguistics* 5, 44-76.

梶田優 (1977-1981)「生成文法の思考法 (1)-(48)」『英語青年』第123巻5号-127巻4号.

梶田優 (1983) "Grammatical Theory and Language Acquisition," 日本英語学会第1回

大会シンポジウムにおける口頭発表.

梶田優（1986）「チョムスキーからの三つの分岐点」『月刊言語』第 15 巻 12 号, 96-104.

Kajita, Masaru (1997) "Some Fundamental Postulates for the Dynamic Theories of Language," *Studies in English Linguistics: A Festschrift for Akira Ota on the Occasion of His Eightieth Birthday*, ed. by Masatomo Ukaji et al., 378-393, Taishukan, Tokyo.

梶田優（2004）「〈周辺〉〈例外〉は周辺・例外か」『日本語文法』第 4 巻 2 号, 3-23.

神尾昭雄・高見健一（1998）『談話と情報構造』日英語比較選書 2, 研究社, 東京.

Kayne, Richard S. (1994) *The Antisymmetry of Syntax*, MIT Press, Cambridge, MA.

Kluender, Robert (1998) "On the Distinction between Strong and Weak Islands: A Processing Perspective," in Peter W. Culicover and Louise McNally (eds.), 241-279.

近藤洋逸・好並英司（1979）『論理学入門』岩波書店, 東京.

Kono, Tsuguyo (1984a) "A Remark on Free Relatives in English," *English Linguistics* 1, 67-86.

河野継代 (1984b)「英語の'Pretty'構文について」『月刊言語』第 13 巻 4 号, 108-116.

河野継代（1991）「文法の拡張について」『現代英語学の諸相：宇賀治正朋博士還暦記念論文集』, 千葉修司ほか（編）, 323-332, 開拓社, 東京.

河野継代（1995）「wh 譲歩節について」『英学論考』第 26 号, 3-20, 東京学芸大学.

河野継代（1998）「命題と述語の機能」『英学論考』第 29 号, 30-55, 東京学芸大学.

河野継代（2000a）「制限的関係節の非制限的な性質について」『英学論考』第 31 号, 1-18, 東京学芸大学.

河野継代（2000b）「名詞句内部に生起する範囲指定の関係節」『英語語法文法研究』第 7 号, 65-79.

河野継代（2001a）「関係節と部分表現」『英学論考』第 32 号, 3-14, 東京学芸大学.

河野継代（2001b）「名詞句の外部に生じる範囲指定の関係節」『英語語法文法研究』第 8 号, 113-125.

Kono, Tsuguyo (2003) "Nonrestrictive Restrictive Relative Clauses in English," *Empirical and Theoretical Investigations into Language: A Festschrift for Masaru Kajita*, ed. by Shuji Chiba et al., 355-368, Kaitakusha, Tokyo.

河野継代（2004）「部分表現と共起する制限的関係節の関係詞」『英語青年』第 149 巻 10 号, 46-47.

河野継代（2007）「関係節の生起順序について―制限的関係節と非制限的関係節が共起した場合―」『英語語法文法研究』第 14 号, 5-20.

河野継代（2010）「範囲指定の関係節の派生方法について―言語習得原理に基づくアプローチ―」『英学論考』第 39 号, 45-55, 東京学芸大学.

Kuno, Susumu (1976) "Subject, Theme, and Speaker's Empathy — a Reexamination of Relativization Phenomena," *Subject and Topic*, ed. by C. N. Li, 417-444, Academic Press, New York.

Kuroda, S.-Y . (1968) "English Relativization and Certain Related Problems," *Language* 44, 244-266. Also in David A. Reibel and Sanford A. Schane (eds.), 264-287.

Ladusaw, William A. (1982) "Semantic Constraints on the English Partitive Construction," *WCCFL* 1, 231-242.

Lakoff, George (1987) *Women, Fire, and Dangerous Things*, University of Chicago Press, Chicago.

Lambrecht, Knud (1988) "There Was a Farmer Had a Dog: Syntactic Amalgams Revisited," *BLS* 14, 319-339.

Langendoen, D. Terence (1969) *The Study of Syntax: The Generative-transformational Approach to the Structure of American English*, Holt, Rinehart and Winston, New York.

Lasnik, Howard and Robert Fiengo (1974) "Complement Object Deletion," *Linguistic Inquiry* 5, 535-571.

Lasnik, Howard and Tim Stowell (1991) "Weakest Crossover," *Linguistic Inquiry* 22, 687-720.

Leech, Geoffrey and Jan Svartvik (1975) *A Communicative Grammar of English*, Longman, London.

Levi, Judith N. (1978) *The Syntax and Semantics of Complex Nominals*, Academic Press, New York.

Lewis, David (1975) "Adverbs of Quantification," *Formal Semantics of Natural Language*, ed. by Edward L. Keenan, 3-15, Cambridge University Press, London.

Loock, Rudy (2010) *Appositive Relative Clauses in English*, John Benjamins, Amsterdam.

Lyons, Christopher G. (1980) "The Meaning of the English Definite Article," *The Semantics of Determiners*, ed. by John Van der Auwera, 81-95, Croom Helm, London.

Lyons, Christopher G. (1999) *Definiteness*, Cambridge University Press, Cambridge.

Marshall, David F. (1975) *Current Problems in the Generation of English Restrictive Relative Clauses*, Doctoral dissertation, New York University. Ann Arbor, Michigan: Xerox University Microfilms.

Martin, Larry Walter (1972) *Appositive and Restrictive Relative Clauses in English*, Doctoral dissertation, the University of Texas at Austin. Ann Arbor, Michigan: Xerox University Microfilms.

McCawley, James D. (1981) "The Syntax and Semantics of English Relative Clauses," *Lingua* 53, 99-149.

McCawley, James D. (1982) "Parentheticals and Discontinuous Constituent Structure," *Linguistic Inquiry* 13, 91-106.
McCawley, James D. (1983) "Towards Plausibility in Theories of Language Acquisition," *Problems in Syntax*, ed. by L. Tasmowski and D. Willens, 361-375, Plenum Press, New York.
McCawley, James D. (1988) *The Syntactic Phenomena of English*, University of Chicago Press, Chicago.
McCawley, James D. (1992) "Modifiers Hosted by Indefinite and Interrogative Pronouns," *Linguistic Inquiry* 23, 663-667.
McCawley, James D. (1998) *The Syntactic Phenomena of English*, 2nd ed., University of Chicago Press, Chicago.
McCloskey, James (1979) *Transformational Syntax and Model Theoretic Semantics*, Reidel, Dordrecht.
McNally, Louise (1997) *A Semantics for the English Existential Construction*, Garland, New York.
女鹿喜治 (2002)「主節と関係詞節の断定について」『英語語法文法研究』第 9 号, 141-155.
Menyuk, Paula (1969) *Sentences Children Use*, MIT Press, Cambridge, MA.
三原健一 (1998)『生成文法と比較統語論』くろしお出版, 東京.
Milsark, Gary Lee (1974) *Existential Sentences in English*, Doctoral dissertation, MIT.
Milsark, Gary Lee (1977) "Toward an Explanation of Certain Peculiarities of the Existential Construction in English," *Linguistic Analysis* 3, 1-29.
Morgan, J. L. (1972) "Verb Agreement as a Rule of English," *CLS* 8, 278-286.
村田勇三郎 (1982)『機能英文法』大修館書店, 東京.
長原幸雄 (1990)『関係節』新英文法選書第 8 巻, 大修館書店, 東京.
中島文雄 (1980)『英語の構造 (上)』岩波書店, 東京.
中村捷 (1996)『束縛関係―代用表現と移動―』ひつじ書房, 東京.
Nishigauchi, Taisuke and Thomas Roeper (1987) "Deductive Parameters and the Growth of Empty Categories," in Thomas Roeper and Edwin Williams (eds.), 91-121.
Omuro, Takeshi (1985) "Nominal *If*-clauses in English," *English Linguistics* 2, 120-143.
Perlmutter, David M. (1970) "On the Article in English," *Progress in Linguistics*, ed. by Manfred Bierwisch and Karl E. Heidolph, 233-248, Mouton, The Hague.
Perlmutter, David M. and John Robert Ross (1970) "Relative Clauses with Split Antecedents," *Linguistic Inquiry* 1, 350.
Pinker, Steven (1984) *Language Learnability and Language Development*, Harvard University Press, Cambridge, MA.
Postal, Paul M. (1970) "On So-called Pronouns in English," in Roderick A. Jacobs and Peter S. Rosenbaum (eds.), 56-82.

Postal, Paul M. (1971) *Cross-over Phenomena*, Holt, Rinehart and Winston, New York.
Postal, Paul M. (1993) "Remarks on Weak Crossover Effects," *Linguistic Inquiry* 24, 539-556.
Prince, Ellen (1981) "Toward a Taxonomy of Given-new Information," *Radical Pragmatics*, ed. by P. Cole, 223-255, Academic Press, New York.
Quirk, Randolph, Sidney Greenbaum, Geoffrey Leech and Jan Svartvik (1972) *A Grammar of Contemporary English*, Longman, London.
Quirk, Randolph, Sidney Greenbaum, Geoffrey Leech and Jan Svartvik (1985) *A Comprehensive Grammar of the English Language*, Longman, London.
Radford, Andrew (1988) *Transformational Grammar*, Cambridge University Press, Cambridge.
Reed, Ann M. (1975) *The Structure of English Relative Clauses*, Doctoral dissertation, Brandeis University. Ann Arbor, Michigan: Xerox University Microfilms.
Reibel, David A. and Sanford A. Schane, eds. (1969) *Modern Studies in English: Readings in Transformational Grammar*, Prentice-Hall, Englewood Cliffs, NJ.
Reichenbach, Hans (1947) *Elements of Symbolic Logic*, Macmillan, New York.
Reinhart, Tanya (1987) "Specifier and Operator Binding," *The Representation of (In)definites*, ed. by Eric Reuland and Alice ter Meulen, 130-167, MIT Press, Cambridge, MA.
Rochemont, Michael and Peter Culicover (1990) *English Focus Constructions and the Theory of Grammar*, Cambridge University Press, Cambridge.
Rochemont, Michael and Peter Culicover (1997) "Deriving Dependent Right Adjuncts in English," *Rightward Movement*, ed. by Dorothee Beerman[n], David LeBlanc and Henk van Riemsdijk, 279-300, John Benjamins, Amsterdam.
Roeper, Thomas and Edwin Williams, eds. (1987) *Parameter Setting*, D. Reidel, Dordrecht.
Ross, John Robert (1967) *Constraints on Variables in Syntax*, Doctoral dissertation, MIT. [Published in 1986 as *Infinite Syntax!*, ABLEX Publishing Corporation, Norwood, NJ.]
Ross, John Robert (1969) "Auxiliaries as Main Verbs," *Studies in Philosophical Linguistics* 1, 77-102.
Rydén, Mats (1970) "Determiners and Relative Clauses," *English Studies* 51, 47-52.
Safir, Ken (1984) "Multiple Variable Binding," *Linguistic Inquiry* 15, 603-638
Safir, Ken (1986) "Relative Clauses in a Theory of Binding and Levels," *Linguistic Inquiry* 17, 663-689.
Safir, Ken (1996) "Resumption, Derivation, and Representation," *Linguistic Inquiry* 27, 313-339.
Safir, Ken (1999) "Vehicle Change and Reconstruction in A-bar-chains," *Linguistic*

Inquiry 30, 587-620.

Sag, Ivan A. (1997) "English Relative Clause Constructions," *Journal of Linguistics* 33, 431-483.

Schachter, Paul (1973) "Focus and Relativization," *Language* 49, 19-46.

関茂樹 (2001)『英語指定文の構造と意味』開拓社, 東京.

Selkirk, Elisabeth (1977) "Some Remarks on Noun Phrase Structure," in Peter W. Culicover, Thomas Wasow and Adrian Akmajian (eds.), 285-316.

Smith, Carlota S. (1964) "Determiners and Relative Clauses in a Generative Grammar of English," *Language* 40, 37-52. [Reprinted in Reibel and Schane (eds.), 1969, 247-263.]

Sportiche, Dominique (1983) *Structural Invariance and Symmetry in Syntax*, Doctoral dissertation, MIT.

Steele, Ross and Terry Threadgold, eds. (1987) *Language Topics: Essays in Honour of Michael Halliday*, Vol. II, John Benjamins, Amsterdam.

Stockwell, Robert P., Paul Schachter and Barbara H. Partee (1973) *The Major Syntactic Structures of English*, Holt, Rinehart and Winston, New York.

鈴木英一 (1977)「存在文の意味上の主語と定性・不定性」『山形大学紀要（人文科学）』 8.4, 517-543.

高見健一 (1995)『機能的構文論による日英語比較―受身文, 後置文の分析―』くろしお出版, 東京.

Thompson, Sandra A. (1971) "The Deep Structure of Relative Clauses," in Fillmore and Langendoen (eds.), 78-94.

Thorne, James Peter (1972) "On Nonrestrictive Relative Clauses," *Linguistic Inquiry* 3, 552-556.

Thorne, James Peter (1987) "The Indefinite Article and the Numeral One," in Ross Steele and Terry Threadgold (eds.), 123-127.

Tunstall, Susanne (1996) "The Processing of Definite Phrases with Extraposed Modifiers," *University of Massachusetts Occasional Papers* 19, 303-327.

宇賀治正朋 (2000)『英語史』現代の英語学シリーズ 8, 開拓社, 東京.

Ushie, Kazuhiro (1979) "On Nonrestrictive Relative Clauses in English," M.A. Thesis, Tokyo University.

牛江一裕 (1987)「「擬似関係節」の派生― There 構文における再構造化―」『英語教育』 第 35 巻 12 号, 64-66.

牛江一裕 (2007)「擬似関係節とその関連構文」『英語語法文法研究』第 14 号, 37-51.

Vergnaud, Jean Roger (1974) *French Relative Clauses*, Doctoral dissertation, MIT.

渡辺登士ほか (1976)『続・英語語法大事典』大修館書店, 東京.

Webber, B. L. (1978) *A Formal Approach to Discourse Anaphora*, Doctoral dissertation,

Harvard University. [Published by Garland Publishing, Inc., 1979.]
Weisler, Steven (1980) "The Syntax of *That*-less Relatives," *Linguistic Inquiry* 11, 624-631.
Williams, Edwin (1974) *Rule Ordering in Syntax*, Doctoral dissertation, MIT.
Williams, Edwin (1980) "Predication," *Linguistic Inquiry* 11, 203-238.
Williams, Edwin (1986) "A Reassignment of the Functions of LF," *Linguistic Inquiry* 17, 265-299.
安井稔・秋山怜・中村捷 (1976)『形容詞』現代の英文法 7. 研究社, 東京.
Ziv, Yael (1973) "Why Can't Appositives Be Extraposed?" *Papers in Linguistics* 6, 243-254.
Ziv, Yael and Peter Cole (1974) "Relative Extraposition and the Scope of Definite Descriptions in Hebrew and English," *CLS* 10, 772-786.
Zwicky, Arnold M. (1971) "On Reported Speech," in C. J. Fillmore and D. T. Langendoen (eds.), 73-77.

#　索　引

1. 日本語は五十音順に並べてある．英語（で始まるもの）は，日本語読みにして，日本語の見出しの後にアルファベット順で入れてある．
2. 〜は見出し語を代表する．
3. 数字はページ数を表す．n は脚注を表す．

[あ]

アイオータ演算子　117, 118n
曖昧な（ambiguous）　→多義的
値（value）　40, 63, 64, 100, 118, 122, 133, 183, 186, 267, 269, 271
暗黙の仮説（tacit assumption）　2, 3, 272
amount relative　1, 36n
as/though Preposing　111, 112
R 束縛　39, 63

[い]

異形同義　258, 259
一人称　123
一対一の習得原理　257, 260, 262-264
一時的属性　102
一般文法理論（general theory of grammar）　268-270, 272
イディオム（idiom）　199, 211, 237, 238, 240, 248
移動（movement）　39, 204
意味機能　2, 13, 19, 22, 38, 40-42, 48, 59-62, 69, 90, 91, 97, 102, 183, 187
意味（機能）構造　60, 128, 198
意味範疇　67
意味表示　122
idiom chunk　199
inclusive *we*　92

[え]

永続的述語　109-111, 111n
永続的属性　108, 109
枝（branch）　10, 178, 180
演算（computation）　141, 143
演算子（operator）　39
A-bar 束縛　39, 70
AP 先行詞　→ 先行詞
AP 先行詞制限節　→ 制限（的関係）節
LF　17, 18, 39, 118, 123
ME　269
N′先行詞　→ 先行詞
N′先行詞制限節　→ 制限（的関係）節
N′先行詞説　9-12, 67
NP 先行詞　→ 先行詞
NP 先行詞制限節　→ 制限（的関係）節
NP 先行詞説　9-12, 67
S 構造　123
S 先行詞　→ 先行詞
S 先行詞制限節　→ 制限（的関係）節
X 束縛　39, 41, 63
X-bar 理論　11, 60, 219, 226

[お]

音韻的　5
重さ（heaviness）　91
OE　269

[か]

外延 (extension)　111n
解析 (parsing)　140
　〜の機構　263
外置 (extraposition)　33, 33n, 81-94, 82n, 83n, 87n, 89n, 90n, 99-102, 136, 146, 220, 252
　多重関係節の〜　217
下位範疇化　253, 265
開放文 (open sentence)　13, 39, 62, 264
下位類形成機能　→ 機能
下位類形成制限節　→ 制限(的関係)節
会話の含意 (conversational implicature)　197
会話の公理 (maxim of conversation)　251
核 (core)　36n, 267, 268
格下げ (demote)　127
過去完了形　92
可算名詞 (count noun)　46, 47, 159
過程名詞 (process nominal)　42, 43
可能な文法 (possible grammar)　269-272
　〜の過程説　270, 272
　〜の出力説　270, 272
含意 (implication)　56, 196-198
関係詞　17-19, 39-41, 52, 68, 72, 73, 127, 132, 137, 139-140n, 148, 151, 152, 154, 155, 157, 159, 183, 198, 214
　〜の形態　148, 151, 181
　〜の省略(削除)　127, 128, 139n
　〜の代名詞説　17, 18, 41, 70, 72
　〜の変項説　17, 18, 41, 70
　ゼロ形(〜)　19, 35n, 148-151, 181, 214, 229, 236, 238, 243, 247-249
　that　19, 19n, 24-26, 29, 119, 148-151, 162, 165, 181, 188, 214, 227, 229, 236, 238, 243, 247, 248
　wh形(〜)　19, 19n, 26, 29, 148-151, 162, 165, 181, 214, 214n, 236

関係詞化 (relativization)　141
関係節 (relative clause)　1, *passim*
　〜構造　39, 95
　〜縮約　107
　〜の単一構造(仮)説　3, 4, 35, 59, 139, 272
　〜の複数構造(仮)説　36, 59, 272
　擬似〜 (pseudo-relative)　125-140, 126n, 139n, 140n, 142, 143
　継続〜 (continuative (relative) clause)　22, 23, 77
　最上級の〜　230
　周辺的な〜　209
　制限的〜　→ 制限(的関係)節
　多重〜 (stacked relative)　130, 131, 217, 218
　中核的な〜　209
　定先行詞〜　14-17, 15n
　テレスコープト〜 (telescoped relative)　18n
　同格〜 (appositive relative)　77
　独立〜 (free relative)　5
　範囲指定の〜　209, 211, 212, 214-219, 221, 222, 224, 225, 227-254, 256, 264, 265, 268, 272
　非制限的〜　→ 非制限(的関係)節
　不定先行詞〜　14-17, 15n
　分離先行詞〜 (split antecedent relative)　145, 146
　補部の〜　1, 225-228, 231, 232, 236
　headway 〜　200, 207
冠詞 (article)　47-49, 85, 159
間接疑問文　142
完了形　229

[き]

記憶 (storage)　141
基数的 (cardinality)　110
基数的決定詞　110
擬似関係節 (pseudo-relative)　→ 関係節

擬似分裂文 (pseudo-cleft) 123
既習構造優先の原則 258, 264
記述的一般化 (descriptive generalization) 69, 156, 219
記述的用語 (descriptive term) 138, 267
規則体系 (rule-system) 267
規定 (stipulation) 44, 95, 98, 99, 111, 136, 254
基底構造 186
基底生成 33
機能
　下位類形成〜 55-58, 61, 68, 92, 97, 98, 103, 144, 145, 183
　限定(修飾)〜 21, 38, 42, 59, 64, 68, 97, 103, 138, 149-151, 180, 181
　属性叙述〜 56, 57, 61, 68, 92, 97, 144, 145, 148n, 183
　非限定(修飾)〜 38, 180
　非分類〜 95-97, 185
　分類〜 70, 95-98, 100, 108, 109, 111n, 121, 125, 157, 183
　名詞句内分類〜 97, 98, 105, 107
　名詞句外分類〜 97, 98, 105
疑問詞 4n, 89, 89n
疑問代名詞 (interrogative pronoun) 150
疑問文 17
逆転現象 79, 81
ギャップ (gap) 140-143
休止 (pause) 149, 240-242, 253
旧情報 83n
強意詞 (intensifier) 107, 108, 173
強決定詞 (strong determiner) 87, 88, 95, 96, 121, 125, 195, 196
強勢 (stress) 196
強束縛 (strong binding) 264, 265
強名詞句 (strong NP) 87, 87n, 94-97, 101, 102, 109, 110, 121, 124
局地化 (localization) 246, 247

【く】
空所 (gap) 253
　意味的な〜 220
空範疇 (empty category) 265
句構造 10
具象名詞 45
繰り上げ(摘出)分析 (promotion analysis) 199-202, 201n, 207
cleft 139n

【け】
経験科学 (empirical science) 12, 67
　〜の理論　→理論
形式 (form) 257-259
継続関係節　→関係節
形態 151, 220, 229
　関係詞の〜　→関係詞
軽名詞 (light noun) 85
形容詞 38, 40, 51, 55, 102-105, 108, 174, 236
形容詞句 43-46, 51
形容詞節 242
形容詞(的)用法 41
結果名詞 (result nominal) 42
結合度 149
決定詞 (determiner) 50, 110, 159, 180, 182, 198
言語運用 (performance) 138, 140, 260, 261, 262n
言語学
　〜における説明 261
言語習得 257, 262
　〜の原理 257
言語能力 (competence) 260
言語理論 2n
現在時制 123
限定詞 (determiner) 43, 47-49, 54
限定修飾 13, 22, 40, 42, 46-48, 50, 70, 72, 97-99, 104, 105, 107, 138, 197

限定修飾機能　→ 機能
限定修飾句（restrictive modifier）　23, 44, 48, 49, 51
限定度　60
原理（principle）　18, 262, 263
原理と媒介変数の理論（principle & parameter theory）　7, 267, 268, 270, 271
限量記号的（quantificational）　110
限量記号的決定詞　110
限量詞（quantifier）　17, 129, 147, 264

【こ】

語彙　85
語彙項目　4, 89, 223, 227, 253
語彙的要因　84, 85, 92
語彙部門（lexical component）　237
項（argument）　186, 187, 189
後位修飾語　236
後位用法　102-104
交差(効果)（crossover (effect)）
　弱〜　202, 205, 206
　第二〜　202
　第二強〜　202
　第二弱〜　202, 206
構成素　10, 60, 129, 191, 192, 194
構成素性（constituency）　193
構成素統御（c-command）　201
構文固有の原理（construction-specific principle）　267
古英語　→ OE
語順　137
個体（individual）　54-58, 62-66, 69, 70, 77, 92, 93, 96-100, 102, 104, 105, 107, 132, 133, 168-170, 173, 175, 183, 197
個体先行詞　→ 先行詞
個体先行詞制限節　→ 制限(的関係)節
個体定項（individual constant）　118, 132
個体のステージ　49, 66

個体変項（individual variable）　64, 90, 156, 157
個体レベル述語（individual-level predicate）　109
個別言語（particular language）　267
語用論（pragmatics）　261
語用論的前提　57, 69
固有名詞（proper noun）　19, 38, 49, 50, 116, 175, 180-182
コミュニケーション　255, 256, 260, 261
痕跡（trace）　39, 41, 70
根変形（root transformation）　15
コンマ（comma）　26, 29, 32, 154, 240

【さ】

再帰代名詞（reflexive pronoun）　200
再構築（reconstruction）　198, 199
再構築効果　198
最上級（superlative）　212, 230, 234-236
最上級の関係節　→ 関係節
削除　190, 191, 243
産出（production）　140, 141
産出機構　140, 141
三重制限（triple restriction）　218, 228
that　→ 関係詞
that 制限節　→ 制限(的関係)節
that-relative　200n

【し】

時間軸　270, 271
指示（reference）　13, 37, 40
指示詞（demonstrative）　49, 82n, 110
指示代名詞（demonstrative pronoun）　72, 96-98, 157, 169, 184, 198
時制（tense）　92
自然言語　55n, 65, 255, 257, 259, 262, 263-265, 269
指定部（specifier）　219
事物（entity）　44, 46

姉妹関係　61
弱決定詞（weak determiner）　121, 125, 195, 196
弱交差　→ 交差（効果）
弱名詞句（weak NP）　96, 101, 102
自由関係節（free relative）　→ 関係節
習慣的意味（habitual sense）　121
集合（set）　62, 95-97, 110, 131, 196
集合理論　62
修飾句　218
修飾部　13, 37, 38, 40, 41, 60, 76
修飾部説　13, 31, 34, 37-40, 42, 51, 54, 55, 67
従（属）節　16, 76, 127, 128, 135, 139n, 149
従属接続詞　150, 243
習得　95, 138, 270, 271
周辺（部）（periphery）　267
周辺的な関係節　→ 関係節
種固有の（species-specific）　262
縮約関係節（reduced relative）　→ 関係節
主格　127, 139n, 140-142
主語　13, 83, 84, 109-111, 113, 123, 132, 133, 137, 141, 142
主語助動詞倒置（Subject-Auxiliary Inversion）　15, 69
主(語)述(語)関係　13, 68, 128, 132, 137, 138, 140n
主語接触節（subject contact clause）　139n, 140n
主節　16, 22, 24, 25, 29, 51, 59, 61, 62, 65, 68, 69, 76, 77, 92, 122, 127-129, 132-137, 148, 149, 185, 186
主節現象　69
主節動詞　82, 91, 92
述語　13, 40n, 83, 186, 188, 189, 215, 236, 239
述語論理学（predicate logic）　39, 62, 64, 65, 117, 123
述部　13, 33, 33n, 68, 94, 132, 133, 215, 229, 236
述部説　13, 68
種の保存・進化　261, 262, 264
主部　68
主要部（head）　5, 13, 37, 60, 76, 86, 97, 98, 121, 152, 207, 218, 219, 225
照応（anaphora）　150, 192
照応形（anaphor）　200-202
照応的（anaphoric）　72, 97, 98, 157, 174
照応的代名詞（anaphoric pronoun）　71, 73, 136, 157, 169, 183, 184, 198
条件（condition）　263
条件節　116, 123
状態動詞（stative verb）　229
焦点（focus）　83, 83n
情報価値　83, 92
情報構造　14, 77, 82, 83n, 139n, 185
省略　127
　関係詞の〜　→ 関係詞
叙述（predication）　13, 56
叙述関係　13
序数（ordinal number）　212, 234-236
所有格　→ 属格
処理資源（processing resources）　141
進行形　123
新情報　57, 83n
真理条件（truth condition）　130, 131
真理値（truth value）　235
Junction　13

【す】
遂行動詞（performative verb）　120-124
推論的照応（inferential anaphora）　192, 193
数（number）　49
数詞（numeral）　48, 159, 175, 195-197, 212
数量詞（quantifier）　33, 48, 84, 159, 197, 202, 212

数量詞繰り上げ（quantifier raising） 123
数量詞遊離（quantifier-float） 167
スタイル離接（style disjunct） 114-117, 120, 122

[せ]
制限（的関係）節（restrictive relative） *passim*
　下位類形成～　55-57, 157
　個体先行詞～　54, 55, 70, 76, 77, 90, 92, 93, 116, 119-121, 125, 132, 135, 136, 140n, 148, 149, 157-159, 174, 175, 181, 183-187, 189
　～と非制限節の生起順序　75, 81
　制限的な～　26, 33, 34, 37, 51-54, 59, 61-65, 67, 68, 70, 72, 73, 99
　属性叙述～　56, 57, 92, 169, 170, 178, 196
　中核的な～　235
　定先行詞～　58, 69, 70, 83n, 122, 157, 169, 174
　非制限的な～　25, 26, 29-32, 34, 35, 37, 51-54, 59, 61-65, 67-70, 72, 73, 99, 133-136, 148n
　不定先行詞～　58, 69, 70, 83n, 90, 157, 169
　類先行詞～　54, 55, 66, 70, 76, 78, 92-94, 116, 117, 121, 125, 132, 136, 148, 156, 157, 181, 183
　AP 先行詞～　189
　N′ 先行詞～　53-55
　NP 先行詞～　53-55
　S 先行詞～　188
　that ～　202
　VP 先行詞～　188
　wh ～　202
制限的修飾句　219
制限的な制限節　→ 制限（的関係）節
生成文法　1, 13, 18, 35, 39, 41, 68, 73, 107, 263
生成文法理論　2n, 11, 35, 38, 71, 122, 272
制約（constraint）　263
節（clause）　43, 44, 185
接辞　188
節末（の）位置　→ 文末位置
接触節（contact clause）　149, 214
接続詞（conjunction）　32, 150
節的要素（clause element）　107
節頭（の）位置　→ 文頭位置
ゼロ形（関係詞）　→ 関係詞
前位修飾語　107
前位用法　102, 104
先行詞（antecedent）　5-7, 17-19, 21, 22, 32-34, 37, 39, 40, 42, 44, 45, 47, 52-60, 63, 67-71, 76, 77, 80, 81, 84, 85, 87, 89-91, 93-95, 97-99, 125, 126, 128, 129, 133, 134, 136, 183-193, 197, 198, 200, 204, 212, 214, 230, 231, 234, 235, 238, 244, 245, 249, 268
　個体～　76-78, 81
　～の決定　94
　～の統語範疇　43, 52
　定～　14-17, 15n, 57
　等位接続された～　143
　不定～　14-17, 15n, 34, 57, 116
　分離～（split antecedent）　145-148
　類～　76, 78, 81
　AP ～　189
　N′ ～　9-12, 67, 268
　NP ～　4n, 9-12, 67, 268
　S ～　188
　VP ～　188
前置詞句（Prepositional Phrase=PP）　43, 44, 86, 183, 186, 187, 220-224, 235
前置詞句置換（PP Substitution）　15n
前提（presupposition）　14-17, 57, 69, 70, 115, 124, 139n

there 構文　113, 153, 154

[そ]
相互代名詞 (reciprocal pronoun)　200
総称的不定名詞句　110
総称的名詞句 (generic NP)　64n, 66, 106, 117, 168, 185
挿入表現 (parenthetical expression)　126, 128, 242
属性 (property)　38, 39, 40, 41, 55, 56, 62, 64, 70, 91, 102-104, 107, 108, 156, 197
属性叙述機能　→ 機能
属性叙述制限節　→ 制限(的関係)節
属格 (genitive case)　199
束縛 (bind)　17, 39, 100, 129, 147, 265
阻止 (blocking)　258
存在数量詞 (existential quantifier)　124, 134
存在的解釈　66
存在(構)文 (existential sentence)　129, 135

[た]
ターゲット　246
第二強交差　→ 交差(効果)
第二交差　→ 交差(効果)
第二弱交差　→ 交差(効果)
代入　63, 90, 91, 118, 122, 123, 125, 140n, 156, 157, 169, 183, 185, 186
対比強勢 (contrastive stress)　83n
代名詞 (pronoun)　41, 70, 72, 73, 110, 150, 183, 202
代名詞説
　　関係詞の〜　→ 関係詞
多義性 (ambiguity)　82n, 262n
多義的 (ambiguous)　38, 82n, 101, 150, 210, 262
　　〜な文　262n

多重関係節 (stacked relative)　→ 関係節
単一構造(仮)説　3, 4, 11, 35, 59, 65, 67, 139, 272
単純時制　229
単純属性　104, 105, 107, 108
単純名詞句 (simple NP)　95, 97, 101, 108, 122, 125, 133, 144, 183
単数形　48, 49, 95, 159
断定 (assertion)　14-17, 57, 69, 77, 78, 115-119, 121, 124, 139n, 185
談話 (discourse)
　〜との関わり　218
　〜の流れ　81, 218
tough 構文　110
wh 移動　39, 123, 202
wh 疑問文　39, 205
wh 句　142, 202
wh 形(関係詞)　→ 関係詞
wh 制限節　→ 制限(的関係)節
wh-relative　200n

[ち]
知的意味 (cognitive meaning)　130
中英語　→ ME
中核部　3, 4
中核的な関係節　→ 関係節
抽象名詞 (abstract noun)　45-49
中略規則 (Gapping)　191
聴者　14, 15, 57, 70
直示的 (deictic)　97, 98

[て]
定冠詞 (definite article)　14, 47-49, 54, 81, 82n, 120, 121, 124, 125, 175, 193
定記述演算子 (definite description operator)　147
提示動詞　82, 91, 92
提示文 (presentational sentence)　84
定性 (definiteness)　48, 49, 53, 67, 70,

81, 96, 121, 124, 144-146, 157, 157n, 169, 176, 178
定先行詞　→先行詞
定先行詞関係節　→関係節
定先行詞制限節　→制限(的関係)節
定(的)(definite)　34, 53, 65, 95, 114, 115, 121, 132, 157, 168, 169, 174, 175, 178
定(的)名詞句(definite NP)　52, 78, 82, 84, 85, 91-93, 95, 96, 99, 101, 103-105, 109, 115, 122, 156, 169, 174
出来事動詞(event verb)　229
摘出(extraction)　126n, 128, 142, 201
テレスコープト関係節(telescoped relative)　→関係節
展開の法則　271
伝統文法　1, 13, 18, 19, 38, 41, 68, 73

[と]

等位項(conjunct)　24, 143, 145, 195, 219
等位構造縮約(conjunction reduction)　10
等位接続(coordination)　11, 24, 87n, 129, 143-146, 176, 180, 188, 194, 195
　〜の理論　→理論
等位接続詞(coordinate conjunction)　22, 137
同一指示(co-reference)　202
同一指標(coindex)　39, 40, 41, 68, 132, 157, 168, 169
同格　158
同格表現　242
同格関係節(appositive relative)　→関係節
同格節(appositive clause)　233
同義　16
同形異義　258, 259
統語構造　2, 5, 6, 11, 12, 35, 51-54, 60, 65, 67, 68, 71, 87, 89, 93, 183, 192, 193, 196, 207
統語構造と意味のずれ(syntactico-semantic discrepancy)　254
統語的結合度　86
統語範疇(syntactic category)　43-45, 54, 67, 128, 184, 198
統語論(syntax)　4n, 122, 123, 262
統語論の自律(autonomy of syntax)　122
動詞句(verb phrase=VP)　43, 44, 46, 184, 186, 188, 189
動詞句内主語仮説(VP-internal subject hypothesis)　186
動詞句末(位置)　129
同定構文(equative construction)　117, 118, 118n, 120, 122, 132, 133, 135, 136, 140n
動的文法理論(dynamic theory of grammar)　7, 186, 270-272
特定性(specificity)　101
特定的定名詞句　100
独立関係節(free relative)　→関係節
独立文　68, 69

[な]

内部構造　7, 215

[に]

二重限量詞(double quantifier)　147
二重構造(double structure)　36n
二重制限(double restriction)　150, 218, 231, 232
二重存在限量詞(double existential quantifier)　147
二分法(dichotomy)　18n, 73
人称代名詞(personal pronoun)　72, 96-98, 157, 169, 184, 192, 198

索　引

[ね]
Nexus　13

[は]
背景的な情報　15
バイパス (bypass)　146
派生 (derivation)　230, 252
派生プロセス　245, 253, 254
派生名詞 (derived nominal)　42
範囲指定の関係節　→ 関係節
範囲指定の副詞節　241, 243, 245-253, 255, 259
反証可能性 (falsifiability)　12, 67
範疇 (category)　43, 44n, 52, 183
反例　46, 156, 173-175
have-existential　140n
patch　4n

[ひ]
非限定修飾　104
非限定(修飾)機能　→ 機能
非指示的な名詞句 (non-referential NP)　140n
被修飾部　13, 37, 40, 41, 105, 107, 235, 251
非制限(的)関係節 (nonrestrictive relative clause)　5, 18-20, 18n, 19n, 21, 27, 30-33, 33n, 38, 45, 47, 70-73, 75-78, 76n, 80, 81, 105, 120, 151, 154, 160, 180, 183, 184, 186, 189, 196, 200, 201, 201n, 205, 206
非制限の修飾句　219
非制限的な制限節　→ 制限(的関係)節
左枝の条件 (Left Branch Condition)　207
否定 (negation)　16, 197
否定形 (negative form)　215, 236
否定辞 (negative particle)　16, 197, 211, 212, 240, 249-251
非特定的 (nonspecific)　101, 116

非特定的の定名詞句　100
非分類機能　→ 機能
非分類機能的名詞句　95, 97-100, 105, 113, 121, 132, 144, 157, 169, 183, 185, 195
表記法　39
標識 (marker)　149, 243
表層 (構造)　9, 33, 128
VP 先行詞　→ 先行詞
VP 先行詞制限節　→ 制限(的関係)節

[ふ]
フィラー (filler)　140-143
不可算名詞　47
付加詞 (adjunct)　86, 202, 203
複合名詞句 (complex NP)　76, 77, 89, 97, 126n, 128
複合名詞句制約 (Complex NP Constraint)　128
副詞 (adverb)　185, 235, 238
副詞節 (adverbial clause)　210, 236, 240-243, 245-249, 251, 253, 256, 259
副詞化　211, 243, 244, 247-251, 256
複数形　43
複数構造(仮)説　36, 59, 272
不定 (indefinite)　34, 53, 54, 65, 66, 95, 96, 114, 115, 124, 146, 156, 157, 168-170, 174
不定冠詞 (indefinite article)　14, 15, 48, 49, 54, 81, 85, 89, 121, 124, 147
不定 (infinitive)　224, 225, 235
不定先行詞　→ 先行詞
不定先行詞関係節　→ 関係節
不定先行詞制限節　→ 制限(的関係)節
不定代名詞 (indefinite pronoun)　10, 191, 192, 196
不定名詞句 (indefinite NP)　34, 52, 80, 85, 103, 105, 106, 110, 112, 113, 119, 124, 132, 169

部分表現（partitive expression） 151-156, 175, 178, 188
普遍限量詞（universal quantifier） 147
普遍数量詞（universal quantifier） 87n, 106, 107, 124
普遍文法（Universal Grammar=UG） → UG
文（sentence=S） 133-135, 183, 186-190, 250, 251
分詞（participle） 105, 107, 108, 188
文体 84, 87n, 91, 218n
文中（位置） 78, 148, 243, 245, 253
文頭（位置） 39, 78, 148, 204, 243-245, 253
文否定（sentence negation） 197
分布（distribution） 7, 99, 122, 211, 215, 252
文法性（grammaticality） 46
文末（位置） 34, 77, 78, 83, 135, 143, 148, 149, 185, 243, 245, 253
文脈（context） 23, 27, 30, 31, 49, 92, 97, 161, 175, 195
分離先行詞 → 先行詞
分離先行詞関係節 → 関係節
分類機能 → 機能
分類機能的名詞句 95, 97, 99, 100, 102, 105, 110-113, 111n, 121, 125, 132, 144, 159, 195

[へ]
並置
　節〜 185
変域（range） 63, 129-131, 137, 147
変項（variable） 13, 17, 18, 39-41, 62-64, 69-71, 73, 100, 118, 122, 123, 125, 129, 130, 132, 133, 135-137, 147, 156, 168, 169, 183, 186, 187, 264, 265
変項説
　関係詞の〜 → 関係詞

変種 36n
変数 268, 269
headway 関係節 → 関係節

[ほ]
法助動詞（modal auxiliary） 123, 239
ポーズ（pause） → 休止
補部（complement） 60, 86, 107, 202, 203, 219-222, 224-227
　〜PP 86n, 221, 222, 224
補部の関係節 → 関係節
補文（complement clause） 123

[み]
ミニマリスト・プログラム 7, 263n, 267

[む]
無標（unmarked） 137

[め]
名詞句外分類機能 → 機能
名詞句からの外置（Extraposition from NP） 83
名詞句内分類機能 → 機能
命題（proposition） 13, 22, 23, 63, 90, 91, 104, 118, 133-137, 148-150, 185
　主節〜 22-24, 26, 29, 31, 133, 134, 149
　独立の〜 22-24, 27, 29, 31, 34, 51, 59, 60, 62, 64, 69, 72, 73, 77, 80, 121, 122, 133, 135, 136, 148-150, 148n, 183, 185, 186
命題函数（propositional function） 40, 41, 62, 63, 70, 71, 90, 91, 104, 118, 122, 123, 125, 132, 133, 135, 157, 207
命題函数的属性 104, 107, 108

[も]
網羅性の条件（condition of exhaustive-

ness) 57, 58
目的格　249

[ゆ]
遊離数量詞（floated quantifier）112, 113, 160, 161, 164, 167-169, 173-176, 178, 182, 183

[よ]
容認度（acceptability）82n, 83n, 87, 88, 92, 94, 101, 114, 115, 126, 203, 205

[り]
リスト読み　113
量化（quantification）196
理論（theory）35, 36
　関係節の～　52
　経験科学の～　67
　等位接続の～　11
　～の修正　36, 65
理論的意味合い（theoretical implication）7, 267, 268, 272
隣接（した）位置　32

[る]
類（class）54-58, 61, 64-66, 68, 69, 78, 91, 93, 98, 100, 102, 105, 117, 122, 132, 156, 183
類先行詞　→ 先行詞
類先行詞制限節　→ 制限(的関係)節

[れ]
例外（exception）79, 91, 116, 120, 140

[ろ]
論議領界（universe of discourse）97, 98
論理学（logic）17, 55n, 62, 65, 97
論理形式（Logical Form）→ LF

[わ]
話者　14, 57, 70
話題化（topicalize）126

著者紹介

河野　継代（こうの　つぐよ）

1953 年東京都生まれ．1977 年東京教育大学文学部（英語学専攻）卒業．1982 年東京学芸大学大学院修士課程（英語学専攻）修了．白百合女子大学専任講師，東京学芸大学助教授を経て，現在，東京学芸大学教授．

主な著書・論文：『言語研究入門：生成文法を学ぶ人のために』（共著，研究社，2002），"Remarks on Pseudo-Ceft Setences in English" (*Studies in English Linguistics* 11, Asahi Press, 1983), "A Remark on Free Relatives in English" (*English Linguistics* 1, 1984),「英語の 'Pretty' 構文について」（『月刊言語』13 巻 4 号，1984），「文法の拡張について」（『現代英語学の諸相：宇賀治正朋博士還暦記念論文集』，開拓社，1991），「文副詞とその否定表現形」（『英語語法文法研究』10 号，2003），「関係節の生起順序について─制限的関係節と非制限的関係節が共起した場合─」（『英語語法文法研究』14 号，2007）．

開拓社叢書 21

英語の関係節

ISBN978-4-7589-1816-9 C3382

著作者	河野　継代
発行者	武村　哲司
印刷所	日之出印刷株式会社／株式会社　群企画

2012 年 10 月 23 日　第 1 版第 1 刷発行 ©

発行所　株式会社　開拓社

〒113-0023　東京都文京区向丘 1-5-2
電話　(03) 5842-8900（代表）
振替　00160-8-39587
http://www.kaitakusha.co.jp

JCOPY <(社)出版者著作権管理機構 委託出版物>

本書の無断複写は，著作権法上での例外を除き禁じられています．複写される場合は，そのつど事前に，(社)出版者著作権管理機構（電話 03-3513-6969，FAX 03-3513-6979，e-mail: info@jcopy.or.jp）の許諾を得てください．